戴逸文集

清前期史

中国人民大学出版社
·北京·

目　　录

满族兴起的精神力量*

满族是女真族的后裔。女真族历史悠久，源远流长，曾建立了与宋朝对峙的金朝政权。岁月星河，山川巨变，1234 年，蒙古铁骑踏平了金朝京城，女真族流落于白山黑水之间。三大部族沿江而居，建州居牡丹江，海西住松花江，野人布黑龙江，各立山头，不相统属，势力衰微，陷入了发展的低潮时期。

历史的车轮慢慢前行，到 16 世纪末叶，迎来了民族再兴的机运。1583 年，建州女真的英雄努尔哈赤起兵攻打尼堪外兰，开始了统一女真各部的事业。20 多年的统一战争，联海西、野人各部为一体，创八旗，筑都城，造人才，设议政，理诉讼，制满文，奠定了日后对抗明朝政权的基础。1618 年努尔哈赤以“七大恨”发檄征明，攻城略地，使明朝疲于奔命。1644 年满族挥师入关，败李自成、张献忠，灭南明小朝廷，建立了大清王朝，成为全国的统治力量。

满族崛起于青萍之末，力量可谓弱小。努尔哈赤发兵征战，最初只有遗甲 13 副，聚合胞弟舒尔哈齐的兵力也不过 1.5 万人，估计全部满族也只在六七万人。到满族入关，挥师南下之际，整个满族人口估计为 60 万人。然而她面临的强劲对手是疆土广阔、物产丰饶、人口众多的明朝，记录在册的人口就达到了 7 000 万，实际数目要逾 1 亿之多，几乎是满族的 200 倍！两者相比，简直不可同日而语。然而，满族居然在半个世纪的时间内，发奋图强，潜滋暗长，壮大力量，最终打败了曾经仰视数百年的明朝政权，开 268 年统治中国之基业。这不能不被称为历史奇迹，也是历史发展之谜。

---

* 原载《满学研究》第五辑，北京，民族出版社，2000。

剖析历史奇迹，破解历史之谜是史家义不容辞的职责。多年以来，治史者析史料、调视角、分层次、构框架，梳理出明灭清兴的种种因素。从明朝一方来看，政治腐朽，内耗争斗，实力消磨；农民起义波澜壮阔，风起云涌，削弱了国力；吏治腐败，辽东政策失误，自毁长城。再从满族一方来看，努尔哈赤、皇太极、多尔衮等杰出人物接连而出，代有人杰；内部适应于急剧变幻的社会大势，组织结构全方位迅速调整；实施了正确的军事战略与策略。凡此种种，都可看作满族取得胜利的原因。但我认为：满族崛起的最为重要的因素在于精神力量。充满蓬勃朝气、奋发向上的满族，托起了民族的脊梁。艰苦拼搏，百折不挠，以少胜多，以弱胜强，直至创建全国政权，精神力量是不可或缺的根本因素。这种精神因素表现在四个方面。

一、骑射尚武的精神

满族散居东北沃野，山林茂密，草场广阔，形成狩猎与农耕并重、锄镐与骑射并举的社会习俗。1601 年，努尔哈赤创建八旗制度，融军政体制为一体，突出八旗制度的军事特征，培养满族骑兵勇猛剽悍、奋勇拼杀的尚武精神。激战萨尔浒，五日三战，勇猛顽强，铁骑如风卷残云；攻打锦州，三次增兵，不惧死亡，亲王贝勒冲锋陷阵，身先士卒；八旗铁骑金戈铮铮，旌旗猎猎，所至无不披靡。人数虽寡，但能够战必胜、攻必克。尚武精神锻造了一支勇猛顽强、意志坚定的民族力量。没有这种尚武精神，满族凭什么与强大的明朝对抗呢?

二、民族凝聚的精神

女真本是分散的部落，建州、海西、野人互相征伐，部落之间的侵扰连绵不绝。然而，努尔哈赤统一女真各部，诞生了满族之后，满族从此像被注入了一种神奇的活力，整个民族呈现出前所未有的向心力，捐前嫌，释旧怨，重团结，产生了影响久远的民族凝聚力。新兴的满族，内部团结坚如磐石，表现出极端的坚忍性。当然，满族上层不乏争权夺势、互相倾轧之人。努尔哈赤起初与弟舒尔哈齐共领建州，各自拥有自己的部众与财产，不相上下的实力促使舒尔哈齐频频挑战努尔哈赤的权威，受挫后企图率众出奔，摆脱努尔哈赤的控制。努尔哈赤果断囚禁舒尔哈齐，扼分裂势态于萌芽之中。皇太极承续大统，最初与代善、阿敏、莽古尔泰三大贝勒共同分享权力、人口、财产，位势相埒，后来皇太极从打破旗主专权入手，进而幽禁阿敏，降格莽古尔泰，处罚代善，独领正黄、镶黄、正蓝三旗，兵不血刃，剪除异己势力，恢复汗位权威。皇太极死前未指定继承人，于是两黄旗拥立的豪格和两白旗推出的多尔衮势同水火，以至于皇太极驾崩之际，双方调兵戒备，几乎同室操戈。结果两王妥协，拥立福临（即顺治帝）。满族的发展躲过分裂的劫难，汹涌奔腾，迎来了世所瞩目的康乾盛世，从而把中国两千年来的封建社会的发展推向了顶峰。

满族上层矛盾的成功化解，是民族凝聚力的典型体现。在面临关内强劲对手的形势下，顺大局，识大体，使内部争斗规限在家族范围、言辞交锋的程度之内，严格控制矛盾的激变与扩大，力图以妥协让步的办法化干戈为玉帛，于事态初萌之际一朝化解，从未演成巨大的民族内部动荡，动摇民族延续的根本。这种克制上层矛盾的广度与深度，关注民族大局的精神，保障了满族草创政权之初，能够几经风霜雨雪，却依然坚定不移地向共同的目标奋进。200 多年后，太平天国统治集团未能很好地把握内争的分寸，洪、杨政争引发了一系列的流血事变，数万将士没有战死在抗清的疆场，却死在自相残杀的“天国”土地上，因而战斗力衰落了，凝聚力散失了，元气大丧，一蹶不振。太平天国由盛而衰的史实，给后人以永远的警示。坚忍的民族凝聚力是满族崛起的关键。

三、团结包容的精神

满族不仅团结本民族共同发展，而且还包容其他民族，团结一切可以团结的力量，化部分敌人为友，削弱敌人，壮大自己，使力量对比逐渐彼消此长，把优势掌握在自己手中。

满族十分重视团结地域广大、实力超群的蒙古族势力，将如何处理好同蒙古族的关系看得至关重要。皇太极起初与蒙古族并不亲睦，曾派大军深入漠南，武力征服林丹汗，但随后皇太极会盟漠南蒙古于盛京，联络漠北蒙古喀尔喀三部。蒙古族归附，化敌为友，从此骁勇善战、疾如闪电的蒙古骑兵与八旗将士并肩作战。清朝初年满族通过藏传佛教（俗称喇嘛教）与蒙古上层深相结纳，满蒙一体，休戚与共，不仅稳定了后方，退有依托，而且极大地弥补了满族人口单薄、兵力不足的缺点，背靠满蒙，窥视中原，进攻退守，游刃有余。

汉族是满族最主要的敌对势力。努尔哈赤兴兵伐明，与汉族的民族矛盾上升到政治斗争的最高形式——军事战争。然而，满族并非只是一概固守民族观念，驱全部汉族人众与自己为敌，而是分化利用，凡是投降归附的文人士宦，位尊威崇，加以重用，范文程、李永芳、马光远、高士俊遂成为皇太极的左膀右臂。尤其范文程参与帷幄，领受机密，“每议大政，太宗（皇太极）必曰：范某知否”①，宠爱信任，无以复加！明朝武将，对峙疆场，生死鏖战，性命相搏，可谓仇深似海。孔有德、耿仲明、尚可喜、祖大寿、洪承畴、吴三桂都是明朝辽东能将，数度与八旗狂飙殊死厮杀，筑起明朝的辽东屏障。但这些人投降之后，皇太极即广为包容，收编重用。满族团结包容其他民族力量，变消极因素为积极因素，削弱敌人，壮大自身，故能以弱胜强，统治全国。

---

① 李果：《在亭丛稿》卷六《范文肃公传》。

四、学习先进的精神

满族初兴，文明低下，狩猎稼穑，仅供所需，领主部落，尚处于奴隶制度时代。但满族不因循守旧、拒绝先进，而是虚心学习，剔劣纳优，加速文明进化的步伐。红衣大炮由西方传教士引进，威力巨大，杀伤力强，曾使努尔哈赤在宁远城下受挫。清兵日后缴获该炮，悉心研究，俘虏明朝降将降卒仿造大炮，也拥有了攻城利器。满族与汉族，属文明阶段的两个层次，差距甚大。但满族不故步自封，而是倾心学习，承续明朝体制，吸纳汉族文化、典制中的先进部分，结合本民族的特点，创设出符合历史发展的文化传承、典章制度。女真文字已不通行，努尔哈赤遂命额尔德尼、噶盖两人仿蒙古文为字，以女真语为音，创制了老满文，尽管文法不备，缺点甚多，但文字的创制推动了女真社会向更高文明迈进。

儒家学说长期被奉为封建王朝的治世经典，满族入关即派官祭祀孔子，允许孔氏后代袭衍圣公。入关随俗，尊孔崇儒，笼络汉族知识分子，恢复科举取士，给饱读诗书的士子以“学而优则仕”的出路，淡化了他们心中滋生出的恋明反清的情绪。

清朝初兴，追踪先进，倾心学习，即使是自己的敌人，只要优而有长，亦纡尊求教，虚心仿制。这种海纳百川的胸怀和如饥似渴学习的精神，使满族在半个世纪的风雨征程中，从小到大，从弱到强，最终建立了全国政权。

朱诚如教授在《明清之际的历史走向》一文中说：“一个天崩地裂，天下大乱的时代，谁抓住了机遇，就会赢得胜利。”的确，明朝覆亡赋予李自成大顺军、张献忠大西军、南明政权、东北满族四方以平等的机遇。四方角逐，表面上拼打的是政权体制、后方补给、军事战略等浅表因素，实际上较量的是综合素质，而具有拼搏向上、锐意进取的一方无疑能够超乎其他三方，抓住历史机遇。李自成大顺军入城之后，追赃逐利，沉湎陶醉，失去进取之心。张献忠大西军杀戮过甚，树敌众多，矛盾重重，分崩离析。他们都抓不住历史机遇。南明政权偏处一隅，安于现状，惰性充盈，锐气全无，更不能抓住历史机遇。而满族凭借骑射尚武、民族凝聚、团结包容、学习先进，故能在历史机遇来临之际，因时乘势，席卷全国，取得全面胜利，这绝不是历史偶然的偏爱，而是历史必然的结局。当然，清朝统治后期，钟鸣鼎食的优裕生活消弭了满族优秀的精神品格，满洲贵族腐朽堕落，已经成为社会发展的阻碍，失去了早期的精神力量。辛亥革命，义旗高举，满族政权灭亡也是必然的。“其兴也勃焉”，“其亡也忽焉”。历史公平地对待每一个统治政权，关键在于能否自觉自强，适应历史的趋势，大踏步前进。

毛泽东曾经说过，人总是要有一点精神的。一个民族的崛起，一个社会的复兴，固然需要物质力量丰厚，军事实力强大，更重要的是要有精神力量的支撑。一个萎靡不振、腐败丛生、不思进取、见利忘义、舍本逐末的群体是不会有远大前途的。中外朝代更迭几乎如此，概莫能外，显示出一个兴衰更替的社会规律。

满族精神力量在几个世纪的凝结与衰微的变迁历程，并由此精神力量所导引的清朝历史轨迹，给了我们发人深省的启示。

满族命名三百六十年*

1995 年是满族命名 360 年。后金天聪九年、明崇祯八年，亦即 1635 年，当时已称皇帝的女真族皇太极下谕将原来的族名“诸申”改称“满洲”，这次命名可视为满族形成的标志。原来的女真族，经过长期演变，经过民族内部的分化与外部的融合，形成了一个新的民族共同体，满族诞生了。

当然，民族的形成是长期的历史过程，不是几个月、几年的事情。从原来较小的建州女真征服和统一各部，融合了东北的许多民族、部族，发展经济文化，建立政权，创制文字，形成共同的民族经济、民族文化、民族心理，有了共同的生活习惯和宗教信仰，这样，满族逐渐形成了。满族开始形成时是一支朝气蓬勃的、活跃的力量，居住在白山黑水之间，人数虽少，但进步很快。满族正式命名 10 年之后，即 1644 年，驱兵入关，打败了李自成、张献忠的农民军，打败了南明几个王朝，建立起全国政权——清朝。它统治中国达 268 年之久，是中国历史上最后一个封建王朝。

这里要谈谈满族和清朝在中国历史上的贡献。满族是中国多民族大家庭中的一个成员，满族上层建立了清朝。满族全体并不是统治者，满族下层也是受压迫的。但要谈满族的贡献又不能离开清朝，因为满族的英勇坚强、聪明才智有很多体现在清朝的治国思想、政治决策以及政绩、成就之中。

综观 268 年的历史，满族对祖国、对中华民族做出了伟大贡献。在清朝的统治下，中国社会发展到了前所未有的高峰。过去，在辛亥革命反满思想的影响下，对满族和清朝的历史业绩极度贬低，这

---

* 原载《语冰集》，南宁，广西人民出版社，1999。

是历史形成的。今天应该客观地、公正地、清醒地对其重新进行评价，应该廓清迷雾，还历史以真实面目。

以下，从三个方面来看。

第一，经济方面。从经济成就和生产力发展水平来看，中国历史上各个王朝的经济指标和生产总值没有准确的统计数字，难以比较，但历代的人口有相当详细的记录。我们可以从历朝历代所能养活的人口数目来推测当时的生产水平。中国历史上最盛的汉、唐、宋、明，全国人口记录最高是7 000万人。专家们认为这个数字偏低了，实际人口已超过1亿。但清朝经过康雍乾盛世，人口大量增长，道光时已有4亿人。要养活4亿人口，必须有相应的粮食产量，因此可以推断清代的粮食产量远远超过历史上的任何朝代。我做过粗浅的研究，估计18世纪末中国的粮食总产量约有1 020亿公斤。中国是个农业国，粮食生产是衡量经济水平和国家实力的主要指标，可以说，清朝的生产力水平达到了前所未有的高峰。

清朝的农业生产为什么能达到这样高的水平？这里不能详谈。简单说来：（一）开发边疆。历史上的边疆地区都是游牧区，清朝在边疆进行农业开发，东北、内蒙古、新疆、台湾、云贵等地的耕地大量增加。（二）大力推广新的农作物品种。如白薯、玉米、花生都是高产农作物，在山区、旱地都能种植。高产农作物大大缓和了粮食危机。（三）大规模的水利工程。黄河、淮河、永定河、江浙海塘以及各地的河、湖、沟、渠，清政府和民间投入大量的人力、财力进行整治，发挥了较大的效益。（四）减免赋税。康熙、乾隆年间，太平盛世，多次普免或减收赋税，与民休息，促进了生产力发展。

除农业外，清朝的手工业、商业、对外贸易也十分发达，资本主义萌芽在一些地区和一些行业中已经出现，超过历史上的任何时期。清朝经济的成就达到了封建时代的高峰。

第二，政治方面。满族和清朝在政治上的贡献是巩固了中国多民族国家的统一，奠定了现代中国的版图，改进了国内各民族的关系，增强了中华民族的团结力、凝聚力。这是极其伟大的成就，是以前许多民族、许多朝代没能做到的。

中国历史上有许多民族，一是北方的游牧民族（如匈奴、鲜卑、突厥、契丹、女真、蒙古），二是中原的农耕民族（如汉族），三是西南的山地民族（如苗族、壮族、瑶族、白族）。历史上，北方的游牧民族常常和中原的农耕民族对峙、战争。万里长城就是农耕民族修筑的防卫工事。中国历史上有几个大一统的时代，如汉、唐、元、明，但统一的规模、程度和时间都赶不上清朝。汉、唐在边疆地区设置都护府，但时间不很长，管理松散，各地自治程度很高。虽然元朝版图很大，统一范围广，但分成四大汗国，各自为治，且军事统治色彩浓厚。明朝的统辖，西不能到哈密，北不能到蒙古。只有清朝，当康熙打败吴三桂、统一台湾以后，以极大精力经营北部和西北、东北。一面抵抗俄国对黑龙江的侵犯，签订《中俄尼布楚条约》，划定了中俄东段边界；另一面进行平定准噶尔的战争，断断续续，历经康雍乾三朝 70 年之久，至乾隆中叶，平定了准噶尔、回部，统一了新疆。清朝不仅一举解决了中国历史上游牧民族和农耕民族之间的冲突，而且采取了一系列政策，发展边疆的经济、交通和文化，建立行政机构，筑城驻军，加强管理。清朝版图最大时达 1 200 多万平方公里，达到了前所未有的大统一。所以，周恩来总理说："清代以前，不管是明、宋、唐、汉各朝，都没有清朝那样统一。"（《关于我国民族政策的几个问题》）清朝中叶以后，再也没有游牧民族和农耕民族之间的大规模战争了，中华民族大家庭聚合并逐步巩固。鸦片战争以后，帝国主义侵略中国，中国历史上出现了国内民族关系的新格局。各民族团结联合，并肩抵抗外国的侵略，斗争的大方向发生了根本性的转折，各民族共御外侮代替了内部争斗。在近代的反侵略战争中，各少数民族与汉族一起立下卓越的功勋。如在第一次鸦片战争中，海龄率领镇江的满族兵英勇抗击英军，受到恩格斯的高度赞扬，又如蒙古族的总督裕谦在浙江殉难；第二次鸦片战争中，蒙古亲王僧格林沁在大沽口抗击英法联军；中法战争中，有英勇战死的云南白族将领杨玉科；甲午战争中，有抵抗日军而牺牲的回族将领左宝贵；八国联军侵华时，有与俄军作战殉国的满族将军寿山；直到抗日战争中，满族、蒙古族、回族、高山族以及其他少数民族人民都奋不顾身，投入伟大的抗日洪流中。100多年的反侵略战争，锻炼了中华各民族，它们用鲜血凝结成了兄弟般的情谊。为什么会出现全民族团结御侮的局面？“饮水思源”，我们应该感谢清朝和满族，感谢它们统一了全国，做了大量的民族工作。清朝，正因为它是少数民族所建立的政权，所以更能理解其他少数民族的处境与困难，更能沟通民族之间的感情，更能制定比较正确合理的政策，大大增强了国内各民族之间的亲和力、凝聚力，使中华民族成为牢不可分的坚强整体，这是对祖国极其伟大的贡献。如果没有清朝的统一和卓有成效的工作，那么当帝国主义入侵时，一旦施展挑拨离间，分而治之，中国就可能四分五裂、土崩瓦解，那就难以想象今天的中国会沦于什么样的悲惨境地！

第三，文化方面。满族有自己的语言文字和文化创造，英才辈出，典籍丰富，文化成就很突出。它善于汲取汉族文化，使满汉文化交融，既发展了满族文化，也丰富了汉族文化，这是中国其他少数民族无法比拟的。毛泽东主席说成吉思汗“只识弯弓射大雕”。而满族除了擅长骑马射箭之外，文治斐然，可以媲美于汉唐宋明，毫不逊色。

清朝在文化上卓有贡献，曾经编纂了几部大书。一部是《古今图书集成》，共1万卷，是一部大类书，是在康熙之子允祉的主持下，由陈梦雷编纂的。另一部是《四库全书》，共79 070卷，是一部大丛书，是乾隆帝开四库馆邀请众多学者编纂而成的。还有一部是《皇舆全览图》，康熙时派人到全国各地做实际测量，其中有不少是西方传教士中的地图测绘专家，采用当时世界上最先进的经纬度测绘方法，历时10年而成，是世界地图绘制史上的鸿篇巨制。

满族中的学者、作家、诗人、艺术家很多。最享盛名的伟大作家是曹雪芹，他是满洲正白旗包衣，生活在雍乾时代。他创作的《红楼梦》是最伟大的小说之一，通过生动的艺术形象，反映封建家庭的生活，实际上是满族贵族家庭的生活。纳兰性德，满洲正黄旗人，大词人，有词作《饮水集》《侧帽集》。图理琛，满洲正黄旗人，他的名著《异域录》是记载出使里海之滨、伏尔加河流域见闻的作品。近代的满族作家老舍写了《骆驼祥子》《四世同堂》《龙须沟》《茶馆》等不朽的作品。满族的诗人很多，不能一一列举。徐世昌编《晚晴簃诗汇》，收清代诗作2.7万首，诗人6 000名，其中满族诗人近1 000人。

满族中书画家很多，清代中叶四大书法家中有两人是满族，一个是成亲王永瑆（乾隆第十一子），一个是铁保。画家高其佩（指画）、唐岱（宫廷画）都是满族人。

满族文化和汉族文化融为一体。例如，《红楼梦》是用汉文写的，而反映的是满族贵族的生活，富有满族的生活情趣，典型地体现了民族文化的融合。中国文化艺术中包含多种民族因素，水乳交融，很难分开，你中有我，我中有你。例如京剧，这是传统的歌舞剧，最先是汉族创造的二黄、西皮。200多年前徽班伶人带它进京，在以后的发展过程中许多满族人参加创作、演出，融入了满族的聪明才智。许多剧作家、伶人、琴师是满族人，如汪笑侬是满洲正黄旗人，对京剧的革新很有贡献。四大名旦中的程砚秋、尚小云以及名演员龚云甫、金少山、奚啸伯等也都是满族人。可以说，京剧是汉族和满族共同创造和发展的优秀剧种，没有满族的参与，京剧就不可能达到今天这样炉火纯青的地步。

民族文化的融合很值得研究。例如我们常说“京派文化”“海派文化”。“京派文化”更多地反映了北京的生活情趣与风俗习惯，其中包含着满族的文化因素。因为几百年来满族聚居于北京，当年北京的内城只准满族居住，不准汉族居住。因此，满族把原来的语言习惯、生活情趣、文化心态带到了北京。今日的北京文化中包含浓厚的满族文化因素，例如北京话，明代的北京话可能和今天有较大差异，明代以后的北京话掺进了满语的语言要素，使北京话发生变化，变得更生动、更传神、更富有表现力。北京的大鼓、相声等曲艺形式和满族早期的子弟书有密切关系。我觉得“京派文化”和满族文化的关系很值得研究。

以上我从三个方面说明了满族和清朝在中国历史上的贡献。满族是个富有创造性的伟大民族，1995年是满族命名360年，我们不能忘记它的卓越功勋。当然，事情都是一分为二的。满族和清朝有巨大的、不可磨灭的贡献，但也有局限性，有缺点和过失。在政治上，它沿袭历代的封建专制政治，没有发展民主；在经济上，仍然以农立国，没有走上工业化的道路；在对外关系上，长期闭关锁国、保守自大；在文化思想上，实行严格的思想统治，大兴文字狱。对这些当然不应该做肯定的评价。但总的说来，满族和清朝的贡献是巨大的，不能因它有缺点、过失而抹杀它曾取得的辉煌成就。

到了晚清，满族失去了早期那种勇于进取、富有朝气的精神，政治腐败，思想僵化，对外从闭关自大一变而为拱手揖敌、怯懦自卑，满族走过了它的全盛时期而趋于衰落。在今天社会主义时期，满族人民获得了新生，它必将成为建设有中国特色社会主义、维护国家统一与和平的伟大力量，为中华民族的复兴做出新的贡献。

康熙和鳌拜*

康熙和鳌拜之间的冲突是诸多矛盾积累和发展的结果。康熙一举擒拿权臣鳌拜，夺回了政权，为以后建立清朝的政治基业扫清了障碍，显示了这位少年天子的胆识、魄力和智慧。

一、鳌拜其人

鳌拜，满洲镶黄旗人，姓瓜尔佳氏。他的叔父费英东早年追随努尔哈赤起兵，是清朝的开国元勋。鳌拜本人随皇太极征讨各地，战功赫赫。他参加过崇德二年（1637）的皮岛战役。当时皮岛守备森严，清军久攻不下，鳌拜请为先锋，誓言："不得此岛，勿复见王。"（《清史列传》第二册）乘舟渡海，直冲敌阵，战斗时，鳌拜大呼，冒矢石勇敢搏战，跃登城墙，敌兵大败。清军攻克皮岛，皇太极十分欣赏鳌拜的英勇善战，论功行赏，封三等男，赐"巴图鲁"号。

此后鳌拜又屡建大功。崇德六年（1641），松锦会战中，他"以步战败明军步军营，功最"（《清史列传》第二册）。明总督洪承畴率大军十三万来援，皇太极亦亲率大军应战，鳌拜"辄先陷阵，五战皆捷"，明军败遁。皇太极命鳌拜追杀，又获全胜，"擒斩过半"。八年（1643），随阿巴泰征明，入长城，围北京，攻略至山东兖州、临清而返。

顺治元年（1644），清兵入关后，多尔衮考核群臣功绩。鳌拜

---

* 原载《北京日报》，2001 年 12 月 11 日。

“以忠勤戮力，晋一等子”（《清史列传》第二册）。随阿济格征湖北，破李自成军，又随豪格入四川，与张献忠战于川北西充，“大破之，斩献忠于阵”（《清史列传》第二册）。

鳌拜不但是一员骁勇战将，而且也是皇太极忠心耿耿的心腹。皇太极死后帝位继承发生问题。皇太极长子肃亲王豪格与皇太极之弟多尔衮争立。正黄旗与镶黄旗拥立豪格（索尼、遏必隆、鳌拜属两黄旗），而正白旗与镶白旗拥立多尔衮。当时恰值李自成打进北京，明朝覆亡，满族统治者在关键时刻互相妥协，将矛盾缓和下来。豪格和多尔衮都不当皇帝，而让皇太极的第九子，六岁的福临继帝位，是为顺治帝，避免了关系破裂而喋血萧墙。鳌拜始而拥戴豪格，继而拥戴福临。他是两黄旗的重要代表，是效命疆场、为清朝争夺江山的元勋。

二、康熙初年的政局矛盾

顺治遗命索尼、苏克萨哈、遏必隆、鳌拜四大臣辅政。索尼的资格最老，威信很高，但年纪老迈，畏事避祸。遏必隆亦出自名门，为开国元勋额亦都之后，屡立战功，与鳌拜交好。而苏克萨哈为正白旗，先是依附多尔衮，多尔衮死后，朝局一变，苏克萨哈出来告发刚刚死去的多尔衮，因此亦受顺治帝重用。四辅臣中，索尼列名第一，能够得到大家认同。而苏克萨哈因是公主的儿子，且反戈一击，揭发多尔衮有功，列名第二就较勉强，尤其是资格老、军功高而名列第四的鳌拜很不服气。当时，朝廷中存在着三对矛盾：

第一，黄白旗之争。皇太极死后，黄白旗为争立皇帝，关系紧张，以索尼为首的两黄旗大臣盟于大清门，带兵入宫，张弓挟矢，要和两白旗兵戎相见。后来幸而以妥协告终，但彼此成见甚深。多尔衮是正白旗之主，摄政时压制反对他的两黄旗。索尼、遏必隆、鳌拜均曾获罪，或降职，或罢官。顺治亲政，朝局一变，黄旗抬头，白旗失势。苏克萨哈虽以白旗投靠黄旗，但索尼、遏必隆、鳌拜都瞧不起他。黄白旗之间的矛盾一直延续到康熙初年。

第二，更换圈地的利益之争。清初圈地时，多尔衮当权，偏袒正白旗，将冀东肥沃之地圈给正白旗。康熙时鳌拜提出圈地应按八旗排列顺序。冀东的土地按顺序应归黄旗所有。他要求和正白旗换地。如果土地不足，“别圈民地补之”（《清史稿·鳌拜传》）。圈地已过去二十年，如果黄白旗换地，牵涉面太广，骚动过甚。当时户部尚书苏纳海、直隶总督朱昌祚、巡抚王登联都以“旗人安业已久，民地曾奉谕不许再圈”（《清史列传》第二册）为理由加以反对。苏克萨哈属正白旗，也坚决反对。但索尼、遏必隆则支持鳌拜，形成四辅臣之间的利益冲突。

第三，进步与保守之争。清朝入关后，在如何统治中国的问题上存在严重分歧。顺治帝认为，采用汉族的制度、吸取汉族的文化才能使清朝长治久安。而四辅臣缅怀满族的旧制度、旧习惯，主张退回旧时代中，“率祖制，复旧章”（《清史稿·索尼传》），凡事都要“遵照太祖、太宗例行”（《圣祖实录》卷23）。对汉族则施行高压政策。顺治帝刚去世，江南就发生“奏销案”，“江苏省逋赋绅衿一万三千五百十七人；下部斥黜有差”（《清史稿·圣祖本纪》）。探花叶方霭只欠交赋税一文钱，亦遭处分，故民间有“探花不值一文钱”之谚。康熙二年（1663）又大兴文字狱，庄廷鑨因修《明史》获罪，株连甚众，刑罚残酷，不遗余力打击汉族地主知识分子。

三、中西文化冲突的插曲

在鳌拜事件中还夹杂有中西文化的冲突。孝庄太后与顺治帝善待西方传教士，与汤若望关系密切，相信西方的自然科学。顺治帝封汤若望为通玄教师，并采用他所编的新历书《时宪历》。顺治死后，辅臣们厌恶西方传教士，守旧的历学家杨光先、吴明烜“依附鳌拜，捏词陷人”（《东华录》康熙九）。辅臣们将汤若望下狱，拟处汤若望死刑。恰好北京发生地震，孝庄太后出面干预，称上天示警不可妄动，汤若望才免死获释。但汤若望的《时宪历》仍废止不用，而采用吴明烜的《大统历》，却错误百出，其中“康熙八年闰十二月应是康熙九年正月，又有一年两春分两秋分种种差误”（《东华录》康熙八）。康熙以实事求是的态度对待这一问题，认为“天文最为精微，历法关系国家要务，尔等勿怀夙仇，各持己见，以己为是，以彼为非，互相争竞”（《清通鉴》四），而以实际测量为标准，钦派大臣进行实际测验。结果，“立春、雨水、太阴、火星、木星与南怀仁所指逐项皆符，吴明烜所称逐项不合”（《东华录》康熙八）。康熙帝相信实测结果，恢复使用《时宪历》，授南怀仁钦天监监副。辅臣不懂和无视科学，康熙对辅臣们盲目无知、刚愎自用、反对科学甚为反感。这场科学上的是非之争也夹杂在康熙和鳌拜的政治斗争风波中。

四、矛盾的爆发

斗争的突破口在于圈地换地之争以及辅政大臣苏克萨哈的被杀。由于苏纳海、朱昌祚、王登联三位大臣反对黄白旗之间换地，鳌拜痛恨他们，必欲置之死地。康熙出面调解，召四辅臣商议此事。索尼、遏必隆附和鳌拜，主张以抗旨论死，苏克萨哈不作声，以沉默对抗，形成三比一的局面。康熙此时尚未亲政，无法阻挡辅臣们的决定。苏、朱、王三大臣竟被处死。过了四十年，康熙提到这场冤狱，痛心地说：“鳌拜、遏必隆为圈地换地杀尚书苏纳海、总督朱昌祚、巡抚王登联，冤抑殊甚，此等事皆朕所不忍行者，朱昌祚等不但不当杀，并不当治罪也。”（《圣祖实录》卷224）

康熙和鳌拜之间的冲突正是上述诸多矛盾积累和发展的结果。鳌拜代表着关外旧臣的势力，把持朝政。他的弟弟穆里玛，有镇压李自成余部夔东十三家之功，封靖西将军，儿子那摩佛娶公主为妻，是康熙的姐夫，一门贵幸。鳌拜的亲信班布尔善、玛尔赛、阿思哈、济世盘踞政府要津，心腹爪牙遍布内外。这时随着康熙的成年，满族统治者中间新的一代正在成长，以康熙为核心集聚了索额图、明珠、岳乐、杰书等青年俊才。索额图、明珠都是康熙的侍卫，岳乐、杰书是皇族，已封安亲王、康亲王。他们对关外时期的生活和传统并无留恋之情，而一心要营建统治全中国的宏伟大业。这一新的势力集团的崛起预示着鳌拜集团的覆灭指日可待。

鳌拜性情刚愎，器量狭隘，势力愈张，骄横日甚。朝贺新年时，鳌拜身穿黄袍，仅其帽结与康熙不同。又经常把各地奏折拿回自己家中和心腹们商议办理，不把朝廷官员放在眼里。有一次鳌拜装病，康熙去探望他，鳌拜卧床，席下放一把刀。康熙的侍卫搜检出这把刀，局面尴尬而紧张。康熙虽年轻却从容镇静，笑着说："刀不离身是满洲故俗，不要大惊小怪!"（《啸亭杂录》）可见鳌拜的跋扈，也可见康熙把紧张局面消弭于谈笑之间的机智应变。

五、智擒鳌拜

康熙十四岁亲政，鳌拜大权独揽，仍把持着权力不放，要把年轻的皇帝变成任凭自己摆布的傀儡。苏克萨哈要求辞职，还政皇帝。这一举动触及鳌拜要害，因为排名第一位的苏克萨哈辞职（时索尼已死），遏必隆、鳌拜势必也要让出辅政的职务，鳌拜不甘心退出政治舞台，他诬陷苏克萨哈的辞职"背负先帝""别怀异心"（《清史稿·苏克萨哈传》），罗织二十四条罪状，要把苏克萨哈斩首抄家。康熙不同意，以"核议未当，不许所请"。但跋扈成性的鳌拜在康熙面前挥拳捶胸，疾言厉色，对康熙恐吓要挟，最后连康熙也无法改变鳌拜的决定，结果苏克萨哈被处绞刑。

"是可忍孰不可忍"，年轻有为的康熙如何能容忍这样骄横凶狠的权臣。他在暗中准备着。他挑选了一批有勇力的少年侍卫在宫中练习布库（即摔跤）。鳌拜上朝也不回避。鳌拜以为不过是小孩子的游戏，不以为意，他误以为"帝弱好弄"，"心益坦然"（《啸亭杂录》），未加戒备。

康熙的祖母孝庄太后具有崇高威望和非凡才智，不容许任何人侵犯自己心爱的孙子。各种势力迅速地倒向皇帝一边。客观形势对鳌拜愈来愈不利，而他还懵然不察。康熙八年（1669）五月，武力夺权的时机终于到来。康熙与索额图密谋，将鳌拜的亲信派往各地，离开京城，又让自己的亲信掌握了京师的卫戍权。康熙召集侍卫武士说："你们都是我的股肱亲旧，你们怕我，还是怕鳌拜?"大家说："怕皇帝。"（《啸亭杂录》）康熙即宣布鳌拜罪状。在鳌拜单独入朝时，由布库少年突然擒拿下狱，宣布鳌拜三十条罪状。但念鳌拜资深年久，屡立战功，且无篡弑之迹，康熙对他宽大处理，免死禁锢。其党羽或死或革。康熙夺回政权，经过周密策划，精心布置，不动声色，没有动用大军，没有经过恶战，在社会上未发生重大骚动，所以人们评论他："声色不动而除巨恶，信难能也。"（《啸亭杂录》）

康熙清除鳌拜集团，使皇权巩固，扭转了倒退的政策趋势，撇开了阻挠历史前进的保守力量，使清王朝的封建化和满汉融合的政策得以贯彻，为进一步恢复生产力，削平割据，抵御俄国入侵，实现国家统一，建立繁荣的康雍乾盛世奠定了基础。

史实中的康熙收复台湾*

一、康熙初年的政治形势

康熙幼年即位，他所继承的是一个饱经战火、经济凋零、国弱民贫、群雄逐鹿、四分五裂的国家基业。康熙元年（1662）吴三桂将长年抵抗的南明朝廷追入缅甸，擒获永历帝，并将他处死。南明势力刚刚被消灭，代之而起的吴三桂、尚可喜、耿精忠三藩，又盘踞在云南、贵州、广东、广西、福建，各拥重兵。他们的财政户部不得核查。吴三桂且可向全国选派官吏，号为“西选”，吏部不得掣肘。军饷开支浩大，“天下财赋，半耗于三藩”（魏源《圣武记·康熙戡定三藩记》）。东南海岛台湾被郑经占据，郑氏本以恢复明室为号召，但自从永历帝和郑成功死后，失去了号召力和政治领导，郑氏集团内叔侄兄弟失和，内讧不息，已蜕变成失去政治目标的海上武装。东北则有俄罗斯人入侵，在黑龙江上设立许多军事据点，屠杀和掠夺当地人民。西北则有噶尔丹崛起，以伊犁为巢穴，其军锋和影响远及于内外蒙古、南部新疆、西藏、青海以及中亚细亚，势力强盛，窥伺中原，成为清朝的严重威胁。离北京不远，又有察哈尔蒙古布尔尼之心存反侧，蠢蠢欲动。中原地区，还有反清复明思想的明朝遗民亦在积蓄力量，俟机待发。整个中国大地上布满了大堆干柴，一个火星的迸溅，就会燃烧起燎原大火，清王朝危机四伏，统治极不稳固。

---

* 原载《炎黄春秋》，2002 年第 2 期。

康熙逐渐成年，首先擒拿鳌拜，夺取权力，消除了朝廷内部的隐忧。随即集中力量对付南方三藩，决心割掉这一恶性肿瘤。经过八年苦战，平定了吴三桂等三藩叛乱，趁着告捷余威，又把注意力转向台湾。康熙统一台湾是战争与谈判交替使用的复杂过程，是力量、智慧与争取人心的长期斗争。

二、与台湾又战又谈

清朝与台湾郑氏政权，两岸对峙二十年，有时战争，有时谈判，打打谈谈，一直呈胶着状态。

康熙元年（1662）郑成功收复台湾，驱逐荷兰侵略者，不久即病逝，内部发生争讧。清朝乘机派使者，企图说服郑成功之子郑经归降清朝。郑经为了减轻压力，与清朝谈判，交出南明皇帝赐给的敕书、印玺。清朝要求台湾人众迁回内地，剃发易服，郑经不允，谈判未成。康熙二年（1663），清朝出兵攻打郑氏据守在大陆上的最后一个据点厦门，郑经战败，退出厦门，逃奔台湾。清朝乘胜派舟师出征台湾，在海上突遇台风，船只沉没，无功而返。

当时两岸虽武装对峙，但又都有一定的和平愿望。清王朝三藩未除，经济不稳，无力用兵海上。而台湾郑氏，土地初辟，人口甚少，生产落后，经济困难，急需大陆的粮食和物资供应。且郑部大多是福建人，离家日久，思恋乡土，私下渡海来归者络绎不绝。康熙六年（1667），清廷派总兵孔元章，赴台湾议抚，答应郑经如归顺，可封“八闽王”，郑经犹豫不决，后以“和议之策不可久，先王之志不可坠”（《海纪辑要》），拒绝清朝的招抚。康熙亲政后，刑部尚书明珠奉旨入福建，主持和议，派知府慕天颜入台，宣示招抚之意。清廷做了重大让步，允许郑氏封藩，世守台湾。郑经则提出：“苟能照朝鲜事例，不削发，称臣纳贡，尊事大之意，则可矣”（江日昇《台湾外记》）。康熙答复：“若郑经留恋台湾，不思抛弃，亦可任从其便。至于比朝鲜不剃发，愿进贡投诚之说，不便允从。朝鲜系从未所有之外国，郑经乃中国之人”（《明清史料丁编》第三本）。康熙不愿台湾成为独立于中国之外的国家，故谈判破裂。

此后发生三藩之乱，中原战火弥漫。郑经乘机与吴三桂、耿精忠勾结，发兵攻福建、广东，与清军作战，占领厦门与漳州、泉州、潮州、惠州各地。转战数年，吴三桂失败，郑经孤军难支，又退回台湾。清朝再一次争取谈判，福建总督姚启圣派副将黄朝用赴台。郑经要求“请照琉球、高丽外国之例，称臣奉贡，奉朝廷正朔，受朝廷封爵”，而康熙坚决不同意将台湾比照琉球、高丽之例，认为“台湾人皆闽人，不得与琉球、高丽比”（《圣祖实录》卷109）。双方各持自己的立场，谈判又无结果。

三、决策选将

不久，郑经病逝，其子郑克塽继立。清廷讨论如何解决台湾问题，反对武力攻取台湾的人很多。康熙二十一年（1682）“户科给事中孙蕙条陈，台湾进兵宜缓”。“（二十一年）七月，彗星见，井宿度，尾长二尺余。”令百官言事，“尚书梁清标奏，今天下太平，凡事不宜开端，当以安静为主。左都御史徐元文奏请暂停台湾进剿”（《圣祖实录》卷103）。康熙排除了众多反对意见，调走了认为“台湾难攻且不必攻”（《圣祖御制文集三集》卷二）的水师提督万正色与福建将军喇哈达。决定采取“剿抚并用”的方针，“宜乘机规定澎湖、台湾……将绿旗舟师分领前进，务期剿抚并用，底定海疆”（《圣祖实录》卷91）。

台湾地处大海中，波涛万顷，作战须赖水师，满族将士娴习马步，而不习水战，必须另选将帅，训练士卒。李光地、姚启圣推荐施琅当此重任。

施琅，福建晋江人，有勇略。早年为郑芝龙部下，后随郑芝龙降清。郑成功将其父子兄侄一门杀害，结下深仇。施琅在福建与郑氏作战多年，了解台湾情况，熟悉水师机宜及海上风涛之变幻。他一贯主张攻取台湾，但因曾是郑氏部属，清廷并不信任他，把他安置在北京居住，投闲 13 年。

康熙决定起用施琅，授福建水师提督。此时，郑氏窜犯福建、广东的军队已被福建总督姚启圣逐出。姚亦主张攻取台湾，说“台湾断须次第攻取，永使海波不扬”（姚启圣《忧畏轩奏议》），并已训练了一支骁勇善战的水师。但在作战方略上，姚启圣与施琅意见分歧，致出师日期一再推迟。施琅请求康熙给予“专征”之权，督抚只管后勤供应“催趱粮饷”，指挥作战全部由自己负责。康熙同意了施琅的请求。姚启圣此后无权过问作战事宜，但他以大局为重，和衷共济，全力支援前线，保证了施琅出征的粮食和物资供应。

四、战斗与善后

康熙二十二年（1683）六月十四日施琅率兵 2 万余人，乘战船 200 余艘出征。郑克塽则派勇敢善战的刘国轩守澎湖，所率兵将战船与施琅相当。“缘岸筑短墙，置腰铳，环二十余里为壁垒”（《清史稿·施琅传》），两军展开激战，历时七昼夜。施琅右眼负伤，游击兰理中炮“腹破肠流出，为掬而纳诸腹，持匹练缚其创。理呼杀贼，麾兵进”（《清史稿·兰理传》）。5 年以后，康熙见兰理，极嘉奖他作战英勇，“问澎湖战状，命解衣视其创，慰劳甚至”。总兵朱天贵“以十二舟薄敌垒，焚其舟，杀伤甚众，战益力。俄中飞炮，仆舟中，犹大呼杀贼，遂卒”（《清史稿·朱天贵传》）。澎湖大战，郑军大败。清军击沉敌船 159 艘，郑军死伤 12 000 人，浮尸遍海，刘国轩仅率 31 艘船逃回台湾。

澎湖战败，郑克塽等极为恐慌。施琅进行政治争取工作，对被俘的台湾兵将，优礼相待，赏给银米。800 名伤残者医治之后，释放回台，令他们宣示招抚之意，台湾民众“莫不解体归心，唯恐王师之不早来”（阮旻锡《海上见闻录》）。郑氏已无抵抗能力，于 7 月 27 日向清军奉表纳降，呈交延平王金印和户口土地册籍。康熙接受投降，优待郑氏，称：“尔等从前抗违之罪，全行赦免。仍从优叙录，加恩安插，务令得所。煌煌谕旨，炳如日星，朕不食言”（《圣祖实录》卷111）。封郑克塽公爵，封刘国轩侯爵，“降众四万余，或入伍，或归农”。郑氏人众俱得妥善安置，台湾遂告统一。

施琅因平台湾功，封靖海侯。他与郑氏有杀戮父子兄侄的大仇，有人认为：施琅战胜必定会进行报复。但施琅未妄杀郑氏一人，他说：“绝岛新附，一有诛戮，恐人情反侧。吾所以衔恤茹痛者，为国事重，不敢顾私也。”（《清史稿·施琅传》）

收复台湾后，又发生弃留之争。有人认为，台湾“孤悬海外，易薮贼，欲弃之”；也有人说，“海外泥丸，不足为中国加广，裸体文身之番，不足与共守，日费天府金钱于无益，不若徙其人而空其地”（《台湾历史纲要》）。施琅反对放弃台湾的主张。他认为：台湾是江浙闽粤四省之屏蔽，倘若放弃台湾，必为红毛（指荷兰）复占，“乃种祸后来，沿海诸省，断难晏然无虞”，“弃之必酿成大祸，留之诚永固边圉”（施琅《恭陈台湾弃留疏》）。康熙赞同施琅的意见说：“台湾弃取，所关甚大。弃而不守，尤为不可。”（《康熙起居注》二十三年正月二十一日）

康熙二十三年（1684），清廷始设台湾府与台湾、凤山、诸罗三县，隶属福建省，在台、澎分别驻兵1万人，设官治理，筑城戍守，台湾宝岛得以统一于清朝政府之下。

雍正继位的历史疑谜*

近日，全国正在播放电视连续剧《雍正王朝》。此剧描述并赞扬了雍正帝的历史功绩。雍正的确是一位安邦治国的杰出政治家。电视剧围绕当年太子的废立、皇位的争夺、惩治贪污、西北用兵等展开了一幕又一幕惊心动魄的斗争。我这里只是从一个历史研究者的角度，对雍正继位的问题谈点个人见解。

一

关于雍正继承帝位，历史学界从来就有两种意见：一种认为雍正是由康熙临终传位的合法君主，另一种认为雍正继位是夺权篡立。后一种篡立说由孟森、王钟翰、许曾重、杨珍等学者进行研究，提供了越来越多的且坚实的证据。

康熙六十一年（1722）冬，康熙帝在热河和南苑行猎之后“偶感风寒”，住在畅春园休息，命皇四子胤禛往天坛代行冬至祭典。十一月十三日凌晨，康熙帝病情恶化，至夜间猝然逝世。据称：临终遗言由皇四子胤禛继位，即雍正帝。官书言之凿凿，似无可怀疑。但当时社会上流言四起，说雍正系篡立夺位，较早见于记载者为《大义觉迷录》，其中说：

> 先帝欲将大统传与允禵，圣躬不豫时，降旨召允禵来京，其旨为隆科多所隐，先帝宾天之日，允禵不到，隆科多传旨，遂立当今。

* 原载《中华儿女》，1999年第3期。

> 圣祖皇帝原传十四阿哥允禵天下，皇上将“十”字改为“于”字。
>
> 圣祖皇帝在畅春园病重，皇上就进一碗人参汤，不知何如，圣祖皇帝就崩了驾，皇上就登了位，随将允禵调回囚禁。太后要见允禵，皇上大怒，太后于铁柱上撞死。

此处所说雍正夺位的情节，曲折离奇，与官书记载大相径庭。一方面官方文书不可全信，因为它是雍正即位后编写的，自然不会有篡立的痕迹。另一方面民间流言亦不可全信，因为这些流言多出自雍正政敌之口。雍正继位之谜遂扑朔迷离，成为千古疑案。例如改写遗诏之说是不可能的。按照清朝的书写格式，允禵写作“皇十四子”，胤禛写作“皇四子”，第一个“皇”字不可省略，改诏是不可能的。但否定这一民间传言，并不排斥雍正的矫诏篡立。雍正继位确实存在许多疑点，这件公案扑朔迷离，众说纷纭，成为千古疑案。

康熙晚年，因太子废立，闹得举朝不安，储位虚悬已十年之久。但康熙心目中似乎已将皇十四子允禵视为自己的接班人。当时准噶尔入侵西藏，清援军入藏战败，西线军情紧急。康熙五十七年(1718)，允禵被任命为抚远大将军，率大军西征。这次援藏之役，出兵多，任务重。当时，太子人选正待确定，康熙给允禵这一重大任命，当意有所属，大概是为了考验和锻炼允禵的才能。为了树立允禵的威信，此次出兵仪式隆重，规格甚高，康熙“亲诣堂子行礼”。允禵可用正黄旗纛，称大将军王。随允禵出征的有一批亲王、郡王及康熙的几个爱孙。康熙十分看重允禵的才能，对蒙古亲王说：“大将军王是我皇子，确系良将，带领大军。深知有带兵才能，故令掌生杀重任。尔等或军务，或巨细事项，均应谨遵大将军王指示，如能诚意奋勉，即与我当面训示无异。”（《抚远大将军奏议》）

允禵到前线后，康熙对他关怀备至，屡通音问，告诉他“阿玛、额娘身体都好……自去年以来，一剂药也没吃……上炕时不再需要旁人扶持，骑马时也不用安放马镫了”，“朕的白头发、白胡子有些变青了，你不要将此告诉别人”（《满文朱谕》）。允禵在前线两年内受赏赐物件、食品达16次之多，包括眼镜、鼻烟壶、康熙用过的腰带，“凡有各省进献之佳品，父皇皆一项不漏，立即赏给臣”（《满文朱批奏折》）。允禵的几个儿子也被康熙带到热河“仁爱训育”，使他们“时常依绕皇祖膝前”（《满文朱批奏折》）。允禵的儿子弘春和女儿结婚，康熙亲自照料，赏赐财物妆奁。康熙给允禵兵权，且关系十分亲密，这在当时已给人以允禵将是接班人的印象。故皇九子允禟说允禵“聪明绝世”，“才德双全，我弟兄们皆不如”，“十四爷现今出兵，皇上看的很重，将来这皇太子一定是他”（《文献丛编·允禩允禟案》）。连当时的朝拜使者也说：“十四王拥兵在外，屡建大功，众心咸属。”（《燕行录》）

把这些记载与雍正夺位后对允禵出任大将军之事的评论相对照，雍正说：“（康熙）知允禵在京毫无用处，况秉性愚悍，素不安静，实借此驱逐之意也。”（《大义觉迷录》）照这说法，康熙竟会派一愚悍不安静的儿子担任大将军之职，视军务如儿戏？这是不可信的，是雍正为了破坏允禵形象的诋毁之词。

二

康熙怎样传位给雍正，据官书所说，也是破绽百出，无以自圆其说。最早是雍正元年（1723）八月上谕：“圣祖……命朕缵承统绪，于去年十一月十三日仓猝之间，一言而定大计。”这里未提及听到遗命的人。至雍正五年（1727）十月上谕说：“皇考升遐之日，召朕之诸兄弟及隆科多入见，面降谕旨，以大统付朕。是大臣之内，承旨者唯隆科多一人。”这里出现了诸皇子和隆科多聆听遗命的记载。至雍正七年（1729）九月，雍正为了驳斥夺位流言，写《大义觉迷录》，叙述康熙临终授命情形，极为详细具体：

> 康熙六十一年十一月冬至之前，朕奉皇考之命，代祀南郊。时皇考圣躬不豫，静摄于畅春园……至十三日，皇考召朕于斋所。朕未至畅春园之先，皇考命诚亲王允祉、淳亲王允祐、阿其那（允禩）、塞思黑（允禟）、允䄉、允裪、怡亲王允祥、原

任理藩院尚书隆科多至御榻前，谕曰："皇四子人品贵重，深肖朕躬，必能克承大统，著继朕即皇帝位。"是时，庄亲王允禄、果亲王允礼、贝勒允祹、贝子允祎俱在寝宫外祇候。及朕驰至问安，皇考告以症候日增之故，朕含泪劝慰。其夜戌时，龙驭上宾。朕哀恸呼号，实不欲生，隆科多乃述皇考遗诏。朕闻之惊恸，昏仆于地。诚亲王等向朕叩首，劝朕节哀。朕始强起办理大事。

这段话存在许多问题：其一，康熙传位的重要情况，按理当在雍正即位之初，即行披露，何以延至七年之后才说出来？其二，雍正一直强调，自己在康熙去世之前，不知道会继承帝位，"朕向者不特无意于大位，心实苦之。前岁十一月十三日，皇考始下旨意，朕竟不知。朕若知之，自别有道理，皇考宾天之后，方宣旨于朕"（《上谕内阁》）。而按照《大义觉迷录》所言，雍正在康熙弥留之前八个时辰赶到了病榻前，其时康熙尚能言语，"皇考告以症候日增之故"，何以康熙未向雍正透露已传位于他？这是何等大事，是康熙遗忘了吗，还是向雍正保密？这都于理不通。而且已听到康熙面谕传位的兄弟们和隆科多亦无一言道及，直到康熙死后，"隆科多乃述皇考遗诏"，情形未免离奇。其三，隆科多既是面承遗诏的"唯一大臣"，而雍正五年（1727）的谕旨中却说"圣祖仁皇帝升遐之日，隆科多并未在御前，亦未派出近御之人"（《东华录》），前言后语相互矛盾。其四，雍正说，康熙死时，果亲王允礼（皇十七子）亦"在寝宫外祇候"，而隆科多却说："圣祖皇帝宾天之日，臣先回京城，果亲王在内（指皇宫内）值班，闻大事出，与臣遇于西直门大街，告以皇上绍登大位之言，果亲王神色乖张，有类疯狂，闻其奔回邸，并未在宫迎驾伺候。"（《上谕八旗》）可见允礼并不在"寝宫外祇候"，他听到康熙去世的消息后立即赶往畅春园，在西直门大街遇到隆科多，才听说雍正继位，深感意外，甚为惊骇，逃回家去。其五，据雍正说："皇考升遐之日，朕在哀痛之时，塞思黑（允禟）突至朕前，箕踞对坐，傲慢无礼，其意大不可测。"（《大义觉迷录》）"圣祖仁皇帝宾天时，阿其那（允禩）并不哀戚，乃于院外倚柱，独立凝思，派办事务，全然不理，亦不回答，其怨忿可知。”（《清世宗实录》）允禩、允禟的举止不像是八个时辰以前已聆听康熙的传位遗言，而像是康熙刚刚逝世，听到雍正即位的消息而胸怀激愤之情。由此可见，所谓八人受康熙面谕传位雍正的事十分可疑，很可能是在七年之后伪造出来的。

三

从皇族中人对雍正继位的反应亦可看出问题。雍正的兄弟很多，支持雍正继位的只有皇十三子允祥一人。皇十四子允禵和雍正是一母所生，二人又是角逐帝位的死敌。允禵从军前调回北京奔丧，与雍正发生口角冲突，被永远囚禁。皇八子允禩、皇九子允禟是雍正的死对头，他们势力大、影响广，对雍正篡立不服，进行抵制，是雍正的重点打击对象，至雍正四年（1726），允禩、允禟被迫害致死。两人死后雍正把他们改名为阿其那（狗）、塞思黑（猪），可见积恨之深。皇十子允䄉是允禩一党，雍正二年（1724）即永遭囚禁。皇三子允祉也反对雍正继位，雍正说他“与阿其那、塞思黑、允禵交相党附”（《清史稿》）。其子弘晟看不惯四叔的作为，雍正斥其“凶顽狂纵，助父为虐”，与父亲同被禁锢。皇五子允祺是位胆小怕事的人，但他的儿子弘昇也对雍正不满，被削除世子。皇十二弟允裪，本封履郡王，于雍正元年因“并不感激效力”，降为贝子。其他兄弟年龄较小，未卷入皇位的争夺，故得保全。雍正的生母德妃，民间流言说她触柱而死，虽无确切佐证，但雍正和允禵两个亲生儿子为争位而拼得你死我活，小儿子被大儿子终身囚禁，她在康熙去世、允禵被囚后“不饮不食”，不久死亡，其死因可能与帝位争夺、兄弟阋墙有关。连雍正的大儿子弘时（三阿哥）也不满父亲的所作所为，有所抗争，雍正竟和他断绝父子之情，令他去当允禩的儿子。“雍正四年（1726）二月十八日奉旨：弘时为人断不可留于宫廷，是以令为允禩之子。今允禩缘罪撤去黄带，玉牒内已除名，弘时岂可不撤黄带？著即撤去黄带，交与允裪，令其约束养赡”（《宫中档雍正朝奏折》）。到雍正五年（1727），弘时又进一步与其他几个皇室兄弟获罪，被雍正赐死。

雍正初年，皇室内部这场血腥的屠杀，是雍正篡立而引起皇族内部的集体抗争，不仅他的许多兄弟参加了，连他的生母、亲子也站在敌对营垒中。朝内外稍知情形者均不直雍正的行为，不服的人很多。故雍正说“在廷诸臣为廉亲王（允禩）所愚，反以朕为过于苛刻，为伊抱屈，即朕屡降谕旨之时，审察众人神色，未尝尽以廉亲王为非”（《上谕内阁》）。故在清除允禩、允禟集团时被株连杀害的皇室、大臣甚多。连朝鲜的史料中也说，“清皇（雍正）为人自圣，多苛刻之政，康熙旧臣死者数百人”（《朝鲜李朝实录中的中国史料》）。如果雍正确属康熙传位，是合法继承，就难以想象会集结起这样强大的反对力量，会激起众叛亲离，成为孤家寡人。

雍正对年羹尧、隆科多、张廷玉等大臣的态度也很令人费解。这三人都是雍正夺位的功臣，年羹尧是雍邸旧人，妹妹是雍正的贵妃。当时，允禵在西北为大将军王，手握重兵。雍正夺位，按当时的集权体制，允禵很难举兵反抗，但雍正也不能不心存顾虑。当时年羹尧任川陕总督，掌管粮饷，扼允禵之后路，正好是牵制允禵的一枚重要棋子。故雍正对年羹尧极为倚重，言听计从，荣宠异常。雍正给年羹尧的批语中有此甜言蜜语：“你此番心行，朕实不知如何疼你……尔此等用心爱我处，朕皆体到，每向怡（怡亲王允祥）、舅（隆科多），朕皆落泪告之。”雍正二年（1724）十月年羹尧到北京，雍正尚称其“公忠体国，不矜不伐，内外臣工当以为法，朕实嘉重之至”（《雍正朱谕》）。不久，雍正突然翻脸。年羹尧的奏折中“朝乾夕惕”被误写作“夕惕朝乾”，雍正斥其有意倒置，“羹尧不以朝乾夕惕许朕，则羹尧青海之功，亦在朕许不许之间未定也”（《清史稿》），将年羹尧贬为杭州将军。官员们看到年羹尧失宠，纷纷上奏劾，不久逮年羹尧至北京，胪列92条罪状，令其自尽。

另一功臣隆科多，以国舅之尊任职步军统领，掌管北京的卫戍任务。康熙去世，他正手握兵权，一手促成雍正登基。雍正以前和隆科多交谊不深，在关键时刻隆科多倒向雍正一边，雍正对他感激涕零，尽心笼络，脱略了君臣的形迹。雍正即位，对年羹尧说："舅舅隆科多，此人朕与尔先前不但不深知他，真正大错了。此人真圣祖皇考忠臣，朕之功臣，国家良臣，真正当代第一超群拔类之希世大臣也。"隆科多究竟立了什么大功，值得雍正这样吹捧他，不能不令人怀疑。后来也突然翻脸，以隆科多私藏玉牒（皇帝的家谱）在家，犯大不敬罪，罗织罪名 41 条，囚禁至死。

如果说年羹尧、隆科多恃宠狂傲，擅作威福，贪污纳贿，任用私人，那也是雍正娇宠太过而造成的。年羹尧、隆科多一贯的作为，雍正心内始终很清楚，何以即位之初甜言蜜语，而后突然翻脸，即屠杀囚禁，前恭后倨，一至于此？雍正曾批评："年羹尧、隆科多办事不能慎密。"如果雍正继统有不可告人的秘密，年羹尧、隆科多二人完全掌握其中隐私，他们平时出言不慎，透露了消息，可能是遭到杀身之祸的主要原因。

康熙晚年，身边有一位内务府重要官员赵昌，他贴身侍候康熙，照料其起居，传达其意旨，康熙晚年和传教士的交往都通过赵昌进行。据当时在京的意大利传教士马国贤说："雍正即位，发布了一个使全国震惊的命令，赵昌被拘执，处死刑，财产抄没，子女为奴。"（《京廷十有三年记》）为什么雍正即位后急急忙忙要处死此人？合理的解释是：赵昌知道康熙去世和传位的真相，而且不肯附和雍正，所以拿他问了刀。最近出版了《雍正朝满文朱批奏折全译》，雍正元年正月初六即赫然列有查抄赵昌家产的奏折，计有奴才家丁 400 余人、房 500 余间、田地 5 600 余亩及大批金银物件，可以证实马国贤所说赵昌很快被杀为不虚。

张廷玉的命运和年羹尧、隆科多、赵昌完全不同。康熙晚年，张廷玉还是中级官吏，且是汉人，对雍正登基帮不上忙。雍正即位后，他被提拔上来，做文字工作，雍正夸奖他"纂修《圣祖仁皇帝实录》，宣力独多，每年遵旨缮写上谕，悉能详达朕意"（《清世宗实录》）。《实录》是清朝的历史，康熙晚年有太子废立和雍正继统两件大事，如何编写这段历史，关系到雍正的威信和名誉。张廷玉纂修《实录》，把历史剪裁得完全符合雍正的心意，而且天衣无缝，不留破绽。故雍正特别宠信他，称他是“第一宣力之大臣”，允诺张廷玉死后可配享太庙，有清一代，汉臣中得此殊荣者唯张廷玉一人。其实，张廷玉专事笔墨文字，从未建功立业，他的功劳就是撰写历史，销毁档案，为雍正掩饰当年夺位的真相。张廷玉还有一个不同于年羹尧、隆科多的长处，就是保密，不从自己嘴里流露半点机密，他的作风影响到后来的军机处，“致使汪文端、于文襄辈（汪由敦、于敏中皆乾隆时军机大臣）互相承其衣钵，缄默成风，朝局为之一变”（《啸亭杂录》）。

雍正如果矫诏夺位，又用残酷手段处置了诸兄弟和儿子，那就不能不受到良心的谴责。后来乾隆说：允禩、允禟“觊觎窥窃，诚所不免。及皇考绍登大宝，怨尤诽谤，亦情事所有，特未有显然悖逆之迹。皇考晚年屡向朕谕及，愀然不乐”。这明显透露了雍正的惭愧不安，故乾隆即位后，很快就为牵涉于此案中的哥哥、叔叔及宗室、大臣们平反昭雪。

雍正的举动也很异常。他口口声声说自己是最受康熙爱重的孝顺儿子，但即位之后，似乎很害怕康熙的亡灵。康熙一直住在畅春园，这是当时规模最大、富丽堂皇的皇家园林，雍正弃而不用，另营新居，大兴土木，扩建圆明园，作为自己起居的行宫。康熙经常去热河避暑山庄，行围打猎，练兵习武，接待蒙古王公，雍正先前也常陪侍父皇去热河。但他即位以后的 13 年，一次也没有去过避暑山庄。顺治、康熙的陵墓都在北京以东的遵化马兰峪，此处形势雄峻，地面开阔，后称“东陵”。雍正偏偏不肯和康熙葬在一起，到北京西南易县，另建“西陵”，仿佛在故意躲着康熙。须知，尽管雍正雄才大略，很有见识，但迷信思想很浓重，他说：“鬼神之事，即天地之理，不可以偶忽也，凡小而丘陵，大而川岳，莫不有神焉主之，故皆当敬信而尊事。”“朕于天人感应之际，信之甚笃。”（《东华录》）一个相信天命鬼神的人如果干了对不起父亲、兄弟的事，他就会心中有鬼，无论起居、娱乐、埋葬都要远远地躲开他父亲的亡灵。这虽然算不上夺位的直接证据，但如果其他证据能够成立，也不失为一个旁证。

雍正继位存在很多疑点，很可能是矫诏篡立，由于改写了历史，销毁了档案，现在难以找到更确凿的证据，斧声烛影，是千古难解的疑案。当然，即使篡立是实，也不能抹杀雍正的历史功绩。应该说，封建统治阶级为争夺权位而相互残杀是经常发生的。汉武帝攻杀儿子，唐太宗屠弟逼父杀子，武则天杀子，即使是英明的君主也往往用阴谋手段和残酷斗争来为自己开辟道路、巩固地位，雍正并不是个例外。雍正，作为最高统治者，他具有杰出的才能，勤于政务，洞察下情，办事认真，御下严格，以雷厉风行的手段纠正了康熙晚年吏治疲玩、贪污公行的弊端，又实行“地丁合一”“耗羡归公”“改土归流”等政策，减轻人民负担，促进经济发展，巩固国家统一。雍正统治 13 年，厉行整顿改革，为以后的乾隆盛世奠定了基础。

历史上的雍正*

雍正是一位十分复杂而矛盾的历史人物。他是勇于革新、勤于理政的杰出政治家，他对康熙晚年的积弊进行改革整顿，一扫颓风，使吏治澄清，统治稳定，国库充盈，人民负担减轻。但他毕竟是封建皇帝，有着重大过失和种种局限，他的继位为帝，也存在很大疑点。

雍正的主要功绩有：

摊丁入地。这是一项重大的赋税改革。中国自古就有人丁税，成年男子，不论贫富，均须缴纳人头税。雍正实行改革，将人丁税摊入地亩，按地亩之多少定纳税之数目。地多者多纳，地少者少纳，无地者不纳，是谓“摊丁入地”，一举取消了人头税。这项措施有利于贫民而不利于地主，是我国财政赋税史上的一项重大改革。

耗羡归公。我国古代以银、铜为货币，征税时，银两在兑换、熔铸、保存、运解中有一定损耗，故征税时有一定附加费，此项附加费称“耗羡”或“火耗”，一向由地方州县征收，作为地方办公及官吏们的额外收入。耗羡无法定征收额，州县随心所欲，从重征收，有的抽正税一两，耗羡达五六钱，人民负担甚重。雍正实行“耗羡归公”，将此项附加费变为法定税款，固定税额，由督抚统一管理。所得税款，除办公费用外，作为“养廉银”，大幅度提高官吏们的俸入。这样，既减轻了人民负担，又保证了廉政的推行。故雍正说：“自行此法以来，吏治稍得澄清，闾阎咸免扰累。”

创立军机处，推广奏折制度。明代权力集于内阁，故有权相产生。清雍正把权力进一步集中在皇帝手中，创立军机处，作为皇帝

---

* 原载《人民日报》，1999 年 3 月 13 日。

的秘书班子，为皇帝出主意，写文件，理政务，“军国大计，罔不总揽”。其特点是处理政事迅速而机密。军机大臣直接与各地、各部打交道，了解地方情形，传达皇帝意旨。此机构存在200年，直至清末。与创立军机处伴随的是推广奏折制度。之前的官文书批转手续繁复，且经多人阅看，时间拖延且难于保密，而奏折则向皇帝直接呈送，直达皇帝本人。雍正扩大了可向皇帝上奏折的人数，不同身份的官吏可以及时反映情况，报告政务，使皇帝洞察下情，以便制定政策，也使官员们相互监督，皇帝得以了解他们的贤愚、勤惰、政绩、操守。

改土归流。我国西南及其他一些少数民族聚居的地区，实行土司制度，其职务为世袭，仅名义上接受清朝的册封。土司们生杀予夺、骄恣专擅。这种制度妨碍了国家的统一和地区经济文化的发展。雍正即位后，废除了云南、贵州、广西、四川、湖南各地的许多土司，改成和全国一致的州县制度。“改土归流”是一场激烈的斗争，许多土司武装反抗，雍正坚决派兵平定。在平叛战争中虽然也累及无辜，给少数民族造成伤害，但从长远来说，“改土归流”是进步的措施，打击和限制了土司的割据和特权，对民族地区的经济文化发展有利。

此外，雍正还有许多值得称道的政绩，如惩治贪污、解放贱民、平定罗卜藏丹津、始派驻藏大臣等，为中国的统一与发展做出了贡献。

但是，雍正也有严重的过失和局限。他在位期间虽没有出现大规模农民起义，但零散的反抗经常发生。雍正的镇压措施十分严厉，不论具体情节，抗官者即以反叛论处，斩杀不赦。甚至拒捕时，有人“共在一处，虽非下手之人，在旁目观，即系同恶共济”，均斩立决。对民间秘密结社，嘱咐官吏们“时时察访，弋获首恶，拔树寻根，永断瓜葛”。苏州手工业工人要求增加工资，罢工叫歇，雍正严加惩处，立碑永禁叫歇。雍正时文字狱日益频繁，汪景祺因“谄附”年羹尧被立斩枭首，查嗣庭因趋奉隆科多被戮尸示众，陆生楠因议论时政被军前正法。最为轰动的是吕留良案。吕留良是清初具有民族思想的学者，已去世40年，后有曾静、张熙读吕氏之书，受其影响，竟去策反岳钟琪，要他反清复明，酿成大案。吕留良被开棺戮尸，其儿子、学生被处死刑。雍正朝文网甚密，株连人众，处刑严酷。知识分子动辄得咎，形成闭眼不敢看现实、缄口不敢谈政治的沉闷风气。

雍正遵奉重农业、轻工商的信条。他说："农为天下之本务，而工贾皆其末也。市肆之中多一工作之人，即田亩之中少一耕稼之人。群趋为工，则物之制造者必多，物多则售卖不易，必至壅滞而价贱，是逐末之人多，不但有害于农，而并有害于工也。"根据这一理论制定的政策必然不利于工商业的发展。他又认为，开矿"断不可行"，因为开矿将引诱人们离开农本，追求末业，而且矿工聚集一地，易于闹事。

雍正在对外交往中亦故步自封。当时来华贸易的外国商人日益增多，但雍正却不许中国商人出洋贸易，并设置种种障碍，声言"海禁宁严毋宽，余无善策"。后来，在沿海各省的再三要求下，虽稍稍放宽海禁，但仍加以种种限制。尤其对久住外国的华侨商贩和劳工，"逾期不归，甘心流移外方，无可悯惜，不许其复回内地"。当时，西方先进国家正在鼓励海外贸易，而中国即使是杰出的君主也缺乏世界眼光，限制对外交易，故而成为国际潮流中的落伍者。

雍正还好大喜功，急于求成。正因如此，河南垦荒，四川清丈，陕西挖井，直隶营田，本意为利民，却劳而无功，反成民间之累。他的性情褊急，喜怒无常，手段残酷，造成了许多冤案错案。他死后，乾隆继位，一反雍正苛严之治，实行"宽严相济"的方针，昭雪死者，释放囚犯，缓和了矛盾。故后人评："纯皇帝（乾隆）即位时，承宪皇帝（雍正）严肃之后，皆以宽大为政……万民欢悦，颂声如雷。"

谈起雍正，就会想到他的继位问题，学术界历来有两种意见：一种认为他受康熙遗诏继位，是合法继承；另一种认为康熙并未传位于他，雍正是矫诏夺位。由于雍正即位，篡改了历史，销毁了档案，现在已找不到他矫诏夺位的确凿证据。斧声烛影，已是千古的疑案，但从各种迹象推断，他的继位确实存在很多疑点。

康熙晚年，太子废立，诸子争位，闹得乌烟瘴气，储位虚悬，人心不定。当时因准噶尔入侵西藏，康熙命皇十四子允禵为抚远大将军，统兵援藏，给以大权，用正黄旗纛，称大将军王，礼仪隆重，规格极高，康熙当是意有所钟。康熙称赞允禵的才能："大将军王是我皇子，确系良将，带领大军。深知有带兵才能，故令掌生杀重任。"很多人心目中也以允禵为接班人，如皇九子允禟说允禵"聪明绝世"，"才德双全，我弟兄们皆不如"，"十四爷现今出兵，皇上看的很重，将来这皇太子一定是他"。可是，康熙在畅春园猝然去世，雍正与时任步军统领、掌管京师兵权的隆科多勾结密谋，夺取了帝位，而允禵远在青海，鞭长莫及，故而帝梦成空。雍正后来所讲康熙弥留前遗命传位给他的情形，仔细推敲，矛盾甚多。如说隆科多为唯一顾命之大臣，而其他谕旨中却说康熙死时隆科多不在御前；又说康熙传诏时皇十七子允礼在寝宫外侍候，而其他史料证明，允礼时在皇宫内值班，并不在畅春园寝宫外；如此等等。因此，是否存在这一临终传位的现场，实属疑问。

由于雍正夺位篡立，激起了皇族内部的集体抗争，除皇十三子允祥以外，雍正的其他兄弟大多反对雍正继位。允禵是争夺皇位的对手，被从前线调回，永远禁锢。皇八子允禩、皇九子允禟是雍正的死对头，雍正对他们痛恨入骨，将二人迫害致死。皇十子允䄉和皇三子允祉、允祉的儿子弘晟均被永远囚禁。皇十二子允祹被降爵贬秩。连雍正的亲生儿子弘时也不满其父的作为，竟站在八叔允禩一边，被雍正处罚致死。据朝鲜的记载，雍正上台，被杀的宗室、官员达数百人。连康熙身边一位照料皇帝起居的内务府官员赵昌，在康熙死后也立即被杀，引起举朝震惊，这大概是赵昌太了解康熙去世和传位的真相，因而得祸。康熙生前长住畅春园，死后葬在东陵，而雍正长住圆明园，别建西陵，似乎要远远躲开父亲。须知雍正的迷信思想很浓厚，如果做了对不起父亲的事，就会有这类悖于常理的举止。雍正后来似乎也愧恧不安，乾隆说：允禩、允禟"觊觎窥窃，诚所不免。及皇考绍登大宝，怨尤诽谤，亦情事所有，特未有显然悖逆之迹。皇考晚年屡向朕谕及，愀然不乐，意颇悔之”。这是不是雍正受到了良心谴责的内心表露呢?

雍正的继位存在很多疑点，可能出于矫诏篡立。这样说并不是要抹杀他的历史功绩，应该说封建统治者骨肉相残是经常发生的。封建社会中，即使一个英明的君主也往往要用阴谋手段和残酷斗争来夺取和巩固统治，汉武帝、唐太宗、武则天、努尔哈赤都有屠兄弟、杀儿子、逼父亲的行为，雍正并不是个例外。他作为一个最高统治者，勤于政务，洞察世情，以雷厉风行的姿态进行整顿改革。雍正统治的 13 年是清朝统治的重要时期，承上启下，为以后乾隆时期的繁荣盛世打下了基础。

雍正的廉政*

最近中央电视台播放连续剧《雍正王朝》，歌颂雍正帝的功绩，在思想性和艺术性上确是上乘之作。历史剧是艺术，艺术允许有虚构、夸张、创造，其中的人物、情节、时间、地点并不和历史吻合，不能作为信史看待，对此不能苛求。剧中对雍正在惩治贪污、澄清吏治方面的描写确实反映了历史的一个侧面。

一、洞悉流弊，厉行惩贪

康熙晚年，政尚宽大。其流弊是政纪废弛，贪官污吏收受贿赂，挪用库银，无所忌惮。户部亏银250万两，苏州等地历年积欠1 600万两，这项弊端雍正在登基以前就了解，他说："历年户部库银亏空数百万两。朕在藩邸，知之甚悉。"故即位后，厉行整顿，采取了许多措施。首先在中央设立会考府，由怡亲王允祥（康熙十三子）、舅舅隆科多、大学士白潢、尚书朱轼管理，负责稽核钱粮报销，清理亏欠，凡亏空库银的官员，或革职，或下狱，或充军，或抄家，限三年内偿还，后又展限三年。凡查实侵贪入己者正法。各省的亏空，除令该省督抚清查追赔外，又派钦差大臣前往办理，如雍正四年（1726）派迈柱清查江西钱粮，令前任江西巡抚裴徕度及藩司张楷、陈安策等大批官员均留江西听候询问追查。经过八九年坚持不懈的整顿，积欠基本上得到清理，一扫官场贪污之风。国库存银在康熙逝世时仅存800万两，到雍正五年（1727）增加到5 000万两。几十

---

* 原载《北京日报》，1999年3月14日。

年后，著名历史学家章学诚评论说："我宪皇帝（雍正）澄清吏治，裁革陋规，整饬官方，惩治贪墨，实为千载一时。彼时居官，大法小廉，殆成风俗。贪冒之徒，莫不闻风革面。"

二、廉政措施种种

雍正廉政，成效显著，所以能取得巨大成绩，关键是雷厉风行，突出一个"严"字。无论官员职务多高、地位多尊，一触贪网，即依法追究，决不姑息。在他统治下，因亏空贪污而被杀、被关的人很多。湖南的州县官共 65 人，一年之内罢黜获罪者 30 人，几近一半。其他省份的情形亦类似，以致有的督抚说："若再提参，恐无人办事矣。"康熙十二子履郡王允祹，因亏空银两，勒限追赔，只得将家用器物摆在大街上出卖。康熙第十子敦郡王允䄉，亏欠亦多，赔交几万两尚未还清，被查抄家产。御弟尚且如此，对其他人更不手软。有的官员侵贪巨款，畏罪自杀，雍正对追赃亦不放松，着落其家属亲族代赔。雍正自己说，"严治贪婪，清厘帑项，概不得免，而追呼牵扰，亦有所不恤"。

雍正最讨厌那种包庇贪污分子，成为他们保护伞的上司官员。他指斥那些顾惜情面、徇隐欺饰、取悦于人的"巧宦"是"德之贼也"。他说，督抚大员"最要者惟当在甄别属员之贤否，将贪庸不肖、众恶民怨之守令，严行参处"。如果上司官员不改变包庇欺饰的风气，地方政务不能整饬，"相率而为苟且之计，吏治何所依赖乎"!

雍正能够破格用人，提拔那些廉洁而勇于任事、敢于严惩贪污的官员。如李卫、田文镜本来都是小吏，雍正加以重用。他知道李卫无文化，且有"粗率狂纵"的缺点，但他说"朕取其操守廉洁，勇敢任事，以挽回瞻顾因循、视国政如膜外之颓风耳。除此，他无足称"。田文镜死后，雍正给他的评语是："自简任督抚以来，府库不亏，仓储充足，察吏安民，惩贪除弊，殚竭心志，不辞劳苦，不避嫌怨，庶务俱举，四境肃然。"李卫、田文镜都是雍正反贪奖廉的得力心膂。

雍正廉政取得成效，还在于他对官场情弊十分了解，心中有底。他十分重视调查研究，改进和发展了康熙时的奏折制度，允许很多官员密折奏事、议论国政、评价人物，以广言路，特别对各级官吏的操守、才能、政绩，准许风闻言事，建立官吏之间相互监督的机制。雍正从多方面了解官吏的情况，博采舆论，反复衡量，并亲加考核。如雍正为了解贵州巡抚毛文铨为人，向年羹尧、隆科多、高其倬等人咨询，年称其“操守平常”，隆称其“操守尚好”，高称其“老成谨饬”，莫衷一是。于是又向贵州总兵石礼哈、丁大杰询问，石、丁声称毛文铨“悖理之事甚多”。雍正还是放心不下，亲自召见毛文铨谈话，对毛的印象极佳，认为毛“人甚妥，当历练”，“殊可大用”。雍正听政极勤，被认为“自古勤政之君未有及世宗者（即雍正）”。正是他勤于考察百官，重视调查研究，才对许多官员的贪廉、才干、政绩、性格了然于胸。这是他廉政工作取得成绩的一个重要原因。

雍正的廉政和其政治改革齐头并进，改革保证了廉政的成功。其重要改革即是“耗羡归公”和“养廉银”制度。清朝俸禄很低，一品大员年俸仅银 180 两，知县年俸仅 45 两，这不但不能应付公事开支，连养家糊口也不够用。低俸制伴随着贪赃营私，这是造成普遍贪污的客观原因。雍正即位后，实行“耗羡归公”。所谓“耗羡”，是指人民交纳赋税时，因银两换算、保存、运送中有一定损耗，故酌收附加费用。耗费向来由地方州县征收，作为地方办公及官吏额外收入。此项附加并无法定征收额，州县随心所欲，从重征取，有的抽正税一两，耗羡达五六钱之多，人民负担甚重。雍正认为这是一项弊政，决心进行改革。雍正二年（1724）从山西巡抚诺岷之议，开始实行“耗羡归公”，即将此项附加税变为法定征收，减轻税额，由督抚统一管理。所得税款，除办公费用外，作为官员们的津贴，称“养廉银”。清朝官员不设副职，数量较少，而耗羡总数很大，耗羡归公，用以养廉，养廉银很丰厚，督抚每年可得二三万两，知县可得数百上千两，比年俸增加一百多倍或几十倍。实行此项改革，既限制了耗羡征收的苛重，减轻了人民负担，又大幅度提高了官吏们的待遇，促进了廉政建设，故雍正自称“自行此法以来，吏治稍得澄清，闾阎咸免扰累”。

三、雍正性格的缺陷

雍正还有很多历史功绩，如摊丁入地、改土归流、解除贱籍、平定罗卜藏丹津等。但他在政治上和个人性格上也存在很多缺陷。他性情褊急，手段残酷，造成不少冤假错案。又好大喜功，急于求成，四川清丈、河南垦荒、陕西挖井、直隶营田均劳而无功。他继承帝位是否篡夺有很大疑点，且有逼母、屠弟、杀子的恶名。在他的统治下，政治关系很紧张。故他死后，乾隆登基，一反雍正苛严之治，实行“宽严相济”的政策，平反冤假错案，昭雪死者，释放大批人犯（包括雍正的弟弟和宗室）。故后人评“纯皇帝（乾隆）即位时，承宪皇帝（雍正）严肃之后，皆以宽大为政……万民欢悦，颂声如雷”，迎来了乾隆盛世。但乾隆的统治，是建立在雍正整顿、改革的基础之上的。如果没有雍正的整顿、改革，也就不会有乾隆时代的繁荣兴旺。故雍正之功，实不可没。

论乾隆*

乾隆皇帝姓爱新觉罗，名弘历。生于清康熙五十年（1711），死于嘉庆四年（1799），享年 88 岁。他在位 60 年，传位于皇十五子颙琰（即嘉庆帝），又当了 3 年多太上皇。他是中国历代帝王中寿命最长的一个，在位时间仅比其祖父康熙少一年而居第二，但做太上皇时仍独揽大权，因此，他实际掌握权力的时间比所有的帝王都长。

乾隆帝的生父为雍正帝，生母为钮祜禄氏。其母初为雍亲王府格格，后被尊为孝圣宪皇后。雍正有 10 个儿子，多早殇。乾隆排行第四，初封和硕宝亲王，幼即聪颖，深得祖父、父亲的宠爱。雍正即位时，定秘密建储的制度，将弘历的名字密写封缄，藏于大内乾清宫“正大光明”匾额之后，雍正病逝，启视传位密诏，弘历继皇帝位。1736 年，改元乾隆。皇位授受之际，没有经过祖辈、父辈那样刀光剑影、惊心动魄的激烈争夺。他即位，既有雍正皇皇遗诏的合法根据，又他兄弟十人大多已不在人世，继位时在世的只有两位弟弟，一位是与他同母的五弟弘昼（封和亲王），另一位是年仅两岁的十弟弘瞻（后封果亲王）。这两个人的地位、才智或年龄均不足以与弘历争逐帝位。因此，乾隆继位，顺利接班，风平浪静，没有发生政治动荡。

乾隆统治时期，清王朝国力鼎盛。当时，经济繁荣、国库充裕、社会安定、户口大增，边疆的统一得以巩固，中国的版图于此奠定。而政治、经济、军事、文化达到了封建社会前所未有的高峰。但在高度的繁荣昌盛之中，社会矛盾逐渐激化，外国资本主义势力也叩关而至，清王朝正走过了全盛的阶段，几千年从未有过的严重危机

---

* 原载《清史研究》，1992 年第 1 期。

正在日益临近。

研究乾隆帝，既要研究他的思想、行为、政策、功绩、失误，也要研究他的经历、性格、才能、爱好、心态，而更重要的是要着眼于一个时代，即18世纪的中国。乾隆帝诞生于18世纪之初，逝世于18世纪的最后年代，高度发达的中国封建社会培育了这样一个有才能、有作为、有个性的统治者，产生了一位既仁慈又残暴，既英明又短视的君主。他的思想、行动和制定的政策是在中国18世纪的特定环境中形成的，甚至他的优点和缺点都鲜明地具有时代的特色。环境造就了历史人物，而人物又在改变、创造环境。乾隆帝长时期站在18世纪的最前列，运筹帷幄，驱遣群僚，叱咤风云，在他的巨大身影下，翻过了一页又一页的历史篇章。他的所思、所言、所行深刻地影响着时代。他是18世纪中国历史的参与者、领导者和塑造者。

一

乾隆帝知识广博，才能卓越，自幼聪慧。11岁时晋谒祖父康熙帝，当面背诵书文，一字无误，得到老皇帝的欢心，被养育宫中，随侍左右。乾隆帝后来经常怀念这段经历，视为不世之恩荣。少年和青年时代受到严格的、良好的教育，熟读儒家经典，得到名师福敏、蔡世远、朱轼等的教导，研经习史，作文吟诗，又酷爱书法、图画、文物，精娴音律，热心园林建筑，全面通晓中国的传统文化。他的爱好和才能是多方面的，兼具学者、诗人、艺术家、鉴赏家的气质，又通晓多种语言，不但精于汉文，又熟谙满语，与大臣讨论政事，经常使用满语；还懂得蒙古语、维吾尔语、藏语，能和来朝的少数民族领袖直接交谈；而且爱好体育武事，经常骑马射箭、秋狝围猎，观看水嬉、摔跤、龙舟等。曾多年随侍皇帝左右的著名历史学家赵翼说："上最善射，每夏日引见武官毕，即在宫门外较射，秋出塞亦如之。射以三番为率，番必三矢，每发辄中圆的。九矢率中六七者，此余所常见者。”[①] 由于勤习武事，经常锻炼，故身体健康，精力过人，很少生病。乾隆五十五年（1790），他已79岁，朝鲜使者洪仁点觐见后，说他“尚如六十余岁人，筋力则耳目聪明，步履便捷矣”[②]。

乾隆帝身材匀称，丰腴而略矮，身高约1米6（据觐见他的英国使团人员说身高5英尺2英寸，约1米6）。脸庞呈长方同字形，两腮稍削，皮肤白皙，微带红润，眼睛黑而明亮，炯炯有神，鼻稍下钩，体态文雅，外表平和。青年时代的乾隆帝是一位英俊潇洒的翩翩佳公子，老年时代则显示出尊严、和蔼与慈祥。

乾隆帝有多方面的兴趣和才能，但作为一位政治家，他勤于理事，始终不懈，独揽大权，能谋有断。他即帝位时是个刚满23岁的青年（按中国的传统算法是24岁）。在父丧的哀戚气氛中初登宝座，这个青年在俯视着王公百官匍匐脚下，聆听自己的谕旨，高呼万岁时，内心第一次体验到作为“天下主”的愉悦和满足，同时也唤起强烈的使命感。他认识到：治理一个幅员辽阔、情况复杂、问题繁多的庞大帝国，如同进入一个充满着种种弊端、陷阱和阴谋的世界，必须小心谨慎，全力以赴，勤勉从事。他告诫自己：“人君之好恶，不可不慎，虽考古书画，为寄情雅致之为，较溺于声色货利为差胜。然与其用志于此，孰若用志于勤政爱民乎？”[③] 在多年之内，工作的重担使他大大减少了生平的爱好——写诗和游景。故初年诗作较少，也不常出外巡游，整天埋头于千头万绪的棘手事务中，处理堆积如山的文牍奏折。赵翼记下了乾隆帝勤政的情形：“上每晨起，必以卯刻……自寝宫出，每过一门，必鸣爆竹一声。余辈在直舍，遥闻爆竹声自远渐近，则知圣驾已至乾清宫。计是时，尚须燃烛寸许，始天明也。余辈十余人，阅五六日轮一早班，已觉劳苦，孰知上日日如此。”[④] 这是平常无事的情形，如果有战事、河工、赈灾、祀典等

① 赵翼：《簷曝杂记》卷一。

② 《朝鲜李朝实录中的中国史料》第11册第4829页。

③ 《御制文三集》卷九《续集〈秘殿珠林〉〈石渠宝笈〉序》。

④ 赵翼：《簷曝杂记》卷一。

重要政务，就更加忙碌，精力贯注，孜孜不倦。例如在平定准噶尔战争中，“每军书旁午，应机指示，必揭要领。或数百言，或数十言，军机大臣承旨出授司员属草，率至腕脱。或军报到以夜分，则预饬内监，虽寝必奏。迨军机大臣得信入直庐，上已披衣览毕，召聆久矣。撰拟缮写，动至一二十刻。上犹秉烛待阅，不稍假寐”①。

乾隆帝夙兴夜寐，孜孜求治，在他统治的前期和中期尤其如此。平日的生活起居也很有规律，“卯时而起，进早膳后先览中外庶政，次引公卿大臣与之议决，至午而罢。晚膳后更理未了公事。间或看书、制诗、书字，夜分乃寝”②。他几乎每天如此，循环往复，度过时光。不仅每天的工作和生活都有固定的安排，而且一年四季的行踪、起居，也有近乎不变的日程表。每年正月各种典礼祭祀活动最多，皇帝的活动最繁忙，筵宴宗室王公大臣，必在重华宫吟诗联句，上元节必在圆明园之“山高水长”观看烟火花灯。二月祭社稷，行耤田，开经筵。此时天气渐转暖，从大内移居圆明园。清明则谒东西陵（遵化和易县），或逢巡幸之年，多在本月内启行。四月以后，北方春夏多旱，行雩礼以祈雨。五月端午在圆明园福海观龙舟竞渡。夏秋间，多往避暑山庄，每去必住两三个月，大会蒙古王公，举行木兰秋狝。夏秋如在北京，常去清漪园、玉泉山、香山、汤山、盘山的行宫走动，有时也在南苑骑射行围。八月为乾隆寿诞，十一月为皇太后寿诞，这是两个最重要的节庆日，张灯结彩，点景演戏，成为全国的娱乐日。十一月冬至，举行隆重的祀天大典，从此由圆明园回居大内。十二月朔日开笔写“福”字，分赐王公大臣。年底，外藩来觐，又必有络绎不绝的召见、赏赐、宴请，至于皇太后处，每隔几天必去请安问好。这一大致的日程表，岁以为常，周而复始。乾隆帝就像舞台上的演员一样，按照编写好的剧本，扮演皇帝这一角色。当然，突发事件和皇帝个人一时兴会所至，随时可以改变日程，但一年的生活起居大致脱离不了这一刻板的程序。一个专制皇帝拥有绝对权力，他自然可以自由自在地做他想做的事情，而实际

---

① 昭梿：《啸亭杂录》卷三。

② 《朝鲜李朝实录中的中国史料》第11册第4892页。

上，他的行动却按着固定的节拍机械地运转着，不过，这种固定节拍由传统、习惯、礼仪需要所形成，皇帝自觉自愿地接受，已变成了专制皇帝个人意志的一部分。

传说中把乾隆帝说成是充满奇闻轶事的风流天子。其实，他的生活很有节制，不喜饮酒，他一生写了几万首诗，从不以“酒”字入诗，从不暴饮暴食，即使举行庆节贺宴，也是日落而止，不举行夜宴，“凡曲宴廷臣，率不过未申时”①。他处事有条理，不躁不乱，很有涵养。他自己说：“‘事烦心不乱，食少病无侵。’此二语为予养心养身良方，原别无求养生之术也。”② 和其他皇帝一样，他有三宫六院许多嫔妃，却并不沉溺女色。他和自己的结发妻孝贤皇后富察氏感情极笃，伉俪情深，皇后不幸于乾隆十三年（1748）早逝，其时乾隆年仅 36 岁，哀伤思念，直至晚年。他历年写了许多富有深情的悼念诗赋，其中一首说，“纵糟糠之未历，实同甘而共辛”，“影与形兮难去一，居忽忽兮如有失”，“信人生之如梦兮，了万事之皆虚。呜呼！悲莫悲兮生别离，失内佐兮孰予随”③。继立乌喇那拉氏为皇后，但与继皇后感情不和。乾隆三十年（1765）第四次南巡，至杭州，因事龃龉，皇后忿恚，自剪其发，乾隆震怒，置继皇后于别宫。翌年皇后死，乾隆帝不以后礼相待，只以皇贵妃礼仪治丧。从此之后，再也不立皇后。帝内宫虽有爱宠，但管理严格，不准胡作非为。晚年有爱妃惇妃，恃宠骄横，宫女得罪，竟被杖责致死。乾隆帝恼怒，将惇妃降革为嫔，谕旨说：“事关人命，其得罪本属不轻，第念其曾育公主，故量从末减耳。若就案情而论，即将伊位号摈黜，亦岂得为过当乎！”④

乾隆帝受儒家政治哲学的熏陶，以之作为治国的指导思想，他视君主为政治社会结构中的主体，“君者为人伦之极，五伦无不系于

---

① 《御制诗文十全集》卷四四《上元后一日小宴廷臣即事得句》，以下所引《御制诗》《御制文》均系乾隆朝。

② 《御制诗五集》卷一三《偶园》。

③ 《御制文初集》卷二四《述悲赋》。

④ 《清实录》乾隆四十三年十一月甲午。

君”[①]；“臣奉君、子遵父、妻从夫，不可倒置也”[②]。他也很重视儒家学说中的民本思想，认为君主有责任保护民生、关怀民瘼、重视民心。“民之所与，即天之所与，是以人君祈天永命，莫先于爱民。得民心则为贤而与之，失民心则为否而夺之。可不慎乎？可不惧乎？”[③] 他认为：君主应养育万民，控驭万民，就像父亲对待儿女一样。庶民安居乐业，政权才能巩固、长存。人民的力量以被动的形式明显地反映在他的政策中。他曾模仿李迪的《鸡雏待饲图》作画一幅，墨刻多份，赐给各省督抚们，要他们照顾百姓，就像照料饲养的小鸡一样，“即雏哺之微，寓牧民之旨……欲督抚等体朕惠爱黎元之心，时时以保赤为念，遇有灾赈事务，实心经理，勿忘小民嗷嗷待哺之情”[④]。这种重民、爱民的思想固然促使他尽可能去减轻人民的负担，改善人民的生活，但并不影响他在很多场合采取严厉的手段去镇压人民起义。他认为：君与民的关系如同父与子，父亲有养子、教子的责任，而儿子亦有尊亲孝父的义务。不论老百姓穷困到什么程度，都不能违犯国法、反抗朝廷。否则就是“刁民”“莠民”，就是不孝的忤逆之子，人人得而诛之，故“恤民”与“惩奸”是相反相成的两个方面。“盖恤民之与惩奸，二者原相济为用，欲恤民断不可不惩奸，而非惩奸又断不能恤民……务期宽严并济，惩劝兼施，洗因循之积弊，归平康之淳风。”[⑤] 因此，他对聚众闹赈、抗租抗粮、秘密结社、武装起义竭力镇压，常责怪官吏们姑息养奸、邀誉市恩。他处治此类案件都是从重从严，还斩尽杀绝，决不心慈手软。这方面充分暴露了他作为专制君主的狰狞面目。

乾隆帝统治的时间很长，晚年吏治趋于腐败，诸弊丛生，阶级矛盾尖锐，社会动荡，反抗斗争蜂起。他禅位给儿子嘉庆帝的时候，正值湖北白莲教揭竿而起，发动了轰轰烈烈的大起义，清朝统治盛极而衰。从乾隆帝个人来说，进入老年，理政不如早年之勤劳，用人不如

---

① 《清实录》乾隆三十一年二月甲辰。

② 同上书，乾隆十一年六月甲申。

③ 《御制文二集》卷三六《读韩愈对禹问》。

④ 《清实录》乾隆五十三年十月己亥。

⑤ 同上书，乾隆八年十月乙亥。

早年之明察，办事不如早年之决断，体力渐衰，精神不支，而一切军国要务仍要由他一人决断。习惯站在权力巅峰的君主不会因自己精力的衰退而让出权力，甚至禅位以后，乾隆仍是实际的统治者，嘉庆仅仅是名义上的皇帝。新皇帝很识趣，“自丙辰（嘉庆元年）即位以来，不欲事事。和珅或以政令奏请皇旨，则辄不省。曰：‘惟皇爷处分，朕何敢与焉。’”① 老皇帝掌握实权，但管不了事，新皇帝又不敢管事，正因为如此，和珅得以狐假虎威，窃取权力，擅作威福。

任何专制统治者，当他经历了漫长的人生道路到达晚年，日益走向生命的终点时，他的知识、经验非常丰富，对生活中出现的问题都形成了一套固定的反应模式，几乎是以不变应万变。他的思想和性格也发生了重要的变化，年轻时代的许多优点，日益向其反面转化：顽强变成顽固，自信变成自诩，严格变成严苛，道德上的正当要求变成僵化的清规戒律。甚至心理失常，行为怪僻，出人意料。人们既不能理解他，又不敢违拗他。他看着以往亲近的伴侣、臣僚、侍役以及从前的敌人，一个个从人世间消逝，连他亲生的 17 个儿子也大多数先他离开尘世。只有皇八子永璇（仪亲王）、皇十一子永瑆（成亲王）、皇十五子颙琰（嘉庆帝）、皇十七子永璘（庆亲王）还在他的身边。一批又一批的年轻人在他的宝座下成长、接班、任职，皇帝的周围被越来越多的陌生人占领、包围。由于他据有最高的统治地位，本来就不容易接触实际、了解下情。他在这个日益变得陌生的世界上更加孤寂。他遇事独断，无人可以商量，只能自思自忖，倾听自己心底的回声，越来越难以和其他人进行思想交流。据说乾隆当太上皇时，嘉庆曾与和珅入见。乾隆闭着眼睛，仿佛已经睡着，但口中却念念有词，也不闻是何语言。久之，乾隆忽然睁目问道：“这些人什么姓名？”嘉庆不知如何对答，和珅却应声说“高天德、苟文明”（此二人为当时白莲教起义的著名领袖），嘉庆听了也莫名其妙。过了几天，嘉庆“密召珅问曰：‘汝前日召对，上皇云何？汝所对作何解？’珅曰：‘上皇所诵为西域秘密咒。诵之则所恶之人虽

① 《朝鲜李朝实录中的中国史料》第 12 册第 4982 页。

在数千里外，亦当无疾而死，或有奇祸。奴才闻上皇持此咒，知所欲咒者必为教匪悍酋，故以此二人名对也’”①。一个叱咤风云的英明君主，晚年对农民起义无可奈何，独自念咒，意欲置敌于死地，这种行为典型地反映出一个意志昏瞀的孤独老翁的心理状态，别人几乎不能理解他。只有一个和珅还能揣摩他的一点心思。乾隆帝晚年所作诗文，词语重复，陈话连篇，流露出浓厚的自我陶醉、自我吹嘘，有时又自我忧伤、自我愤懑的气息。

二

乾隆帝即位之前，由于雍正的严刑峻法，社会和官场中弥漫着战战兢兢的紧张恐慌气氛。乾隆帝决心加以纠正，他悄悄地但又大幅度地调整政策，提出“宽严相济”的方针，要以宽大去纠正前朝的严刻。所谓“纯皇帝（乾隆）即位时，承宪皇帝（雍正）严肃之后，皆以宽大为政。罢开垦、停捐纳、重农桑、汰僧尼之诏累下，万民欢悦，颂声如雷”②。尽管乾隆前期改变了雍正严厉的统治方针，但其性质不超过纠偏补过的范围，并非全盘否定前期的方针，特别是雍正时期制定的重要的、正确的政策，乾隆时基本沿袭下来，如地丁合一、耗羡归公、养廉银制度、秘密建储、军机处以及改土归流、对准噶尔议和等。

“宽严相济”的方针几乎和乾隆朝的统治相始终。从根本上说，政策的“宽”或“严”决定于当时的形势和各种社会力量的对比。当社会安定、吏治清明、矛盾缓和的时候，用不着严刑峻法，社会发展任其自然，政策必趋于宽松；一旦矛盾激化，社会呈现无序和纷乱，而政府还保持着一定的权威时，就需要并能够进行严格的整顿。封建社会中不同的客观态势决定其统治政策或张或弛的节奏。乾隆帝很懂得封建的统治术，他的政策时宽时严，宽严结合，适应

① 易宗夔：《新世说·术解》。

② 昭梿：《啸亭杂录》卷一。

不同时期的需要。他虽然标榜宽厚，但也经常采取极严厉的镇压手段，以消灭真正的或者只是他臆想中的危害。譬如乾隆十三年（1748）因金川战败而大批诛杀大臣的风波，又如乾隆十六年（1751）至十八年（1753）因伪造孙嘉淦奏稿案而追索株连，祸及无辜，以及乾隆统治中期众多的文字狱。

乾隆时代，中国封建的经济、政治、文化发展到了最高峰，其繁荣盛况大大超过了包括汉唐在内的所有王朝，这可以从以下四个方面来看：

第一是经济方面。乾隆时代经济发展大大超过前代王朝，这可以从人口数量进行测定。乾隆朝以前，历朝历代的人口最高数目约在七千万，许多专家认为：由于统计方法不完善，这个数字比实际偏低，明朝后期中国人口实际已达1亿以上。即使如此，乾隆六年（1741）全国人口已有1.4亿，即已超过历史上的最高峰值。其后继续增长，至乾隆六十年（1795）达2.97亿人。人口增长必须有农业生产的相应增长作为前提，也就是说，乾隆以前中国社会最多曾经生产过能够养活1亿多人口的粮食，而到乾隆末，中国已能生产足够养活近3亿人之多的粮食，大大超过了历史上的最高水平。农业生产力所以有如此巨大的发展，原因是多方面的：一是社会安定，中原地区长期没有战乱，人民得以安心生产；二是清廷重视农业，奖励垦荒，减免赋税，兴修水利，赈济灾荒，一系列政策措施有力地促进了农业生产；三是农业新品种的推广，主要是番薯、玉米、花生等高产作物在明末传入，在18世纪广为传播，各地普遍种植，使粮食和油料产量大增；四是边疆的开发，乾隆前期经过平定准部、平定回部的战争而巩固了国家的统一与和平，广阔的边疆被纳入中央政府的有效管辖之下，在政府的倡导、支持下，中原地区过剩的人口向四周辐射迁徙，东北、内蒙古、新疆、云贵、台湾地区，人口激增，荒地大量开辟，耕地面积有较大的增加。封建社会的主要生产部门是农业，农业生产力的巨大增长是乾隆时代经济鼎盛、超过了历代王朝水平的主要标志。

手工业方面，在丝织业、棉纺织业、制瓷、采铜、冶铁、造纸、井盐等行业中有了手工业工场或包买商，经济生活中出现了资本主义的萌芽，这些萌芽集中在长江三角洲、珠江三角洲以及若干商业城镇内，从全国范围来说还十分稀少、十分嫩弱，要成长发展到取代汪洋大海般的自给自足的封建小农经济，还要经过遥远而艰难的路程。但新的因素毕竟已经出现，并且手工业无论在质和量上也都超过了前代的水平。此外商业城镇的增加、对外贸易的发展以及国家财政状况、国库贮备都达到了前所未有的水平。

第二是政治方面。清王朝承袭了传统的封建专制君主政体，皇帝统驭全国，享有无上的权威和尊严，在专制君主这一个人身上体现了社会的宏观控制机制。皇帝之下有一整套金字塔式的官僚统治机构，皇帝高高在上，站在金字塔的顶端，并通过它传达谕旨、贯彻命令、执行政策，使庞大、复杂而极不平衡的社会的各个部分相互协调，按照相同的方向和节奏进行有秩序的运转。封建专制政体难以克服的弊端，是由于种种原因造成集中在皇帝手中的权力经常旁落，形成母后、外戚、宦官、宰相的专政或藩镇、朋党的争夺，统治阶级内部充塞着无休止的倾轧与纷争。两千多年的封建专制政体和这些弊端相终始，成为自身不可根治的毒瘤。清代的康熙、雍正、乾隆三朝十分注意吸取前期的历史教训，采取一系列预防措施，使这类弊端减轻到最低程度。故有清一代，无外戚、宦官、宰相之专政，藩镇割据曾出现于清初吴三桂等三藩之乱，旋即扑灭。母后擅权发生于晚清之慈禧太后身上，亦无汉、唐两代严重。只有朋党之争，在清代前期极为激烈：努尔哈赤时有其弟舒尔哈齐、其子褚英的分裂活动；皇太极时有四大贝勒之争；顺治年间有多尔衮、豪格、济尔哈朗的斗争；康熙年间有索额图、明珠的分党；康熙时期，围绕皇位继承问题，诸皇子之间各树门户，进行长期争夺，引起社会动荡。

乾隆帝对承袭下来的专制政治体制有所改进，除对母后、外戚、宦官等严立章程、预先防范外，特别注意解决困扰已久的宗室干政与朋党争权，努力使中央的权力更加集中。当他初登帝位时，周围是雍正任用的王公大臣分掌权力。乾隆帝在皇子时代，长期居住宫中，并未分藩建府，没有自己的亲信部属，亦未担任军政职务，不掌握任何实权。他继位之初，只能承袭父亲时代的统治格局，任用父亲遗留下的工作班子，包括果亲王允礼、庄亲王允禄、平郡王福彭以及鄂尔泰、张廷玉、讷亲等王公大臣。他首先下决心把宗室贵族完全摈斥于权力圈子以外，以根治宗室干政之弊。乾隆三年（1738）果亲王允礼病逝，四年（1739）庄亲王允禄获罪斥革，谕旨责其结党营私，往来诡秘，群相趋奉，恐尾大不掉。同时获罪的有乾隆帝的一批堂兄弟弘皙（理亲王）、弘昇（贝子）、弘晈（宁郡王）、弘昌（贝勒）、弘普（辅国公）。特别是弘皙，他是康熙废太子允礽的嫡子，自幼聪慧，得祖父欢心，陪侍左右。他和康熙帝在一起的时间较乾隆更长。据当时传说：他可能是帝位的继承人。但雍正即位后，他能安分守己，故被封亲王。乾隆初，允禄和弘皙隐然成为宗室王公势力的核心。乾隆帝何等精明，看到了这一隐患，不允许这一势力继续发展，故允禄被革退，弘皙的罪名更大，责备他“自以为旧日东宫之嫡子，居心甚不可问”，着在景山永远圈禁。至于平郡王福彭虽和乾隆帝是青年时的挚友，并无罪过，亦退出了军机处，只担任管理旗务等不重要的闲差。

当时，最高统治圈子里，还有鄂尔泰、张廷玉各树门户，结党纷争，这已不足以威胁皇权的稳定。乾隆帝在很长时间内还需要依靠鄂、张的势力进行统治，所以还能够优容包涵，但亦不时告诫，裁抑其势力之发展。这两党势力随着鄂尔泰与张廷玉的去世而渐归澌灭。乾隆十三年（1748）因金川兵败又杀了首席军机大臣讷亲。在雍正旧臣逐渐凋零的同时，乾隆帝提拔了年轻的新进，即傅恒、舒赫德、阿里衮、兆惠、富德、于敏中、阿桂以及更后的和珅、福康安等。乾隆帝高踞于这些官僚之上，牢牢地控制大权，生杀予夺，不和任何人分享权力。他自称：“朕为天下主，一切庆赏刑威，皆自朕出。即臣工有所建白，采而用之，仍在于朕。”① 他所任用的文臣武将，虽都有相当的才干，但在乾隆这个专制君主巨大阴影的遮蔽下，在历史上并无耀人的光彩。

---

① 《东华录》卷七，乾隆三年六月。

乾隆皇帝非常重视君臣关系，重视中央集权，树立皇帝的绝对权威。他写过一篇文章批评北宋王禹偁的《待漏院记》。王禹偁很强调宰相的地位和作用，而乾隆帝反驳他："所谓一国之政，万人之命，悬于宰相，则吾不能无疑也。"因为宰相有贤相、奸相、庸相的区别，选用宰相的权力在君主，宰相"岂能自用？用之者君也"，宰相仅是君主手中的工具。"是则一国之政，万民之命，不悬于宰相而悬于为君者明矣。"①

乾隆朝后期，风气改变，吏治败坏，和珅用事，贪污贿赂公行，而乾隆也企图挽回这一江河日下的趋势。他命令检举整顿，屡兴大狱，严厉打击贪污不法行为，虽不可能从根本上扭转腐败风气，但大案迭起，严刑峻法，因贪污不法行为而被杀戮、被关押、被遣戍的大官僚多得不可胜计，虽先朝老臣（如鄂善）、军功名将（如富德）、国舅至亲（如高恒、高朴），如果罪证确凿，亦斩首不贷，对这类案子的处理起到了一定的震慑作用。在他的统治下，努力消弭专制政体所必然带来的弊害，使之相对改善，一定程度上抑制了这些弊害。他自己说："前代所以亡国者，曰强藩、曰外患、曰权臣、曰外戚、曰女谒、曰宦寺、曰奸臣、曰佞幸，今皆无一仿佛者。"②这些话虽是乾隆的自吹自擂，但一定程度上反映了真实情形。

第三是军事方面。乾隆朝武功极盛，扬威绝域，为完成国家统一、保护领土主权而进行的战争，比前朝规模更大，意义更重要。乾隆帝自诩有"十全武功"，即两次平定准噶尔，一次平定回部，两次平定金川，两次反击廓尔喀入侵以及征讨缅甸、安南和镇压台湾的林爽文起义。其实乾隆的战争还远不止这十次，其他还有征讨瞻对藏民、湘黔苗民，镇压王伦起义、黄教起义、乌什维民起义、甘肃回民起义以及川楚白莲教起义等。历次战争的背景、起因、性质、规模、战果、意义很不相同。有的是为实现统一或击退侵略的正义战争，有的则是镇压农民起义、压迫少数民族或无端侵扰邻国的非正义战争。对乾隆朝频繁的战争应当分别看待，具体分析。

① 《御制文三集》卷十《王禹偁待漏院记题辞》。

② 《清实录》乾隆四十五年八月己未。

乾隆朝战争频繁，而乾隆帝本人主观上并不好大喜功、穷兵黩武。相反，他常以“佳兵不祥”“息事宁人”自勉和告诫子孙。故其统治的前期重大军事行动甚少。他说：“予自少读书，即钦天地爱物之心，深知穷兵黩武之戒，是以继位之初，即谨遵皇考之训，许准噶尔之求和，罢兵宁人，将二十年矣。”① 但如果必须用战争手段保护国家和民族的利益，且有利的战机到来，千钧一发，不容延误时，他也能迅下决心，做出坚决而正确的判断，平定准噶尔之役就是典型。

在康熙、雍正两朝，清廷与准噶尔割据势力的战争已断断续续进行了半个世纪之久。这场战争涉及西北、北部和西南广大边疆地区的安定和统一，关系重大。清朝投入了极大的兵力和财力，但康雍两朝仅能阻遏准噶尔的入侵，却不能深入作战，捣穴擒渠，取得全胜。乾隆前期，准噶尔部内讧，其领袖和牧民络绎不绝地归附清朝中央，先后有达什达瓦部、三车凌部、阿睦尔撒纳、纳默库班珠尔、玛木特等率众来降，这给清廷带来了千载难逢的作战良机。朝中大臣大多数畏葸迂腐，以为道路遥远，准备不及，难以作战。乾隆帝为完成国家统一计，力排众议，迅速发兵。乾隆帝后来说：“西师之役，在廷诸臣，皆有鉴于康熙、雍正年间未获蒇事，莫不畏难沮议。朕以达瓦齐篡夺频仍，诸部瓦解，接踵内属，机有可乘，且无以安来者。爰命将兴师，分路致讨。斯时力排众议，竭尽心力。”② 事实证明：乾隆帝的决策英明及时。清军以压倒优势进军天山南北，战事虽经反复，但挫而复胜，转危为安，终于消除了准噶尔的割据政权。以后又乘胜进取，击败维吾尔族大小和卓的叛乱，收复新疆南部。历时 5 年的平准、平回战争，最后完成了中国的统一，其影响所及，强化了中央对西藏的管辖，并保障了青海和内外蒙古的安定。此后，清朝在边疆地区设官驻兵，筑城戍守，移民屯田，使广袤的边疆地区在政治上、经济上、精神上与内地连接成不可分割的整体，大大增强了中华民族的向心力、凝聚力。特别是在

① 《御制文三集》卷九《补咏战胜廓尔喀之图序》。

② 《御制诗五集》卷九二《阅旧所书命馆臣入吴三桂擒桂王由榔谕卷书识后示诸臣咸为悦服复成口号》。

帝国主义即将侵入中国的前夕，乾隆帝及时地完成了国家的统一，其功绩应充分肯定。

乾隆朝反击廓尔喀入侵是又一场保卫祖国神圣领土的正义战争，也是中国历史上最艰苦卓绝的军事活动。乾隆五十三年（1788）和五十六年（1791），居住在喜马拉雅山南侧的廓尔喀军，两次入侵西藏，侵占日喀则，蹂躏骚扰，抢劫班禅所居的扎什伦布寺，造成边疆的危机和全藏的恐慌。不少大臣认为：后藏遥远，山高天寒，军行困难，粮饷不继，不能出兵征讨。但乾隆帝坚持西藏是中国的领土，不容他人侵犯，“若付之不问……何以安卫藏而靖边疆”①，毅然决定派兵入藏，驱逐侵略者，保护领土完整和藏民安全。清军从四川入藏，长途跋涉，冒雪冲寒，驱逐廓尔喀军，收复被侵占的土地，并越过喜马拉雅山，进抵今加德满都附近。在没有现代交通和通信的条件下，完成这一军事远征，实令人惊叹！其路途之远，山川之险，补给之难，军行之艰，为世界战争史上所罕见。乾隆帝说：“廓尔喀则在万里三藏之外，更数千里。陡壁线路，下临深川，不能容马，人皆踵迹而行。”② “经越艰险，冒雨步战，手足胼胝，用兵之难，为从来之未有。”③ 应该说，乾隆帝不畏艰险，花费极大的财力人力保卫西藏的领土主权，是值得赞扬的。

战争仿佛是个放大器，它能充分表现出一位决策者、指挥者的才能和优点。因为只有在战争时期，他的意志和领导能力才最大限度地受到了考验。同样，在战争时期，也会招致意外的失败，使一支威武浩荡的军队顷刻瓦解，显示出领袖的无知与失误。古往今来，没有常胜的将军，而战争的或胜或负，常常取决于指挥者是否知己知彼，是否头脑冷静，是否有坚强的意志和灵活的指挥才能。当平定准部、回部，取得了意想不到的胜利以后，乾隆帝被冲昏了头脑，多次发动了错误的战争，即缅甸、安南和第二次金川之役。缅甸之役，清军深入缅境，后路被切断，援兵不到，粮饷断绝，战斗失败，

① 《清实录》乾隆五十七年八月戊子。

② 《御制诗五集》卷七七《补咏战胜廓尔喀之图序》。

③ 《清实录》乾隆五十七年八月癸酉。

主帅明瑞阵亡。安南之役，乾隆帝错误地支持腐败的黎氏政权，劳师远征，攻入今河内，遭到强力反击，全军覆没。第二次金川之役，山险河深，番众人虽少而心志齐，清军被阻于石碉之下，寸步难移，乾隆帝依仗兵多粮足，必欲克之，屯兵坚城，劳师靡饷，如狮子搏兔，用尽全力，虽最后得胜，而耗时之久，费帑之多，为"十全武功"之冠，实为得不偿失。这些战役中所犯的致命错误是乾隆帝在平定准、回大胜之后，视事太易，失去冷静审慎的判断，用对准部、回部的同一把尺子去衡量地形、气候、民风、内部组织都很不相同的缅甸、安南与金川，于是招致了战争的失败，屡次碰壁，大量的钱财和兵力填进了战争的无底洞。像乾隆这样一个精明能干的皇帝虽不乏审时度势、当机立断的能力，但客观环境十分复杂，专制君主很容易犯的错误就是被胜利冲昏头脑，他每天接受阿谀的意见和歪曲的情报，很难做出正确的判断和选择，因此被错误的信息诱入歧途，采取错误的行动，而且越陷越深，难于拔足。等到碰得鼻青脸肿时才幡然觉悟，改弦更张，例如停止对缅甸、安南的征讨，议和修好，边界反而得以宁静，国家之间的关系亦得以改善。

第四是文化方面。历朝历代的文化艺术各有其造诣和特色，很难简单地评说孰优孰劣。乾隆朝的文化成就较之前代并不逊色。除大量编撰各种经说、方略、官书、续三通以及十三经刻石，翻译佛藏外，还编纂了我国历史上最大的丛书——《四库全书》，共收书籍3 400多种，近8万卷，分成经、史、子、集四大类。此书包罗宏富，浩瀚广博，为我国古代思想文化遗产总汇。编纂工作从乾隆三十八年（1773）设立四库馆始，至五十二年（1787）《四库全书》缮写完毕止，历时15年。参加编纂、校对、辑佚、提要的很多是当时的第一流学者，并撰写了《四库全书总目》，对1万多种图书（包括著录和存目）做了介绍和评论，"凡六经传注之得失，诸史记载之异同，子集之枝分派别，罔不抉奥提纲，溯源彻委"①。

民间之学术文艺亦臻于极盛。以惠栋、钱大昕、江永、戴震、

① 阮元：《揅经室二集》卷五《纪文达公集序》。

段玉裁、王念孙、王引之、焦循、阮元为代表的考据学派，如日中天，盛极一时，被称为“乾嘉学派”，著作繁多，影响深远；史学方面还有赵翼、全祖望、章学诚、崔述；地学方面有齐召南、祁韵士、徐松、李兆洛，各有突出的成就；曹雪芹的《红楼梦》、吴敬梓的《儒林外史》均成书于乾隆初年，为最负盛誉的现实主义杰作，是我国文学宝库中的瑰珍；诗歌方面有沈德潜的“格调诗”，袁枚的“性灵诗”，翁方纲的“肌理诗”；散文方面有方苞、刘大櫆、姚鼐的“桐城派”，恽敬、张惠言的“阳湖派”，如奇花异葩，竞放于诗坛文苑；绘画则有“扬州八怪”及文人画、宫廷画、西洋画等；书法则有张照、邓石如、刘墉、永瑆等名家辈出，乾隆帝刻印的《三希堂法帖》集中了历代书法的精华，为后世临摹的范本；戏曲方面，昆腔与乱弹并行，正处在蜕变时期，乾隆末年，徽班进京，我国最大的剧种——京剧于此时诞生。乾隆朝的文化学术和文学艺术，云蒸霞蔚，俊彩星驰，呈现一片繁荣的景象。

三

乾隆朝的政治、经济、军事、文化发展鼎盛，达到了我国封建时期的最高峰。当然，历史并不只是光辉的、先进的一面，还有其黑暗的、落后的另一面。清朝恰恰在乾隆时代由盛转衰，走向了下坡路。

乾隆朝人口急剧膨胀，大大超过了耕地面积的增加，人均占有耕地数量迅速地减少，再加上土地兼并严重，社会财富被集中到少数贵族、官僚、地主、富商的手中，绝大多数农民失去土地，生计维艰，并且连年水旱，灾荒频仍，吏治败坏，贪污公行。阶级矛盾逐步尖锐化，人民流离失所，不得不铤而走险。下层的反抗斗争从零星分散的抗租抗粮，逐渐走向竖旗建号的大规模、有组织的武装斗争。乾隆三十九年（1774）山东临清爆发王伦起义，在运河沿岸，南北交通的大动脉上发难，切断了漕运和文报，打破了近一个世纪中原无战争的升平局面。接着，乾隆四十六年（1781）、四十八年（1783），有甘肃苏四十三和田五领导的回民起义；乾隆五十二年（1787），有台湾林爽文起义；乾隆六十年（1795），有贵州、湖南的苗民起义；至嘉庆元年（1796），白莲教起义爆发，声势浩大，斗争持久，蔓延甚广，形成对清王朝一次强大的冲击波。乾隆禅位之日，星星之火，已燃烧成燎原之势，此后，全国进入干戈扰攘、战乱频仍的时代，历经嘉庆、道光两朝50多年，北方的秘密宗教多次发动斗争，南方的会党起义亦层出不穷，清廷顾此失彼，疲于奔命，这场社会的大动荡一直延续到近代的太平天国起义。

乾隆朝在其政策方面的问题、矛盾或落后、失误至少可指出以下几点。

清政权实质上是满汉地主阶级的联合专政，只占人口极少数的满族必须团结汉族地主和知识分子，才能保持稳定的统治，乾隆帝基本上沿袭了这一传统政策。尽管他本人深受汉文化的熏陶，但他对汉族的警惕、防范几乎超过了清代其他帝王，他对汉族大臣和绿营兵很不信任。杭世骏在乾隆前期即批评当时天下巡抚尚满汉参半，而总督则无一汉人，终乾隆之世，情况并无大变，出任总督的汉人占极少数。乾隆时期，当政的文臣武将，前有鄂尔泰、讷亲、傅恒、张广泗、舒赫德、兆惠，后有阿桂、和珅、福康安，都是旗人，只有张廷玉、于敏中等少数汉员身居要职，也仅是供奉内廷，述旨撰诏，相当于皇帝的秘书，不是实际的决策者。当时，满汉矛盾虽然不是社会的主要矛盾，但始终是影响政治的重要因素。

乾隆帝致力于保存满族的文化习俗和尚武精神。他认为，这是清王朝长治久安的保证。他说："马步箭乃满洲旧业，向以此为要务，无不留心学习。今国家升平日久，率多求安，将紧要技艺全行废弃不习，因循懦弱，竟与汉人无异，朕痛恨之。"尽管乾隆帝再三告诫，并采取了种种措施，可是事与愿违，八旗贵胄生活骄奢、浸染汉俗、废弃武事的趋势愈演愈烈，竟不可遏止。而一般旗人，虽有额俸，但清廷禁其从事生产和经商，致使日益滋生繁衍的满族衣食无着，发生严重的生计问题，可说是爱之适以害之。

上面讲到了乾隆朝文化繁荣的一面，不幸的是这种繁荣并未带来文化思想在性质、内容上的飞跃，反而时常遭到风刀霜剑的凌逼摧残。乾隆朝的文字狱和禁毁书十分苛严，有人估算乾隆朝的文字狱有130起，比康雍两朝大大增加，且多属捕风捉影、深文周纳、硬加莫须有的罪名。士子吟诗作文，用字不慎，即招飞来横祸，乾隆朝因文字获罪的多下层知识分子，罪名大多是影射讥讪，触犯圣讳，措辞不当，实际上并无鲜明的反清思想。鲁迅先生说过，“大家向来的意见，总以为文字之祸是起于笑骂了清朝，然而，其实是不尽然的”，“有的是鲁莽；有的是发疯；有的是乡曲迂儒，真是不识讳忌；有的则是草野愚民，实在关心皇家”。由于乾隆帝以文字罪人，民间相互揭告，往往以细微仇嫌，陷人死罪，官吏们怕失察受责，故意罗织罪状，张大其词。为什么乾隆中叶文网严密、文狱迭起？这实际上是统治阶级对下层人民反抗的预防性反应。当时，大规模的武装斗争尚未展开，但零星的反抗已渐频繁，统治者日益感受到来自下层反抗的威胁，企图加强思想统治，显示镇压手段，以防不测，以儆效尤。这种预防性反映了统治者谋求安全的心理，罪名的真实性并不重要，重要的是用严厉的惩处使社会慑服。文字狱的恶劣影响，使得知识分子对现实甚至对历史不敢议论，噤若寒蝉。龚自珍说“避席畏闻文字狱，著书都为稻粱谋”，正是乾隆时知识界共同心态的写照。

另外，乾隆帝趁编纂《四库全书》之机，搜检全国的书籍，对所谓“悖逆”“违碍”的书籍进行查禁、销毁或篡改。“初下诏时，切齿于明季野史。其后，四库馆议，惟宋人言辽金元，明人言元，其议论偏谬尤甚者，一切拟毁……隆庆以后，至于晚明，将相献臣所著，靡有孑遗矣。”[①] 古代典籍遭到了一次极大的厄运。

乾隆朝一项重大的政策谬误，是变本加厉地实行闭关政策。它虽然并不拒绝对外通商，但规定只开广州一口，制定了详细的章程，限制中外交往和贸易，并强化了作为贸易中介的行商制度，形成了

① 章太炎：《訄书·哀焚书》。

对外封闭的严格体制。乾隆五十八年（1793）英国政府派马戛尔尼使团来到中国，在热河觐见皇帝，提出扩大贸易的要求，但在觐见的礼节问题上发生严重的争执，英国使团被拒。毫无疑问，马戛尔尼使团代表英国资产阶级的利益，所提要求包含着侵略性的条款，会给中国带来消极的影响。但当时的英国尚不能向中国发动武装进攻，只能采取和平谈判的手段，谋求进入中国。中国迫切需要疏通外交渠道，进行经济文化交流，扩大视野，以了解世界的潮流。进行和平谈判有助于改变中国的隔离状态。但是，乾隆帝没有感到和外部世界加强联系和交往的迫切性，他以天朝上国自居，轻视和蔑视外国，因使团礼节不周而心中不快，砰然关闭了谈判的大门。马戛尔尼使团带来了丰厚的礼品，大多是显示科技成就和工业实力的仪器、模型、机械和工业制品。但乾隆帝缺乏科学知识，不屑一顾，说："单内所载物件，俱不免张大其词。此盖由夷性见小，自以为独得之秘，以夸炫其制造之精奇……著征瑞（接待英使之清朝官员）于无意之中向彼闲谈：尔国所贡之物，天朝原亦有之。庶该使臣等不敢居奇自炫。"① 自大心理与愚昧无知蒙住了自己的眼睛，错过了认识外部世界的一次机会。中英两国如同两艘巨大的航船在逐渐接近，中国方面，从维护统治出发，希望与外部世界保持安静而隔离的局面，并力图取得外国表面上的臣服，以满足自己的虚荣心理。而处在产业革命中的英国却在全球寻找殖民地，开辟商品市场。两个国家的制度、传统和追求的目标完全不同，一场大规模的冲突将不可避免。在天空的远处，正酝酿着一场几乎使中华民族惨遭灭顶之灾的强烈风暴。乾隆帝，作为18世纪中国的最高统治者，不但丝毫没有觉察，而且他的政策堵塞了其臣民和后人去了解、探索外部世界的渠道，这反映了乾隆帝思想保守落后的一面，其影响深远，造成了难以弥补的恶果，应对历史负重大责任。

在评论乾隆帝的是非功过时，巡幸和土木两事是通常的热门话题。乾隆帝一生到各地巡游，曾6次南巡，至苏杭、南京；8次去山

---

① 乾隆五十八年八月六日，谕旨。

东，至泰山、曲阜；4次去盛京，谒祖陵；5次西巡，至五台山；1次至河南开封、洛阳、嵩山；至于到热河避暑、木兰秋狝，到天津、白洋淀或巡视永定河，到遵化或易州谒东西陵，更是多得不可胜计。有人统计他一生的巡幸活动达150次之多，真是一位“马上皇帝”。

乾隆朝国力强盛，财政充盈，皇帝爱好园林建筑，故大兴土木。60年间，扩建和修建圆明园、清漪园（今颐和园）、静宜园（今香山）、静明园（今玉泉山），加上康熙修建的畅春园，形成北京西郊“三山五园”的园林格局。又大规模改建、扩建皇宫、中南海、北海以及坛坫寺庙、市廛房舍、道路桥梁、城垣、兵营、官署，浚治湖泊河流。其规模之大、用工之精、耗帑之多以及艺术水平之高，为历代所不及。

巡幸和土木都要花费许多钱财，历代均视为劳民伤财的弊政。连乾隆帝自己也说：“工作过多、巡幸时举二事，朕侧身内省，时耿耿于怀。”[①] 不管人们和乾隆帝自己怎么看，平心而论，巡幸、土木亦应一分为二地进行分析。这其中当然有劳民扰民的一面，但如果转换一个视角，作为一个幅员广大的国家的君主，垂拱端坐，深居宫禁，虽然省钱省力，但是不接触社会，不了解情况，对运筹决策、用人施政是不利的。历史上有许多从不出巡的皇帝，很多是昏庸之辈，而像秦始皇、汉武帝、唐太宗、元世祖、明成祖、清康熙帝等雄才大略的君主却到处巡游。巡幸是封建君主与社会保持联系的一条渠道，虽然很狭窄而又间接，但对一个生长深宫与世隔绝的皇帝来说，保持这一点点联系仍是非常重要的。乾隆出巡当然包含着游山玩水的动机，但还有政治和经济的目的。如视察黄河、运河、浙江海塘，打围习武、训练士卒，考察官吏治绩、农业收成、风俗民情等等。

至于大兴土木，于乾隆帝而言属于欣赏享乐的浪费行为，客观上却又是进行城市建设、美化自然环境之举。那时候国家财力充足，即便在养兵给饷、军事征战、减免赋税、赈济灾荒、兴修水利等方

---

① 《清实录》乾隆十五年五月己未。

面花费了大量帑银，国库藏银仍多达每年财政收入的两倍。乾隆时还没有现代意义的经济建设，不可能投资于工厂、铁路或科学事业，富余资金可能的流向是编纂图书的文化工程或者建造园林、宫殿的环境建设。乾隆帝说："方今帑藏充盈，户部核计已至七千三百余万。每念天地生财只有此数，自当宏敷渥泽，俾之流通，而国用原有常经，无庸更言撙节。"① 兴建各种土木工程兼寓"以工代赈""教财于民"之意。清廷用工、用料不像前朝那种无偿的劳役和征索，用工全是雇募工人，发给工值，用料则由官府制造或在市场购买。所谓："物给价，工给值，丝毫不以累民，而贫者转受其利。"当然，乾隆帝在大兴土木的时候，丝毫没有想到在200年以后这些建筑会变成为人民所有的财富，这一切今天已是我们珍贵的文物遗产和旅游资源。如果没有乾隆一朝的土木工程，作为中国第一个历史文化名城的北京将完全是另外的样子。我们所熟悉、所热爱的许多宏伟的和优美的景点、建筑将不复存在，北京城将失去璀燦的光辉而黯淡无光。

四

乾隆时代，或者说18世纪的中国，在政治、经济、军事、文化各方面均有许多成绩，为前代所不能企及，这是就历史的纵向比较而言。

但是，中国并不是孤独的存在，和它同时存在于地球上的还有许多其他的国家。古代，人们难以打破重洋的阻隔，中国长期处在一个相对隔离的环境中。到了近代，经济、科技的进步，交通的发达，日益打破了国家之间的隔绝状态，相互的撞击和影响越来越频繁。18世纪正是世界殖民扩张的时代，外国的传教士、外交官、商人陆续来到中国，引起了各种摩擦、纠纷。如果把乾隆朝取得的成

① 《御制诗三集》卷八五《降旨普免天下正供诗以志事》。

绩做横向的考察，即放到当时世界范围中与欧美国家相比较，那就会呈现出另一幅黯然失色的图景。18 世纪的欧美国家正处在资本主义上升时期，生产力和科学技术突飞猛进，革命已经爆发，社会突破了封建桎梏而进入人类历史发展的又一阶段，即资本主义时代。而中国仍处在封建时期，即使取得了封建社会中所能达到的最大成就，如果与欧美国家雄健迈进的步伐相比，仿佛一个龙钟老人，行动迟滞，步履蹒跚，越来越落后于西方国家。

乾隆时代，即 18 世纪的中后期，欧美国家的变化翻天覆地，一日千里，可以从五个方面来考察。

第一，产业革命。乾隆在位 60 年，英国正好经历了产业革命的全过程。乾隆即位前两年，即 1733 年，英国的凯伊发明了飞梭，揭开了产业革命的序幕。从 18 世纪 60 年代起（乾隆中期），英国棉纺织业发生了革命性的变化，1764 年（乾隆二十九年）织工哈格利夫斯发明新式纺车，1768 年（乾隆三十三年）阿克莱特发明水力纺纱机，纺织业的生产能力迅速提高。其他行业也仿效纺织业采用机器工作。工作机的普遍使用使动力变得非常紧张。1769 年（乾隆三十四年）瓦特改良蒸汽机，成为适用于各种机器的“万能动力机”，使人类摆脱了对自然能源的依赖。此后机械制造业取得了重大进展，出现了刨床、铣床、钻床，各种机械开始实现规范化、标准化，提高了工效。18 世纪末，机器大工业出现，工厂中形成了由工作机、传动机、动力机三部分组成的机械系统，工场手工业逐渐让位于机器工业，开始了社会化的大生产。

第二，科学发展。与产业革命相表里，欧洲的自然科学积累了丰富的资料与研究成果，跨进了近代科学的殿堂。18 世纪在数学领域，概率论、微积分、数论、投影几何取得了进展。在物理和化学方面，人们已能分辨各种气体，并用各种方法获得氢、氧、二氧化碳等。1777 年（乾隆四十二年），法国拉瓦锡证明燃烧现象是可燃物与空气中的氧化合的结果，推翻了传统的“燃素说”，揭开了自然界燃烧之谜。

在电学方面，1752 年（乾隆十七年），美国富兰克林做了有名的风筝试验，证明雷电是一种自然现象，粉碎了各种迷信和神话。后来意大利人伏打制造了能够产生电流的伏打电堆，成为近代电池的滥觞。

天文学方面，1755 年（乾隆二十年），德国哲学家康德发表《宇宙发展史概论》，用星云说解释太阳系的起源。1796 年（嘉庆元年），拉普拉斯对星云说做了更加完善的论证。还有德国学者赫歇尔长期观察恒星，提出银河系构成的假设，1781 年（乾隆四十六年），他在观察天空时发现了一颗前所未知的行星，即天王星。

在地质学、生物学方面，成果累累，学派林立，争论迭起。一些人主张岩石水成说，认为岩矿的成因是洪水泛滥，造成岩层的堆积；另一些人主张火成说，强调地下岩浆和火山喷发是地壳和岩层形成的原因。在地球历史演变上则有灾变说和渐变说之争，法国生物学界居维叶以地球经历了多次灾变来解释生物化石缺乏中间传承环节的现象，而英国的赖尔则认为地球自然环境的变化是长期微小渐变积累而成。还有瑞典博物学家林耐，搜集了数以万计的植物标本，首创植物分类，主张物种恒定不变；而法国的布封提出比较分类法，开始认识到物种之间的变化传承关系。

以上的发现、创造、学派、学说都出现在相当于中国的乾隆时期，西方科学家通过观测、实验、计算、分析、争论，对自然界的客观现象和运动规律逐步取得了正确而系统的认识，使人类提高了利用和改造自然界的能力。恩格斯高度评价 18 世纪自然科学的成就，他说："18 世纪综合了过去历史上一直是零散地、偶然地出现的成果，并且揭示了它们的必然性和它们的内部联系。无数杂乱的认识资料得到清理，它们有了头绪，有了分类，彼此间有了因果联系；知识变成了科学，各门科学都接近于完成，即一方面和哲学，另一方面和实践结合了起来。18 世纪以前根本没有科学；对自然的认识只是在 18 世纪（某些部门或者早几年）才取得了科学的形式。"①

第三，法国的启蒙运动。发生于 18 世纪的法国启蒙运动是资产

---

① 《马克思恩格斯全集》，中文 1 版，第 1 卷，656～657 页，北京，人民出版社，1956。

阶级革命的舆论先行，其代表人物有伏尔泰、孟德斯鸠、卢梭、狄德罗等。

伏尔泰是法国杰出的哲学家、政治家、文学家，他著作宏富，知识渊博，一生不倦地反对教会、僧侣和专制主义。孟德斯鸠的名著《论法的精神》发表于1748年（乾隆十三年），书中提出三权分立思想，成为日后资产阶级政体结构的原则。卢梭的名著《论人类不平等的起源和基础》和《社约论》分别发表于1754年（乾隆十九年）和1762年（乾隆二十七年）。他在前一书中，尖锐地批判了封建等级制度，敏锐地指出私有制是产生不平等的根源；在后一书中主张消灭不平等，尊重“天赋民权”。18世纪中叶（乾隆前期），狄德罗主编的《百科全书》，把启蒙运动推向高潮。此书卷帙浩大，内容丰富，汇集了当时自然科学和社会科学的新成果，向封建制度发动猛烈的攻击。参加《百科全书》编纂的有一大批著名学者，除前已提及的伏尔泰、孟德斯鸠、卢梭以及主编狄德罗外，尚有副主编达兰·贝尔，唯物主义哲学家霍尔巴赫、爱尔维修，自然科学家布封、孔多塞，经济学家魁奈、杜尔阁，美学家拉美特利等。他们学识广博，才华过人，是一批杰出的反封建战士。启蒙运动虽有其资产阶级的局限性，但它激起的思想革命的巨澜，汹涌地冲击着封建社会的堤坝，为行将到来的法国大革命做好了准备。

第四，美国独立。北美洲本是分属于英、法的殖民地。殖民主义者一方面屠杀当地的印第安人，另一方面奴役欧洲普通移民和从非洲来的黑奴，由此激起反抗，先在波士顿一带发生连续的抗英斗争。1775年（乾隆四十年），殖民地人民吹响了独立战争的号角，举行反英起义。华盛顿被人民拥戴为总司令，武装斗争的烈火猛烈燃烧。英军在人数和装备上虽占优势，但革命人民斗志昂扬，越战越勇，击败了英国殖民军。1783年（乾隆四十八年），英国不得不承认美国独立。这场延续8年之久的美国独立战争是18世纪的重要事件，从此，美国挣脱了殖民主义锁链，跃入资本主义国家的行列，1789年（乾隆五十四年），华盛顿当选为美国的第一任总统。

第五，法国资产阶级革命。法国从18世纪30年代起（乾隆即位之初），资本主义发展加快，社会分化加剧。国王、贵族、教会占有大部分土地，农民、手工业工人、城市平民以及企业主均属于第三等级，处在无权的、被压迫的地位，阶级矛盾日益尖锐。18 世纪 80 年代发生经济萧条，农业歉收，企业倒闭，财政破产，人们要求召集三级会议以制定新的税法。1789 年（乾隆五十四年）三级会议召开，受启蒙思想教育的第三等级的代表，得到人民的支持，要求分享国家权力，宣布成立制宪会议。法国国王派兵镇压，巴黎人民群情激愤，于 1789 年 7 月 14 日举行起义，攻打巴士底狱，法国大革命爆发。革命迅速扩及全国，废除了人身依附、各种封建特权和苛捐杂税，并制定《人权宣言》。此后反动势力企图复辟，国王路易十六勾结外国势力来镇压革命。雅各宾派领导人民打败了外国干涉军，废黜国王，于 1792 年（乾隆五十七年）宣布成立共和国。翌年（乾隆五十八年），路易十六被推上断头台。此后，雅各宾派单独执政，国内各政党的争夺十分激烈，大资产阶级为了自己的利益，颠覆了雅各宾政权；国外则英、普、奥、荷、西等王国组成反法同盟。1795 年（乾隆六十年），巴黎国民公会起用青年军官拿破仑来对付内外的敌人，拿破仑的权力增强，形成军事独裁政权。1799 年（嘉庆四年，这年乾隆帝逝世），拿破仑发动政变，建立执政府，在欧洲进行连年战争。法国资产阶级大革命推翻了法国封建王朝，废除了等级制和封建特权，并震撼了欧洲的封建体系，开辟了一个资本主义广泛发展的新时代。

以上对欧美国家在 18 世纪 30 年代以后发生的重大事件做了简单的回顾。这六七十年间欧美国家的进步胜过了以往的 1 000 年，正在经历政治、经济、科学、文化领域全面而深刻的革命。历史是在量变的积累下走向质变的，质变必须有量变做准备；而一旦发生质变，其变化之速、成绩之大、影响之远，是量变时的许多世代所不能比拟的。西方正在突破封建主义的桎梏而飞速前进，而中国的种种成就仿佛还在强化着封建的体制。两个不同的世界，其变化的性质和方向形成强烈的反差，中国越来越落后于西方世界。

历史人物要对自己时代的进步和落后负责任。尤其像乾隆帝长期站在统治阶梯的最顶端，没有一个人曾经像他那样对18世纪的中国历史打下如此深刻的印记，他的思想、言论、行为、政策自然会对历史发生或正或负的重大影响。18世纪，闭塞已久的中国极其需要开通对外渠道了解世界状况，放宽思想禁制，增进科学知识，以迎接行将到来的世界性挑战，但乾隆帝没有像略早于他的俄国彼得大帝那样知己知彼，把自己放在世界潮流中，正确定位，引进和学习外国的先进事物，致力于改革和富强。乾隆帝以自我为中心，以天朝上国自居，实行闭关锁国政策，他采取严厉蛮横的思想压制，他对科学技术毫无认识又缺乏兴趣，他固守以不变应万变的政治哲学，这些都严重地阻碍了历史的进步，窒息了社会蓬勃发展的生机。世界潮流在奔腾前进，而中国的统治者昏昏然如在梦中，毫无觉察，未能采取更加开放开明的政策，失去了及时地了解世界和跟上世界的机会。

当然，中国的落后也不能简单地归咎于某些个人和某些政策。历史的道路固然有赖于具有远大目光和聪明才智的人去开辟、去展拓，不过具有远大目光和聪明才智的人物也只能在特定的环境中产生。正因为乾隆皇帝并不生活在俄国彼得大帝的环境中，所以他未曾有过彼得大帝那样的追求和理想。18世纪的中国是一个被禁锢着的世界，乾隆帝也是这个世界中的一员。禁锢已久，习惯成自然，他的政策正反映了被禁锢者习于禁锢、安于禁锢的心态。

中国为什么落后于西方？这一巨大的历史谜团困惑着许许多多的政治家和学者。何以在很长时间内中国人未曾察觉到外部世界正在发生的历史巨变？何以专制体制和保守、僵化的政策长期通行无阻？何以中国没有产生像西欧那样“直前冲刺”的巨大历史动力？其深层原因必须到长期历史发展和整个社会结构中去寻找。历史表面看来似乎是不相连缀的片段，实际上，古今上下有着长远的、不可分割的联系。影响近代社会发展的根本原因深埋于古代的历史之中。

18世纪的中国并未像西欧那样发生质变，因为，以前的时代还没有走完从量变到质变的过程。事情不会无缘无故地发生，也不会无缘无故地不发生，乾隆帝和他的同龄人可以在历史上和传统提供的舞台上扮演角色，推进或阻滞社会的前进，但他们不能超越历史和传统，去完成力所不及的使命。康熙和乾隆在中国历史上做出了前所未有的重大贡献，乾隆帝的思想和政策，不是从天上掉下来的，也不是完全从头脑里想出来的，而是孕育于中国长期的历史之中，孕育于前代遗留下来的经济基础、社会结构、政治体制和文化传统之中。因此，乾隆帝对18世纪、对中国历史的相对落后，自应负一定责任，但他不能超越时代，自行其是。他像所有的历史人物一样，代表着并属于自己的时代。从某种视角观测，乾隆帝像是一个矛盾的综合体，先进与落后、英明与庸碌、聪睿与愚昧、理智与荒唐、仁慈与残酷、光辉与黑暗，错综复杂地交集于一身。他的性格、意志、动机似乎很难捉摸，但把他的所思所言、所作所为放在当时的环境中认真研究，可以看出这些基本上是统治阶级对18世纪历史发展所做出的合乎逻辑的反应。

我们研究乾隆帝，并不停留在对他政绩的讴歌或对他过失的谴责上，重要的是要理解他和他所处的时代。18世纪是中国历史发展中的重要阶段，乾隆帝是当时杰出的历史人物，他留下了许多经济、政治成就，留下了军事功勋和文化业绩，同时也留下了缺陷和过失。大浪淘沙，曾经喧嚣一时的历史人物和事件退出了舞台，隐形于消逝了的漫长时间之中。但现实是由历史发展而来的，现实深深植根于历史之中。研究18世纪及其人物为的是要弄清历史，理解现实，认识国情，增长智慧，坚定信心，选择正确的方向，迎着光辉灿烂的明天更好地前进。

乾隆初政和“宽严相济”的统治方针*

可以说，乾隆是中国历代帝王中的一个幸运儿。他寿登上考，活到 88 岁。在位期间，国力强盛，四海升平，经济、文化发展鼎盛。他以强大的武力和比较正确的政策，平定西北，保护西藏，加强了国家的统一，奠定了中华的版图。他完成“十全武功”，编纂《四库全书》，六次巡幸江浙，五次普免钱粮。文治武功，臻于极盛。到了后期，尽管社会矛盾激化，反抗烽火遍起，外国殖民主义者叩关而至，咄咄逼人，但是，终乾隆之世，清朝还能够控制全国的局势，长时期承受内外压力，维持着强大的外貌，屹立于东亚。乾隆的一生，顺境多，逆境少；胜利多，挫败少。60 多年，他进退人物，生杀予夺，叱咤风云，指点河山，演出了威武雄壮的活剧，在中国历史上产生了深远的影响。研究乾隆一生的活动和是非功过是一项重要的、长远的任务，本文只对他登基后最初几年内的政局变化、政策措施和统治方针做介绍评述。乾隆的初政对他以后 60 年的统治格局和施政作风的形成有很大关系。

雍正十三年（1735）八月二十三日，雍正皇帝去世，刚满 23 岁的乾隆即位。他继承了一份也许会使所有帝王感到歆羡的基业。因为，经康熙、雍正之后，国家被治理得井井有条，社会秩序安定，人口和财富迅速增加，国力蒸蒸日上，一片升平的气象。所谓“国家继绪百年，累洽重熙，至于今日，可谓承平无事”①。而且乾隆登基，授受合法，平稳接权，没有一点波澜。回想 13 年以前，他父亲雍正继位时，矛盾尖锐、争夺激烈、刀光剑影、喋血萧墙的情景，

---

* 原载《上海社会科学院学术季刊》，1986 年第 1 期。

① 《清高宗实录》卷一六二，乾隆七年三月庚申。

人们不免会打寒战。就是他的祖父康熙、曾祖顺治当皇帝的时候，冲龄践阼，孤立少援，外有劲敌，内有强臣，主少国疑，基业未稳，情况也是相当危险的。为了争夺皇冠，历史上有过多少诡谲的阴谋、肮脏的交易，明枪暗箭，血雨腥风。乾隆却侥幸地躲开了这类帝王登基时常有的情形。他这时已长大成人，有了相当的知识和经验，不是可以听凭摆布的小绵羊。他的继位，名正言顺，无可争议，所以过渡平稳，诸事顺利。他是雍正当时活着的诸子中年龄最长、最有才干的一个，又受祖父康熙皇帝的宠爱。关于康熙喜爱乾隆的故事，清朝的官书、野史、笔记中记载甚多，绘声绘色。本来，老年人喜欢小孙子是人之常情，没有什么值得渲染的。可康熙皇帝和常人不同，和别的皇帝也不同，真是“帝王家庭怪事多”。他生了 55 个儿女，长大成人的有 28 个，有 97 个嫡孙，还有数以百计的孙女、外孙、外孙女、曾孙辈。老皇帝晚年闹家务事，儿子们相互火并，这且不说。他有这么多的儿女孙曾，面貌能否认得清？名字是否记得住？恐怕是个问题。大概只有一些聪明出众的小孩子才能邀皇祖的青睐，博得恩宠。就在康熙死去的这年，他到胤禛（雍正）的赐园圆明园“镂云开月”去赏花，见到了 12 岁的孙子弘历（乾隆）。这个聪明伶俐、才华初露的小孩子，书课娴熟，应对得体，立刻讨得老皇帝的欢心。以后弘历被带进宫去，陪伴祖父。康熙读书、写字、办事、批折、巡幸、围猎，弘历总在他的身边。时间虽然只有半年，可这段恩遇成为乾隆一生津津乐道的光荣史，甚至也是他攀登皇帝宝座的一块垫脚石。据乾隆后来回忆：“予幼龄仰蒙皇祖恩眷，养育宫中，俾得日侍左右、亲聆训言。盖圣鉴洞烛至今，隐有付托之意。”① 似乎康熙看上了 12 岁的乾隆，要把江山托付给他。这种说法，未必符合事实，但至少康熙钟爱乾隆，是乾隆后来绍登大位的重要政治资本。所以，雍正即位，很快就决定传位给乾隆。元年（1723）八月，雍正书写弘历的名字，指定为继承人，藏在乾清宫最高处“正大光明”匾额的后面。后来雍正的传位诏书中说：“宝亲王

① 《御制诗初集》卷三《恭谒景陵》。

皇四子弘历秉性仁慈，居心孝友。圣祖仁皇帝于诸孙之中，最为钟爱，抚养宫中，恩逾常格……今既遭大事，著继朕登基，即皇帝位。”①

正因为乾隆本人的品质、才能以及他和祖父的亲密关系，他的兄弟中没有一人能和他竞争帝位。康熙生了那么多儿子，一个比一个能干，一个比一个更有野心，继承问题极为尖锐，闹得举国不宁。雍正也有 10 个儿子，其中 7 个早死。雍正去世时，乾隆的 3 个哥哥都不在了，他排行老四，还有五弟弘昼、十弟弘曕。弘昼和乾隆同年，只小 3 个月，哥俩一起长大，一起读书，形影不离，弘昼的才学远不如弘历，弘历读书快，老师经常要弘历停止下来，复习旧课业，以等待落在后面的弘昼。十弟弘曕年龄更小。所以，乾隆即位，出于雍正预定的步骤，明诏宣布，光明正大。在乾隆以前，清朝的五个皇帝登位，都经过激烈的斗争，只有乾隆是一帆风顺、未经波折就顺顺当当完成了权力的交接。

这时候，算得上政治清明，八方无警，国泰民安。中国封建专制政治中给皇权造成严重威胁的种种势力，如母后、外戚、宦官、朋党、权臣等被削弱到最低程度，丝毫不可能威胁或牵制皇权。乾隆的帝位，有磐石之固。国内没有强大的反对势力，没有严重的水旱灾荒，没有大的抗清起义，没有紧迫的经济财政问题。吏治方面，经过雍正的整顿和养廉制度的实施，贪污行为有所敛迹，行政效率有所提高。西北地区，虽然存在着强大的准噶尔割据政权，征战连年，不久前还经过两次大战（1731 年和通泊之战、1732 年光显寺之战），但雍正去世以前，清廷中央正在和准噶尔议和，关系已经缓和。乾隆继位，双方互派使节，加紧接触和谈判，达成了和平协议，西北得以撤军，清廷的军事压力和财政负担大大减轻。唯有西南地区，改土归流之后，善后措施不当，贵州的苗民群起反抗，形势一片混乱。这是雍正死后需要立即处理的最迫切的遗留问题，但毕竟是局部问题。乾隆即位以后，撤换了前线的将帅，部署兵力，很快

① 《清高宗实录》卷一，雍正十三年八月己丑。

把苗民的反抗镇压了下去。

总的说来，乾隆继位时，没有爆炸性的危机，也没有不能解决的棘手问题。可是，社会矛盾是普遍存在的，国家的强盛与安定也是相对而言的，不同类型的社会有着不同类型的问题和弊端。如果要问：乾隆继位时，面临的最大的政治问题是什么？那就是：雍正统治13年，实行铁腕政治，诛戮宗室大臣，打击异己分子，惩治贪官污吏，手段严酷，产生了副作用。不少人无辜被杀，横遭迫害；不少人罪轻罚重，家破人亡；不少人株连受累，含冤莫伸。封建专制政治，本来就没有什么绝对的善政，即使本意是要纠正一种不良的风气，也会产生另一倾向的弊端。何况雍正的政令峻急、刑法苛严，人们不知道会在什么时候祸从天降，怀着惴惴不安的恐惧心理，社会和官场弥漫着紧张气氛和不满情绪，这对封建统治者来说并不是什么好兆头，乾隆对此必定是有很深体会的。雍正后期，乾隆已长大成人，被封宝亲王，参与政务，他对父皇的政治措施是看得很清楚的。他既钦佩父亲的才干、魄力、手段，又对雍正的猜忌苛严有所不满。当然，作为皇子，他不会、也不敢公开表示出来，可是在他一篇习作的课业中无意中透露了他的心情。这篇课业的题目是《宽则得众论》，写于雍正后期，收在《乐善堂全集》内。《乐善堂全集》所收都是乾隆青年时代、未当皇帝以前的作品。文章中大加赞扬宽大政治，其中说："诚能宽以待物，包荒纳垢，宥人细故，成己大德，则人亦感其恩而心悦诚服矣！苟为不然，以褊急为念，以刻薄为务，则虽勤于为治，如始皇之程石观书，隋文之躬亲吏职，亦何益哉！"这是一篇值得玩味的文章。当时，人们在苛严的政令下，动辄得咎，惶惶不安，乾隆却说应该"宽以待物，包荒纳垢，宥人细故，成己大德"，这是不是有感而发呢？他指责"褊急""刻薄"的秦始皇、隋文帝"程石观书""躬亲吏职"，是不是无意中在为父皇做写照呢？可以推想，雍正虽然钟爱乾隆，并决定传位给他，但对父子间的性格差异和政治分歧并非毫无觉察。据乾隆说："皇考尝以朕为赋性宽缓，屡教诫之。朕仰承圣训，深用警惕。"①

---

① 《清高宗实录》卷四，雍正十三年十月甲戌。

乾隆初年，为了缓和紧张的政治气氛，调节矛盾，改善各方面的关系，对雍正的政策做了较大的改变和调整。他在元年（1736）颁布的谕旨中明确宣称：“政令繁苛，每事刻核，大为闾阎之扰累……朕即位以来……欲减去繁苛，与民休息。”①

任何一位英明有为的君主，在他个人起居、嗜好、交往方面，往往有许多昏聩糊涂的举动，雍正帝也是如此。他接近佛道，相信修炼术，宫廷内豢养一批道士，给他炼长生不老的金丹，雍正晚年多病，大概是由于服食丹药引起慢性的汞中毒，甚至这可能就是他死亡的原因。乾隆对于父皇身边的这批骗子十分痛恨，即位以后，第一件大事就是把道士们驱逐出宫。他说，“皇考万几余暇，闻外间有炉火修炼之说，圣心深知其非，聊欲试观其术，以为游戏消闲之具，因将张太虚、王定乾等数人置于西苑（今之中南海、北海）空闲之地，圣心视之如俳优人等耳。未曾听其一言，未曾用其一药，且深知其为市井无赖之徒，最好造言生事。皇考向朕与和亲王面谕者屡矣。今朕将伊等驱出，各回本籍”，“若伊等因内廷行走数年，捏称在大行皇帝御前一言一字，以及在外招摇煽惑，断无不败露之理。一经访闻，定严行拿究，立即正法，决不宽贷”②。乾隆匆匆忙忙地采取这一行动，并竭力为雍正洗刷辩护，倒成了“此地无银三百两”，反而暴露了雍正对修炼术的迷信。

雍正一生中最受指责的、最难于被人谅解的是他对兄弟宗室的处置。这是因继承帝位而引起的残酷斗争。不管雍正的继位是否正当，是否合法，但他对自己兄弟手足实在太残忍了。他的大哥允禔、二哥允礽是被康熙禁锢的，雍正自然不会释放他们，两个人都被监禁至死。他最恨八弟允禩、九弟允禟，被禁锢削籍，改名阿其那（狗）、塞思黑（猪），百般折磨，秘密处死。三哥允祉、十弟允䄉、十四弟允禵也永远囚禁。五弟允祺之子弘昇、七弟允祐之子弘曙被削去世子，连雍正的亲生子弘时，小小年纪，也被削宗籍。宗室中或因不肯附从，或因其他罪状，被杀被关、夺爵削籍、抄家流放的

① 《清高宗实录》卷一四，乾隆元年三月乙巳。

② 同上书，卷一，雍正十三年八月辛卯。

不计其数。社会上对这场兄弟阋墙、家庭惨变，暗下传布种种流言，对雍正的政治声誉损害极大，在乾隆的心灵上也形成了创伤。乾隆即位，这场斗争已时过境迁，当年强大的反对势力被诛戮殆尽，雍正的胜利已不可逆转。乾隆虽不便为父亲的政敌公开平反，但适当地缝隙补过，实行宽大处理，不会带来政治动荡，相反，却能够树立新皇帝仁慈宽厚的美好形象。因此，即位一个多月，乾隆就旧案重提，连发许多谕旨。雍正十三年（1735）十月初八日发出的第一道谕旨说，允禩、允禟得罪已死，但他们的子孙也是天潢支派，被摒弃于宗牒之外，处理过重。“当初办理此事，乃诸王大臣再三固请，实非我皇考本意，其作何处理之处，著诸王满汉文武大臣翰詹科道各抒己见，确议具奏。”① 新皇帝的倾向性已很明确，那场令人胆战心惊的骨肉相残，已成过眼的烟云，是不是可以冷静地、更合乎人情地重新处理呢？他要官吏们各抒己见，实际上是要大家做好翻案的思想准备。隔了两天，另一道谕旨命令宗人府查明因罪革退之宗室觉罗，分赐红带、紫带，载入玉牒。一大批得罪的皇子皇孙，可以恢复名号，重见天日了。又过了两天，许多被禁锢的王公宗室，包括新德、新福、云乔顺、宗教、鄂齐、丰库、裕伸、德存、勇端、讷尔苏（此人即曹雪芹的姑父、原封平郡王）、广宁、扬德、华玢等被释放回家。又过两天，侥幸存活下来的两个最重要的政治犯皇十子允䄉、皇十四子允禵也宽大释放，并赐给公爵衔（其他被囚的允禔、允礽、允祉、允禩、允禟都已死去）。乾隆也没有忘记昭雪已死去的三哥弘时，承认弘时的皇子身份，收入谱牒。几个月之内，还有许多重要的王公宗戚如延信、苏努、乌尔古以及阿灵阿的子孙，被恢复原来的身份。短短的时间内，乾隆了结了这场历史公案。他小心翼翼，尽量维护雍正的威信，只是对罪犯宽大处理，并非平反全部案情。特别是对允禩、允禟的处理，政治上最为敏感，乾隆把它长期搁置起来，直到晚年，才为他们做了开脱。乾隆四十三年（1778）正月的上谕说：“圣祖第八子允禩、第九子允禟结党妄行，

① 《清高宗实录》卷四，雍正十三年十月癸酉。

罪皆自取。皇考仅令削籍更名，以示愧辱。就两人心术而论，觊觎窥窃，诚所不免。及皇考绍登大宝，怨尤诽谤，亦情事所有，特未有显然悖逆之迹。皇考晚年屡向朕谕及，愀然不乐，意颇悔之，若将有待。朕今临御四十三年矣，此事重大，朕若不言，后世子孙无敢言者。允禩、允禟仍复原名，收入玉牒，子孙一并叙入，此实仰体皇考仁心，申未竟之绪，想在天之灵亦当愉慰也。”① 乾隆明明在改变雍正严厉残酷的处置，但仍然说成这是雍正的本意。

雍正另一件很不明智的举动是对曾静、张熙案的处理。曾静、张熙从清初学者吕留良那里接受了一套华夷之辨的反清思想，竟投书川陕总督岳钟琪，劝说他起兵反清。又从允禩、允禟门下的太监处，辗转听到一些宫廷流言，说雍正弑父篡立、逼死生母、屠杀弟兄、淫烝父妃，这都是大逆不道、卑鄙龌龊、耸人听闻的奇闻。此案发生后，雍正刊刻《大义觉迷录》，在批判传统的华夷之辨的同时，驳斥了种种宫廷流言。《大义觉迷录》被广为散发，每逢朔望，向士民宣讲。这是绝大的蠢事。历来的封建统治者对付政治流言的最有效的办法就是秘密查禁，而不公开驳辩。这类流言蜚语越辩越浑、越搅越臭，只能弄得遐迩传遍，尽人皆知。聪明一世的雍正，大概被真真假假的流言气得发了昏，竟公开驳辩、刊刻散发、朔望讲解，岂不诚心要搞臭自己，为流言制造者做了义务宣传？雍正对此案罪犯的处理也很离奇，主犯曾静、张熙免罪释放，而死去 40 多年的吕留良反倒开棺戮尸，吕的儿子、学生被斩首，家属遭株连。这种处理也一反常态，难以理解。雍正似乎预料到将来会旧案重题，为了保全曾静、张熙，特别声明“朕之子孙，将来亦不得以其诋毁朕躬而追究诛戮”。

乾隆一上台，使雍正导演的这场拙劣的丑剧赶紧收场。他违反雍正的遗命，将曾静、张熙锁拿解京，凌迟处死，并停止讲解、传布《大义觉迷录》，命各省督抚将原书“汇送礼部”。

除上述以外，对其他重要案件和罪犯，乾隆也一一重新判处，

① 《清史稿》卷二二〇《诸王六》。

大多从宽发落。著名将领傅尔丹、岳钟琪都因贻误军机，判处死刑，总督蔡珽因朋党罪，斩监候，乾隆均予释放；御史谢济世因诽谤程朱，发配军台，也得赦免；司道沈起元、马维翰等，因过被黜，复加任用；查嗣庭、汪景祺是文字狱的要犯，被处决，罪及家属，诏旨宽释。还有许多官员亏空钱粮，侵吞公帑，勒令追赔，严加处分。乾隆多所豁免，“朕临御以来，凡八旗部院及直省亏空银两，施恩豁免，已不下数千万”①。他即位 3 个月，一次就宽免了 69 名欠帑亏空的官员，“或已经充发，或监候枷禁，或扣俸扣饷，及妻子家属已入辛者库等罪，概行宽释”②。

乾隆即位后，明显地改变雍正的政策，还有以下一些方面：

第一，核实垦田升科。清初，地广人稀，奖励垦荒本是促进生产力的善政。当然垦荒多，田赋收入也就多，垦荒有成绩，官吏可得奖励晋升。但是到雍正时期，人口大增，荒地已少，官吏们仍然报垦大量荒地，搞了很多谎报假冒，以邀奖叙。垦田是虚，升科是实，只能增加人民的赋税负担。乾隆指出：“朕见直省督抚题报开垦者，纷纷不一，至于河南一省，所报亩数尤多，而闽省继之。经朕访察，其中多有未实。或由督抚欲以广垦见长，或由地方有司官欲以升科之多，迎合上司之意，而其实并未开垦，不过将升科钱粮飞洒于现在地亩之中，名为开荒，而实则加赋，非徒无益于地方，而并贻害于百姓也。”③ 责成各省查核，“实系垦荒，然后具奏”，之后又规定新开垦的地头山脚、畸零瘠土，免予升科纳赋，以减轻人民的负担。

第二，停止清丈土地。清丈是为了清理隐匿的田地，增加税收，本来也不失为一项善政。但奉行稍有失当，就会侵犯人民的利益。雍正任用宪德为四川巡抚，清丈四川的土地，还特派京官多人，分掌其事，推行峻急，苛派虐民。两年内清丈完毕，全省地亩从 23 万顷激增至 44 万顷，几乎翻了一番，田赋负担也相应增加，引起垫

---

① 《东华录》乾隆二年七月。

② 《清高宗实录》卷七，雍正十三年十一月辛酉。

③ 同上书，卷八，雍正十三年十二月辛未。

江、忠州一带人民的武装反抗。乾隆反对这种竭泽而渔的做法，一上台就以“识见卑鄙，昏愦糊涂”将宪德解任（时任刑部尚书），以后，不再搞清丈增赋的措施。

第三，停废契纸契根法。雍正最重用的河南山东总督田文镜创立契纸契根之法。民间田地房产交易，不准自立契券，都要使用藩司衙门颁发的契纸契根。这样，民间交易甚感不便，也给官吏提供了敲诈勒索的机会。“书吏夤缘为奸，需索之费，数十倍于从前。”乾隆命令，民间交易，“仍照旧例，自行立契，按则输税”，“将契纸契根之法，永行禁止”。乾隆很讨厌以严酷闻名的田文镜，他认为雍正最重用的三个大臣鄂尔泰、李卫、田文镜，鄂尔泰最好，李卫次之，田文镜最下。“河南地方，自田文镜为巡抚、总督以来，苛刻搜求，以严厉相尚，而属员又复承其意旨，剥削成风，豫民重受其困。”① 这一段对田文镜的指责也隐约地指出了雍正政治的特点和弊端。

第四，停止营田水利和井田。直隶的营田水利和试行井田是雍正和怡亲王允祥的“杰作”，经营多年，耗帑数百万，并无实效。乾隆上台，撤销营田观察使，他说：“州县地方原有高下之不同，其不能营治水田，而从前或出于委员勉强造报者，自应听民之便，改作旱田。”② 还有，雍正生前在霸州、固安、永清、新城一带，拨出一批土地，试行井田。乾隆认为“古制难复”，撤销井田，全部改为屯庄，“应令按亩完纳屯粮”③。

第五，停捐纳。雍正时，西北连年用兵，西南改土归流，军务繁忙，耗饷甚多，加上官吏的亏空，庶民的拖欠，财政颇为拮据。雍正竭力整顿财政，但短时期内还显不出效果，不得不开办捐纳，卖官鬻爵。乾隆上台，和准噶尔谈判成功，西北大规模撤军，省下了大量经费。而且头几年还算风调雨顺，农业收成较好，朝廷的日子也就比较好过，下令停止捐纳，只保留了纳粟入监的制度，永为定例。

乾隆改变雍正的政策，也有改过了头，扞格难行的。碰到这种

---

① 《清高宗实录》卷七，雍正十三年十一月丙辰。

② 同上书，卷五三，乾隆二年闰九月乙亥。

③ 同上书，卷三一，乾隆元年十一月壬子。

情形，就不得不根据实际情况，调整修改自己的政策。例如，雍正不但相信炼丹的道士，还好谈佛理，接近僧人，乾隆为了防止他们招摇生事，告诫“凡在内廷曾经行走之僧人……倘因偶见天颜，曾闻圣训，遂欲借端夸耀，或造作言辞，或招摇不法……朕一经察出，必按国法佛法，加倍治罪，不稍宽贷”①。乾隆一反雍正优容僧人的做法，严行度牒之法，“嗣后情愿出家之人，必须给度牒，方准披剃”②。又规定禁止新造寺庙神观，企图逐步减少僧尼。毕竟佛教势力很强大，执行中碰到了阻力，这些措施逐步缓和下来，最后，仍取消了给发度牒的办法。

另如，雍正时，查禁私盐很严格，小民往往触犯法网。乾隆大发慈悲，允许老百姓携带和贩运少量食盐，“贫穷老少男妇，挑负四十斤以下者，概不许禁捕”③。不料命令颁布不久，天津就有许多人，“以奉旨为名”，肩挑背负，贩运盐斤。镇江、广州等地“强壮奸徒，无不借口贫民，公然贩私，成群结党，目无法纪”④。这使盐商的经营和政府的收入大受影响，乾隆的政策不可能逾越统治阶级利益所许可的范围，他也就改变态度，收起善心，加紧了对私盐的查缉。他慨叹说：“朕自临御以来，时时以我皇考爱养百姓之心为心。凡从前官吏之奉行不善，涉于烦苛者，皆次第革除，务期与民休息……即如私盐一事，朕本欲酌宽其禁，以养恤穷黎，而奸民乘机伺隙，结党呼群，凡向来之畏法而不敢轻犯者，今则公然肆横，无所惮慑。观此情形，是奸顽之民，不容朕行宽大之政也”⑤。当统治秩序被扰乱、政府利益受侵犯时，乾隆是会毫不留情地采取镇压措施的。他声称自己“岂肯姑息养奸，贻风俗之忧”，警告“远近百姓，各自醒悟，洗心涤虑，务为良善奉公之民”。

以上是乾隆初政，从各方面改变雍正苛严的政策。尽管少数政策碰了壁，行不通，但总的来说，实行宽大政策的效果是良好的，

---

① 《清高宗实录》卷二，雍正十三年九月辛丑。

② 同上书，卷三，雍正十三年九月己未。

③ 同上书，卷一一，乾隆元年正月乙卯。

④ 同上书，卷一八，乾隆元年五月戊戌。

⑤ 同上书，卷一八，乾隆元年五月丙申。

缓和了紧张关系，减轻了民间负担，使人们的心情较为舒畅。乾隆自己说：“从前奉行不善，间有一二苛细者，渐次改除，民情颇觉顺适。”① 后人记载：“高宗（乾隆）登极，所布诏令，善政络绎，海宇睹闻，莫不蹈舞。”② “纯皇帝（乾隆）即位时，承宪皇帝（雍正）严肃之后，皆以宽大为政。罢开垦、停捐纳、重农桑、汰僧尼之诏累下，万民欢悦，颂声如雷。”③ 这些评论，并不都是臣下虚假的颂谀之词。连当时在北京的朝鲜使臣也称赞乾隆的初政，一个使臣说：“新主政令无大疵，或以柔弱为病，边境姑无忧。”④ 另一个使臣说：“雍正有苛刻之名，而乾隆行宽大之政。以求言诏观之，以不论寡躬缺失，大臣是非，至于罪台谏，可谓贤君矣。”⑤

乾隆的政策，也有人坚决反对，如王士俊。此人本是田文镜的心腹，继田任河南山东总督，乾隆上台撤销了这一官职，把王士俊调署四川巡抚，实际上是降了他的职。王士俊于乾隆元年（1736）七月上一个密折说：“近日条陈，惟在翻驳前案，甚有对众扬言，只须将世宗（雍正）时事翻案，即系好条陈之说，传之天下，甚骇听闻。”⑥ 王士俊敢于如此顶撞皇帝，这明明是指责乾隆的新政全面违反了雍正的既定政策。所以乾隆说“是即谓朕为翻案矣”。在这一严重的指责下，乾隆进行驳辩：“从来为政之道，损益随时，宽猛互济……皇祖、皇考与朕之心，原无丝毫间别。无如法久自必弊生，奉行每多过当，不得不因畸重畸轻之势，而为之维持调剂，以归于正直荡平之道，此至当不易之理。乃王士俊訾为翻驳前案，是诚何言，是诚何心耶?”违反祖制，这是多么重大的失德，乾隆当然不能容忍这一指责，他痛骂王士俊“佥邪小人”，“巧诈之习，牢不可破，外饰鲠直，以便己私，敢将悖理之言，妄行陈奏”。将王士俊革职拿京，原拟斩决，后来总算也“从宽”发落，免死驱逐回籍。

---

① 《清高宗实录》卷一一，乾隆元年正月甲子。

② 陈康祺：《郎潜纪闻二笔》卷二《鄂文端之谦抑》。

③ 昭梿：《啸亭杂录》卷一《纯皇初政》。

④ 《朝鲜李朝实录中的中国史料》第11册第4489页。

⑤ 同上书，第4504页。

⑥ 《清高宗实录》卷二三，乾隆元年七月辛酉。

乾隆初政，虽然有个别的死硬派如王士俊坚决反对，但大多数人是拥护的。因为这些政策，根据实际情况出发，纠正了雍正时期的弊病，合乎情理，颇得人心。所以，在实现政策转变时，没有遇到强大的阻力，也没有引起社会的动荡。乾隆初登帝位，勤于政务，励精图治，希望有所作为，而处事却很审慎，制定和推行政策小心翼翼，逐步实施。他告诫臣下“一切经理，皆当自度力量识见，缓缓为之，不可为近功邀利之举”①。又说：“当今之政，莫若谨守皇考十三年以来之整理，而向日一二奉行不善，过于苛细者，渐次缓改，则吏治而民安，毋庸我君臣汲汲皇皇。”② 乾隆对自己的政策的性质，归结为一个“宽”字，“宽”是为了缓和矛盾，相对于雍正的“严”；对自己政策的推行，归结为一个“缓”字，“缓”是为了避免引起动荡，相对于雍正的“急”。“宽”“缓”二字反映了乾隆初政的特色，甚至一定程度上影响了乾隆60年的政治格局。

乾隆虽然较大幅度地改变了雍正的政策，但在人事上却未做大的更换调动。俗话说，“一朝天子一朝臣”，而乾隆则不然，他尽量利用老班子，推行新政策。27个月居丧期间，设总理事务处，由庄亲王允禄、果亲王允礼、鄂尔泰、张廷玉参与，这些都是雍正的旧人。他也起用自己的老师朱轼（不久去世），少年时的伴读福彭（此人是曹雪芹的表兄），年轻有为、颇有锋芒的讷亲以及老臣海望、徐本等协办总理处，而这些人也都是雍正重用的人。雍正鉴于自己兄弟争立的教训，防范周密，所以乾隆弟兄和前一辈皇子的情况大不相同，在藩邸时并无自己的私属。乾隆说：“今朕所用之人皆皇考所用之人。”③ 事实上，在雍正遗留的领导核心以外，乾隆也没有什么可以引进的亲信人物，除了“用人唯旧”以外，他别无选择。这倒避免了新旧之间的倾轧与摩擦，减少了推行政策的阻力。当然，旧人之间也有矛盾冲突，如鄂尔泰与张廷玉各立门户，但他们的势力、影响，丝毫不能妨碍皇帝的权威。乾隆操纵两派之上，暂时不做处

---

① 《清高宗实录》卷五，雍正十三年十月乙未。

② 同上书，卷一五，乾隆元年三月甲子。

③ 同上书，卷一六，乾隆元年四月戊辰。

理。后来，他逐步使亲王脱离实际政务，打击鄂、张的势力，重用自己的妻弟傅恒，才算冲破了雍正用人的圈子，形成人事方面的新格局，但那已到了乾隆十几年后，并非初政的范围了。

应当指出，乾隆虽多方面改变了雍正的政策，但其性质仍不超出纠偏补过的范围，并非全盘否定，彻底变革。雍正许多重要的、正确的政策措施，如地丁合一、耗羡归公、养廉银制度，虽也有人建议改变，但乾隆并未采纳，仍坚持实行。

一个杰出的统治者，不但要根据实际情况因时损益，制定政策，以自己拥有的全部权威扫清道路，使之贯彻，而且还要善于做思想论证，阐明自己政策的正确和必要，大张旗鼓地晓谕臣下和人民，努力使他们信服并付之执行。乾隆就是这样，他在位初期，不但成功地改变了雍正的某些政策措施，消除了积弊，并且提出“中道政治”和“宽严相济”的施政方针，为自己的政策转变制造根据，进行舆论宣传。他一上台就宣称，“治天下之道，贵得乎中，故宽则纠之以猛，猛则济之以宽”，“天下之理，惟有一中。中者无过不及，宽严并济之道也”①。他写的诗中也说：“一张一弛文武道，吾亦因之悟政要。”② 乾隆初年，讲了很多“宽严相济”的道理，反复阐述，不厌其详。乾隆不讳言自己“赋性宽缓”，但又说不能宽无边，要济之以严。有时候，他公开说“政尚宽大”，宽比严好。他在经筵讲章中发挥这个思想，“宽、信、敏、公，乃圣王治世之大本，而必以宽居首”，“圣王出治，舍宽其何以为敷政宁人之本哉”③。乾隆晚年时诗句中也说“政实宜宽弗宜猛”④。但在绝大多数场合，总是宽严并提，把两者看作因时而异、相辅相成的，“宽以济猛，猛以济宽，政是以和”⑤，这是乾隆认定进行统治的不二法门。

根据乾隆的说法，康雍乾三朝总的方针是一脉相承、并无差别的，但具体的政策措施，因时变异，各有特色。康熙的特点是

① 《清高宗实录》卷一四，乾隆元年三月乙巳。
② 《御制诗二集》卷七九《急雨口号》。
③ 《御制文初集·经筵御论》。
④ 《御制诗五集》卷四四《观张照书旧作冬夜煎茶之什》。
⑤ 《御制文初集·宽以得众》。

“宽”，到了晚年，臣下奉行不善，“宽”流于废弛，“昔我圣祖临御六十余年，政崇宽大，而内外臣工，奉行不善，怠玩成风，遂致办事暗藏弊端，国帑率多亏空”①。这样，雍正即位，不得不济之以“严”。“我皇考临御之初，见人心玩愒，诸事废弛，官吏不知公事，宵小不知畏法，势不得不加意整顿，以除积弊，乃诸臣误以圣心在于严厉，诸凡奉行不善，以致政令繁苛，每事刻核，大为闾阎之扰累。”② 乾隆说雍正的严是不得已的，是为了纠正康熙晚年宽纵之弊，而自己修正雍正的政策，同样出于不得已，“朕即位以来，深知从前奉行之不善，留心经理，不过欲减去繁苛，与民休息”③，“朕自嗣位以来，蠲免租赋，豁除赔累，裁革积弊，广增赦条，无非惠保良民，使得从容休息，衣食滋殖”④。因此，康熙、雍正、乾隆三代，总的制度方针并无变化，只是因时制宜，针对政治上这样或那样的弊端而采取或宽或严的措施，仅是“酌量调剂”而非“轻议更张”。他说，“朕仰承皇考贻谋远略，一切章程，惟有守而不失，间或法久弊生，随时斟酌调剂则可，若欲轻议更张，不独势有不可，亦朕之薄德，力有所不能”⑤。

清朝帝王十分重视“祖制”，标榜“敬天、法祖、勤政、爱民”四项信条，祖宗的制度是千万动不得的。本文前面谈到王士俊批评乾隆翻了雍正的案，这确是很严厉的指责，难怪乾隆要大发雷霆。其实，乾隆也不是要根本改变制度、政策，而只是纠偏除弊。“宽严相济”这一理论的提出已给乾隆大幅度的回旋余地去修改旧政策，制定新政策。所以乾隆再三强调自己继承祖父之业，“朕凡用人行政，皆以皇考为法，间有一二事酌量从宽之处，亦系遵奉皇考遗诏，并非故示优容”⑥。你看他多么孝顺，什么都按雍正的政策办理，稍有宽大措施，也是遵照父亲的遗命。这些话是为了答复像王士俊那样的反对势力，不给他们以非议的口实。

---

① 《清高宗实录》卷八六，乾隆四年二月丙戌。

②③ 同上书，卷一四，乾隆元年三月乙巳。

④ 同上书，卷一四，乾隆元年三月壬寅。

⑤ 同上书，卷一三六，乾隆六年二月乙巳。

⑥ 同上书，卷六二，乾隆三年二月壬辰。

什么是“宽大”？乾隆对此有所阐述。“宽大”就是要爱民，“与民休息”，去民之累，去民之扰。“所谓宽大者，乃爱养良民，俾无失所，求尽父母斯民之道耳”①，“为治之道，在于休养生民，而民之所以休养，在乎去其累民者，使其心宽然自得，以各谋其生、各安其业”②。他告诫臣下，要把宽大与废弛区别开来：“宽大之与废弛，判然不同。不顾民生，专务纷更，以矜于济者，外似振作，而实则废弛也。勤恤民隐，安静悃愊，以培元气者，乃非废弛，而真能振作也”③。又指出，对于贪官污吏、恶棍奸民是不能宽大的，对这类人宽大，就会造成政治混乱和生民不幸：“若谓贪官污吏，一切包容，恶棍奸民，概从宥释，以示宽大，是滋稂莠而妨嘉谷，纵虎狼而贼生灵，残忍酷虐，无过于此，尚何宽大之有”④。“恤民之与惩奸，二者原相济为用，欲恤民断不可不惩奸，而非惩奸又断不能恤民……务期宽严并济，惩劝兼施，洗因循之积弊，归平康之淳风。”⑤

乾隆很懂得：在纠正一种政治极端的时候，必须谨防另一种政治极端的产生。纠正雍正的苛严不算难，难的是要同时防止宽纵、因循的弊病抬头，重蹈康熙晚年的覆辙。在他即位以后两个月，政策刚开始放宽，就说：“观近日王大臣等所办事务，颇有迟延疏纵之处，想以朕宽大居心，诸臣办理，可以无事于整饬耶？此则不谅朕心而与朕用宽之意相左矣。”⑥ 以后，他经常告诫大臣们不要误解自己的宽大，“相率而趋于纵弛”：“若视朕之宽而一任属员欺蒙，百弊丛生，激朕将来有不得不严之势，恐非汝等大员及下臣民之福。诚使朕为宽大之主，而诸臣奉公守法，则朕可常用其宽，汝等可明知朕意。”⑦

“宽严相济”，这是乾隆总结了康熙、雍正几十年统治经验而得出的政治理论，也是他用以纠正雍正苛严作风的思想武器。乾隆统

---

① 《清高宗实录》卷七〇，乾隆三年六月乙酉。

②③ 同上书，卷一〇，乾隆元年正月丙申。

④ 同上书，卷七〇，乾隆三年六月乙酉。

⑤ 同上书，卷二〇三，乾隆八年十月乙亥。

⑥ 同上书，卷四，雍正十三年十月甲戌。

⑦ 同上书，卷一一，乾隆元年正月甲子。

治初期，他反复阐述、运用这一理论，开辟自己的政治道路，逐步形成了有别于康熙、雍正的统治格局和作风。乾隆一生的政治实践正体现了宽严相济、刚柔兼施的妙用。这种政治方针给他提供的行动自由的余地是很大的，并不会束缚住手脚。有时候，可以把政策放宽，一些事情，听其自然，不加干涉，使矛盾缓和，博得宽厚的好名声；有时候也可以严格整顿，雷厉风行，把螺丝拧紧。乾隆统治 60 年，诛杀大臣不少，处理贪污案件相当严厉，制造文字狱最多，镇压人民反抗更是不遗余力，充分显示专制统治的淫威。乾隆虽然标榜“宽大”，但还有“济之以严”作为补充，因此，在需要采取镇压手段的时候，他并不比其他封建统治者更加心慈手软。

乾隆中期以后，很少长篇大论阐述“宽严相济”的道理了，但这一思想一旦形成，会长久保持其影响。直到乾隆当皇帝的最后一年，即乾隆六十年，谕旨中还说：“朕办理庶狱，一秉大公，宽严相济。近年以来，刑政未免稍宽，今外省遂有馈送婪索之事，自系宽之所致，不得不纠之以严。”① 可见，“宽严相济”几乎和乾隆一代的施政相终始。研究我国 18 世纪的政治和朝廷的政策，必定会注意到带有一定变革精神的乾隆初政，而“宽严相济”的统治方针，形成于这一雍乾之际政策转变的过程之中，其影响颇为深远。对此应进一步探讨，以求更清楚地了解这一统治方针的产生、作用和精神实质。

① 《东华录》，乾隆六十年八月。

乾隆皇后之丧及有关的政治风波*

乾隆十三年（1748）三月十一日，从济南到德州的路上，皇帝东巡的仪仗、扈从匆匆北上，凤舆中的皇后富察氏病得奄奄一息。到了德州水次，皇后被抬上运河中御舟，即于深夜亥时崩逝。这一偶然事件却在政治生活中掀起很大波澜，犹如火山喷发，大地震颤，使皇族和官僚们措手不及，蒙受突然的灾难。

乾隆对结发妻子的感情极为深厚，夫妻恩爱，伉俪情深，一旦永诀，十分哀恸。虽万乘之君，亦不可能改变命运之神的安排，难以弥合精神上的创伤。他为皇后之死写了一篇《述悲赋》，其中说，“纵糟糠之未历，实同甘而共辛”，“影与形兮难去一，居忽忽兮如有失”，“信人生之如梦兮，了万事之皆虚。呜呼！悲莫悲兮生别离，失内佐兮孰予随”①。他的诗中说：“廿载同心成逝水，两眶血泪洒东风。”② 皇帝的哀思是深沉而真挚的，乾隆既是凌驾亿万人之上的君主，又是有血有肉，具有爱恨悲欢感情的普通人。皇后这次跟着皇太后和皇帝到山东巡幸，谒孔庙，登泰山，旅途劳顿，到济南感染风寒，休息了几天，病情略有好转，却过分匆忙地赶路回京，途中病情复发，遂至不起，酿成乾隆帝的终生憾事。此后，乾隆多次南巡，路过济南，怕触景生情，引起悲怀，永不进入济南城。乾隆三十年（1765），皇后已死去 17 年，第 4 次南巡，路过济南，绕城而行。乾隆写诗说：“济南四度不入城，恐防一入百悲生。春三月昔分偏剧，十七年过恨未平。”③ 乾隆对孝贤皇后（富察氏死后谥号孝

---

* 原载《清史研究通讯》，1986 年第 1 期。

① 《御制文初集》卷二四。

② 《御制诗二集》卷三《悼皇后》。

③ 《御制诗三集》卷四五《四依皇祖南巡过济南韵》。

贤）的感情是深挚而持久的。

孝贤皇后之死给了乾隆帝精神上极大的打击。可是，“祸不单行”，在这之前，皇后所生的两个儿子都先于其母去世，这两个儿子都很聪明，深得皇帝钟爱。一个是皇次子永琏，“聪明贵重，气宇不凡”，那时，老祖父雍正皇帝还在位，很喜欢这个孩子，“隐然示以承宗器之意”。乾隆登基后，很快按照雍正的立储办法，将永琏名字密藏于乾清宫正大光明匾额之后，“是永琏虽未行册立之礼，朕已命为皇太子矣”。不料，乾隆三年（1738）十月十二日，永琏猝患寒疾，当即死亡。孝贤皇后以后又生皇七子永琮，只长到两周岁，却“性成夙慧，岐嶷表异。出自正嫡，聪颖殊常”，虽然没有来得及秘密册立，但乾隆的思想中已默定这个孩子继承帝位。到乾隆十二年（1747）除夕，灾难临头，永琮出痘死亡。这对乾隆夫妇又是一次重大的刺激。孝贤皇后之死仅仅在永琮逝世以后70天，因此，皇后除了旅途的疲劳之外，丧失爱子的悲痛可能是更为重要的致病原因。

乾隆的家庭悲剧到皇后之死还没有结束。第二年，即乾隆十四年（1749），皇九子殇，这位皇子年幼庶出，对饱经家庭变故的乾隆影响尚不大。可是又过一年，即乾隆十五年（1750）三月十五日，皇长子永璜逝世。永璜系哲妃所生，乾隆并不喜欢他，但他毕竟是长子，而且长大成人，已23岁，生下皇长孙绵德，自然在乾隆的心绪上又增添了几分哀伤，所以他说：“朕近年屡遭哀悼之事，于至情实不能已。”①

乾隆帝中年丧偶，又失去几个儿子，如果事情仅止于此，那也是无数家庭中常常发生的悲剧，在历史的长河中无关宏旨。但由于皇后的丧葬事件引起了大官僚一连串的贬责、黜革甚至赐死，使乾隆初年相对平静的宦海突然掀起了波澜。朝廷的政策方针从“宽”趋“严”，向着新的统治格局和统治作风演变。

陷入极度悲痛的乾隆帝心情暴躁易怒，待人处事一反常态。第一个碰钉子的就是皇长子永璜，他年轻不懂事。因为死去的不是自己的生身母亲，没有哀伤的表示，乾隆责备他：“遇此大事，大阿哥

---

① 《清高宗实录》，乾隆十五年三月戊午。

竟茫然无措，于孝道礼仪，未克尽处甚多。”① 永璜被公开训饬，他的师傅、俺达受处分，其中和亲王弘昼、大学士来保、侍郎鄂容安各罚俸三年，其他师傅、俺达各罚俸一年。一个月以后乾隆发现皇后的册封文书，译为满文，误将“皇妣”译为“先太后”，乾隆勃然大怒，指责翰林院大不敬，特别指出，管理翰林院的刑部尚书阿克敦“心怀怨望”，交刑部治罪。其他刑部官员见皇帝盛怒，欲加重处分，拟绞监候。不料，暴怒的君王尚不满意，责备刑部“党同徇庇”，故意“宽纵”。将刑部全堂问罪，包括署理满尚书盛安、汉尚书汪由敦。侍郎勒尔森、钱陈群、兆惠、魏定国均革职留任，而阿克敦则照“大不敬”议罪，斩监候，秋后处决（后得赦）。这样严厉的处分使当时官僚们胆战心惊。

此后，大批官僚都被卷进因皇后丧葬而引起的政治旋涡中，五月间，工部因办理皇后册宝不敬，“制造甚属粗陋”，全堂问罪，侍郎索柱降三级，涂逢震降四级，其他尚书、侍郎从宽留任；光禄寺因置备皇后祭礼所用之饽饽、桌张“俱不洁净鲜明”，光禄寺卿增寿保、沈起元，少卿德尔弼、窦启瑛俱降级调用；礼部因册谥皇后，议礼舛误，“诸凡事务，每办理糊涂”，尚书海望、王安国降二级留任，其他堂官也分别受到处分。

因皇后丧葬而引起的贬革之风也刮到了外省。皇后之死，有些外省官员具折奏请赴京叩谒梓宫，这本来是表面文章，因为事实上外省官员各有职守，没有可能也不必要一齐来京服丧行礼。想不到乾隆对于那些没有具折奏请来京的官员，横加挑剔，特别对满人更加不满。他说：“盖旗员地分亲近，沐恩尤为深重。一遇皇后大事，义当号痛奔赴，以尽其哀慕难已之忱。即或以外廷不敢预宫闱之事，而思及朕躬当此事故，亦应奏请来京请安，庶君臣之谊，不致漠不相关也。”因此，各省满族的督抚、将军、提督、都统、总兵，凡是没有奏请赴京的，各降二级，或销去军功记录。这样受到处分的有两江总督尹继善、闽浙总督喀尔吉善、湖广总督塞楞额、漕督蕴著、

① 《清高宗实录》，乾隆十三年三月丙子。

浙江巡抚顾琮、江西巡抚开泰、河南巡抚硕色、安徽巡抚纳敏等 53 名满族文武大员。①

接着，风暴又袭入宫廷。两个年龄最大的皇子——大阿哥永璜、三阿哥永璋仍是由于没有表露哀伤的感情而遭斥责，皇帝的口气非常严厉。“试看大阿哥年已二十一岁，此次于皇后大事，伊一切举动尚堪入目乎？父母同幸山东，惟父一人回銮至京，稍具人子之心，当如何哀痛，乃大阿哥全不介意，只如照常当差，并无哀慕之忱……今看三阿哥亦不满意，年已十四岁，全无知识。此次皇后之事，伊于人子之道，毫不能尽……伊等俱系朕所生之子，似此不识大体，朕但深引愧而已，尚有何说！”永璜、永璋除了未尽人子之道以外，他们具体的罪状并没有说清楚。乾隆似乎回顾了康熙末年继承问题的教训，对永璜、永璋深具戒心，竟谈到立储续统问题，斩钉截铁地宣称：“此二人断不可承续大统…… 伊等如此不孝，朕以父子之情，不忍杀伊等，伊等当知保全之恩，安分度日……倘仍不知追悔，尚有非分妄想，则是自干重戾矣！……须知此一位，但可传一人，不可分传数人，若不自量，各怀异志，日后必至弟兄相杀而后止，与其令伊等弟兄相杀，不如朕为父者杀之……今满洲大臣内，如有具奏当于阿哥之内，选择一人立皇太子者，彼即系离间父子、惑乱国家之人，朕必将伊立行正法，断不宽贷。”②

这时，皇后之丧刚满百日，乾隆失去二、七两子以后，心目中并没有可以继承帝位的人。他方当盛年，健康极佳，继承问题并未提到日程上，而永璜、永璋年龄尚小，也并无争夺嗣位的举动。乾隆却对他们深恶痛绝一顿痛骂，狗血喷头，摒绝他们继承帝位的任何可能。这种过分的做法，似乎出于丧妻后过度悲恸所产生的一种变态心理。

百日丧满以后，风潮还在发展，这就是查究丧期内擅自剃发的案件。按满族旧习，帝后之丧，为表示哀思，官员在百日内不得剃发。七月间，发现山东沂州营都司姜兴汉、奉天锦州府知府金文淳

① 参见刘桂林：《孝贤皇后之死及丧葬余波》，载《故宫博物院院刊》，1981 年第 4 期。

② 《清高宗实录》，乾隆十三年六月甲戌。

在百日丧期内剃头。乾隆大发雷霆，声言丧期内剃头“祖制立即处斩。亦如进关时，令汉人薙发，不薙发者无不处斩之理”，姜兴汉、金文淳几乎被杀掉，只是后来发现违制剃头的大有人在。像盛京、杭州、宁夏、京口、凉州、四川的驻防满洲兵丁很多剃了发。这才饶赦了姜兴汉、金文淳的性命。其实，所谓“祖制”仅是暧昧不明的习惯，律例会典中并无明文记载，汉官甚至满员对此也不甚清楚。十多年前，雍正皇帝去世时，许多官员没有遵照习惯，丧期内即已剃发，朝廷并没有追究过问。这次乾隆却要追究了，不久又发现大官僚江南总河周学健和他所属的文武官员全都在百日内剃发。乾隆震怒，大骂周学健“丧心悖逆，不惟一己敢于犯法，并所属官弁同时效尤，弃常蔑礼，上下成风，深可骇异”①。还有许多大官僚丧期内并未剃发，却也受到牵连，如两江总督尹继善“知情不举”，被斥为“好名无耻之徒”；刑部尚书汪由敦与金文淳“谊属同乡，辈称前后”，金下狱时汪由敦给金以照顾，开锁迅速，汪被革职留任；江西巡抚开泰查抄周学健家产，乾隆警告他“若稍有回护袒庇之意，断不能保其首领”；大学士高斌将周学健押解至京，“伊素与周学健交好，或令周学健自尽，不得到京明正典刑，惟高斌是问”。这些官僚有不少是皇后丧葬案中第二次得罪了。更倒霉的是刑部尚书盛安，他未将金文淳斩立决而判为斩监候，乾隆认为是有意包庇，竟将盛安也判为斩监候，至于周学健本人，则因发现他还有贪污行为，于这年十一月赐令自尽。

其实，违制剃头的大官僚何止周学健一人，湖广总督塞楞额、湖南巡抚杨锡绂、湖北巡抚彭树葵也于百日内剃头。听说乾隆严厉追究此事，吓得战战兢兢。杨锡绂准备自行检举，以求减轻罪愆，塞楞额因是旗人，恐加重治罪，阻止杨锡绂自首，后来事情败露。乾隆的怒气更是火上加油，大骂塞楞额“丧心病狂，实非意想所及”，令其自尽，杨锡绂、彭树葵革职。

皇后死后的半年，因丧葬而掀起轩然大波，除上述的大官僚以外，还有江苏巡抚安宁被解任，罪名之一是“伊于孝贤皇后大事，

① 《清高宗实录》，乾隆十三年闰七月戊辰。

仅饰浮文，全无哀敬实意。伊系亲近旧仆，岂有如此漠不关心之理”①。这年冬至，翰林院撰拟皇后祭文，用“泉台”二字，乾隆又吹毛求疵，认为这两字用于常人尚可，“岂可加之皇后之尊”，大学士张廷玉以及阿克敦、德通、文保、程景伊等“全不留心检点，草率塞责，殊失敬理之义”②，俱罚俸一年。

因孝贤皇后的丧葬而引起的政治风波，震动极大，大臣们或被斥，或被降革，或被罚俸，或被赐死，形成前所未有的大案。乾隆初年，一向标榜宽大政治，“纯皇帝（乾隆）即位时，承宪皇帝（雍正）严肃之后，皆以宽大为政。罢开垦、停捐纳、重农桑、汰僧尼之诏累下，万民欢悦，颂声如雷。”③ 的确，乾隆初期处分大臣十分谨慎，不像后期动辄杀戮。乾隆十三年（1748）以前被处死的大员只有提督鄂善一人。乾隆六年（1741），鄂善被揭发贪污银 1 600 两，鄂善是亲信大臣，乾隆不忍杀他，“垂泪谕之，令其自尽”，有点“挥泪斩马谡”的味道。乾隆自己说：“降旨之后，心中戚戚，不能自释，如人身之失手足也。”④ 号称“宽大”的乾隆竟因皇后丧葬案件，处分大员 100 多人，小题大做，株连众多，量刑从严。这一偶然事件和皇帝恶劣的情绪在平静的宦海中竟搅起如许巨大的波澜，可见在封建统治之下，“人治”的作用很大，政治的发展很大程度以个人的意志为转移。专制皇帝的权威支配一切，没有可以制约和平衡的力量。他的反常情绪和任性放纵，有时会一发不可收拾，导致政治上的大灾难。

从孝贤皇后的丧葬事件，我们看到了个人的意志和情绪会对历史产生很大影响。乾隆十三年，官场遭到的灾祸显然是乾隆丧偶以后，极度悲痛，情绪恶劣，因而在烦恼焦躁中采取了过分严厉的惩罚措施。但是，对历史的研究不能到此止步，需要进一步探索的是，在自由意志和不正常情绪的背后是否潜伏着更为深刻的原因？乾隆

① 《清高宗实录》，乾隆十三年闰七月庚午。

② 同上书，乾隆十三年十月辛丑。

③ 昭梿：《啸亭杂录》卷一《纯皇初政》。

④ 《清高宗实录》，乾隆六年三月庚寅。

采取这些措施除了情绪的冲动之外，是否还有“理智”的考虑？过分的严刑峻法是在什么背景下发生的？它引起了什么影响和后果？

如果我们不满足于“悲痛心情下的极端措施”这一表面印象，而把视界进行拓展的话，就会注意到同年内正在进行征伐金川的战争。这是乾隆前期的第一次大规模战争。尽管当时海内富庶，国力鼎盛，金川之战却碰了大钉子，由于金川番民的顽强抵抗和地形崎岖、碉堡难攻等原因，清廷虽投入大量的兵力、财力，却劳师无功。关于这场战争的情形不能在本文中赘述。由于金川的失利，大批官僚将帅得罪，甚至被处死。皇后丧葬案和金川失利案，几乎同时掀起两股贬黜、杀戮大官僚的风潮，对当时的政界和社会造成极大的冲击。

因金川失利被处死的最重要的官僚是讷亲。他出身满族世家钮祜禄氏，属镶黄旗。他的姑姑是康熙的皇后，“讷亲贵戚勋旧，少侍禁近，受世宗知，以为可大用，迨高宗，恩眷尤厚”[1]。乾隆初，他授保和殿大学士、首席军机大臣，兼管吏部、户部，是一个炙手可热的大人物。金川事棘，他受命督师，刚到前线，即逢腊岭兵败。乾隆一反平昔的宠信态度，责骂讷亲畏葸贻误，于十四年（1749）正月将讷亲正法于四川军营。另一个被杀的是川陕总督张广泗，汉军镶红旗人，雍乾之际，他因平定苗疆立功，乾隆对他十分信任，赞誉他“目下精于戎行，能运筹制胜者，朕以为莫过于卿”。金川战败，张广泗被革职解京，十三年（1748）十二月处斩。还有一个论死的庆复，满洲镶黄旗人，国舅佟国维之子，隆科多之弟，历任两江、云贵、川陕总督。他是金川战争首开衅端的人，又谎报军情讳饰冒功。十三年下狱，十四年赐令自尽。其他因金川战争而被杀被贬的尚有总督纪山、班第，提督李质粹、袁士弼，总兵许应虎、宋宗璋、马良柱等大官僚和高级将领。

前线将帅应对战局负责，因金川之败而惩处指挥不当、战斗不力的将士本来是正常的。但处决讷亲、张广泗却罚非其罪，或罪轻罚重。金川战争，决策出兵、命将供饷以至具体的战斗都是乾隆遥

① 《清史稿》卷三〇一《讷亲》。

控的，讷亲并不熟习军务。他赶到前线在六月初九日，而腊岭之战开始于六月初，至六月十六日战败结束。讷亲猝至前敌，实际上也来不及去指挥腊岭战斗，怎能把战败的责任推到他身上？张广泗则了解金川战争的艰巨性，反对强攻硬拼，主张持久围困，但他的意见未被采纳。讷亲、张广泗、庆复都是金川败绩的替罪羊。这一年，乾隆家庭遭变，军事受挫，心情十分恶劣，故大批诛杀贬革大臣，约一年内被处死的大学士、总督、巡抚、提督等大员有塞楞额、周学健、常安（浙江巡抚，因贪污论绞）、讷亲、张广泗、庆复、李质粹等，被贬革者不计其数。这和他即位13年以来的宽大作风形成鲜明对照，就像他自己所说："朕御极之初，尝意至十三年时国家必有拂意之事，非计料所及者。自去年除夕，今年三月，迭遭变故（指皇七子永琮和孝贤皇后之死），而金川用兵，遂有讷亲、张广泗两人之案，辗转乖谬，至不可解免，实为大不称心。"①

把孝贤皇后的丧葬案和金川战争联系起来，可以看出：当时皇帝和大臣的关系十分紧张，这是皇权和官僚机器矛盾加剧的表现。而这一矛盾普遍存在于封建的政治史上，不过，它的表现形式和解决途径多种多样。乾隆前期，以皇后丧葬和金川失利为契机而爆发了皇权与官僚机器的冲突，这一普遍性矛盾在偶然的形式中表现出来，并带有浓重的个人情绪的色彩。

封建制度依靠庞大的官僚机构进行统治，而官僚机构总是伴随着贪污腐败、营私舞弊、矛盾倾轧、效率低下等不能根本克服的弊端，这种弊端又危及封建制度的长治久安。封建统治机器需要不断进行调整、清洗，以保持一定的素质和效能，这是符合统治阶级长远利益的。在高度的中央专制集权下，皇权至高无上，它既是官僚们的统治者、庇护者，又是监督、抑制、调整官僚机器最强大的力量。因此皇权和官僚机器，既相互依赖，又存在矛盾。君主为保持官僚机器遵照自己的意志而运转，必须经常进行整顿，以排除故障，洗涤积垢，防止失控。为保持君主的绝对权威，严刑峻法是必不可

① 《清高宗实录》，乾隆十三年十二月辛卯。

少的，重要的不在于用什么具体理由去惩罚官僚们，而在于牢固地掌握惩罚的权力，并毫不怜悯地付诸实施，就像驱使骏马飞奔，离不开御者的呼叱和鞭打一样。

从这种意义上说，康熙捉鳌拜、杀索额图，雍正处死年羹尧、隆科多，与乾隆在皇后丧葬和金川战争中处分大批官僚是属于同一范畴的事件。不管处分的理由正当或不正当，皇帝的思想情绪正常或不正常，一旦做出严厉的处分，就足以整肃群僚，震詟视听，收到冲刷官场积弊的效果。这就是为使骏马奔驰而必须采用的统治术，一切雄才大略的封建君主都懂得它，并善于运用它。

乾隆十三年（1748）官场掀起的风波，似乎是偶然的，因为它是皇帝在不良心情下过分处罚的结果，但在另一个层次上说，这种处罚又是皇权对官僚机器进行控制和整顿的表现，是解决两者之间矛盾的手段，因此，它又是必然性链条上的重要环节。在这里，必然性和偶然性相互联结。必然性以偶然性为其存在的躯壳，而偶然性的背后隐藏着必然的东西。

乾隆即位之初，为纠正雍正的苛严而政局宽大，在一定时期内放松了控制，但却带来了副作用，官僚机构逐渐废弛，贪污腐化现象滋长。乾隆很早就意识到了这一点，并对官僚们提出过警告，“若视朕之宽而一任属员欺蒙，百弊丛生，激朕将来有不得不严之势，恐非汝等大员及天下臣民之福”①。事态的发展就像乾隆预先指出的那样，吏治日益腐败，乾隆对官吏的惩治也随之加重，螺丝钉正在拧紧，朝廷的政策由宽大而趋于严厉。自从乾隆六年（1741），鄂善因贪污被赐死以后，乾隆对鄂尔泰、张廷玉两个势力最大的官僚集团特加贬抑。乾隆七年（1742），因御史仲永擅自泄露机密，进行追究，将鄂尔泰交部议处，其子鄂容安被革职。乾隆八年（1743），因谢济世案件，湖南全省大官僚均被革职，包括巡抚、藩司、臬司以及湖广总督。乾隆九年（1744）顺天乡试，查获许多人夹带作弊，谕令“科场怀挟之弊甚多，势不得不严行搜检”。乾隆十一年

① 《清高宗实录》，乾隆元年正月甲子。

(1746)，各地抗粮闹赈事件激增，乾隆认为“民风日刁”，加强了镇压，并责怪官僚们“似此懈怠废弛，盗风何由宁息”，将安徽省自乾隆元年（1736）以来任臬司者，均交部察议。乾隆十一年（1746），为了整顿日益废弛的官场和营伍，命讷亲南下巡视。这年，乾隆发现各省亏空甚多，“朕观近年来亏空渐炽，如奉天府霍备任内，则有荣大成等五案，山西则有刘廷诏之案……揆厥由来，实缘该管上司，见朕办理诸事，往往从宽，遂一以纵弛为得体”[①]。在乾隆的心目中，实行宽大政策已产生了流弊，官僚机器不适应统治的需要，他对现职的大官僚失去了信任，雷厉风行地进行整顿已是刻不容缓的要务。以上所举乾隆十三年（1748）以前的一系列事件，已显示了政策的渐趋严峻，对官僚们的处罚越来越加重。皇后丧葬和金川战争刺激乾隆采取更加极端的手段，促进和加速了政策从宽到严的趋势。正好像在许多次小地震以后，终于爆发了一场八级大地震一样。

以皇后丧葬和金川战争为契机而对官场的整顿，产生了重要的后果，这就是加快了廷臣的换班和两代人的权力交替。乾隆初年，所用大臣都是雍正遗留下来的老臣，如允禄、鄂尔泰、张廷玉、海望、来保、阿克敦、张广泗等，连最年轻、最有权力的讷亲也是雍正特别选拔上来的。乾隆整顿吏治的锋芒正是针对这些旧人和老臣，他擢用了一批新人以代替旧臣，其中最重要的就是孝贤皇后的弟弟傅恒，还有乾隆的亲信侍卫，如舒赫德、兆惠、富德、明瑞、阿桂等人，正是依靠这批新进的年轻人，不久以后完成了平定准噶尔和回部的业绩，开拓了乾隆中期的统治格局。

乾隆十三年孝贤皇后的丧葬和金川战争失利所掀起的政治风波，值得引起研究者的注意。因为它反映了皇权控制和整顿官僚机器的一种形式，显示了拥有至上权威的专制君主的意志和情绪会对历史产生很大影响，并且它又展现了18世纪中叶清廷政策演变的趋势以及当时政治舞台上崛起的一代新人。这些对理解清代政治史的发展是有重要意义的。

---

① 《清高宗实录》，乾隆十二年四月丙戌。

一场得不偿失的战争*

——论乾隆朝金川之役

金川战争发生于清代乾隆年间，列名于“十全武功”之内，是清王朝对聚居于四川西部高山上的藏族部落的征讨。这场战争距今已有二百数十年，在现实生活中，它的形象已经淡褪，人们几乎已经忘记了它。但它却是18世纪内时间最长、耗费最大、动员兵力最多的一次战争。战争的起因、经过、结局很特殊。在不应该也不需要进行战争的时候，清王朝却点燃起了战争的烽火，从小规模的惩罚措施逐步升级，变成大规模的征讨屠杀。清朝调兵远地，转饷数千里，狮子搏兔，竭尽全力，去讨伐地不过数百里、人不过数万口的边远部落。顿兵坚碉之下，劳师靡饷，损兵折将，屡遭挫折，最后虽然勉强取得了胜利，但力量耗损，元气大伤，付出的代价极其高昂。这是一场得不偿失的战争。

金川战争，一共进行了两次。第一次发生于乾隆十二年（1747）至十四年（1749），清朝动用几万大军、2 000万两军饷，先后由四川总督庆复、云贵总督张广泗和首席军机大臣、大学士讷亲任统帅，不料在弹丸之地的大金川却遭到猛烈抵抗。清军丧师失律，未得进展。乾隆帝震怒之下，杀庆复、张广泗、讷亲，制造了清朝历史上诛杀大臣的突出事件，但战局仍无起色。清廷无奈，只好与大金川言和，大金川名义上称臣纳贡，受朝廷约束，清朝在政治上保全了面子，大金川则保存了实力和影响，在川西诸土司中最为强大。矛盾暂搁置在一边，但这种暂时的妥协并没有解决问题，20多年以后，矛盾又激化，清朝与金川再一次兵戎相见。

---

* 原载《历史研究》，1993年第3期，与华立合撰。

第二次金川战争发生于乾隆三十六年（1771）至四十一年（1776），时间更长，规模更大。两军在高山严寒地区进行长期的激烈战斗。其间经过木果木战役，清军惨败，统帅殒身。但清军重整旗鼓，用尽全力，最后平定了金川。乾隆帝感慨地说："平伊犁，定回部，其事大矣！然费帑不及三千万，成功不过五年。兹两金川小寇，地不逾五百里，人不满三万众，而费帑至七千万，成功亦迟至五年"①。

金川战争为什么进行得那样艰难？在有限的地域内，敌方力量如此弱小，而清朝用力却如此之大，耗费之巨，出兵之多，居于"十全武功"之首。魏源在《圣武记》一书中曾经写过如下的话："初，乾隆二十年，平准、回两部，辟地二万余里，用兵五年，用帑银三千万余两。金川地仅千里，不及准、回两部十之一二，而用兵亦五年，用帑银至七千万，功半而事倍者，则以天时之多雨久雪，地势之万夫莫前，人心之同恶誓死，兼三难而有之。"② 魏源所说影响金川战争的三个重要因素，即天时、地势、人心是很合乎实际的。尽管清朝在军事上、经济上占压倒优势，但天时不利，地势险峻，金川兵民团结奋战，力抗强敌，使清军难得寸进，战争拖延下去，成旷日持久之势，这是清朝统治者始料不及的。

我们且看看影响金川战争的这三个重要因素。

一是天时。金川在四川西部，境内两水，一为大金川（促浸），一为小金川（攒拉）。大金川的下游即大渡河。该地山高林深，水流湍急，高处海拔4 500米，气候寒冷，积雪不化。长年间不是飞雪就是下雨，罕有晴朗之日。据《嘉庆重修一统志》记载，该处"多寒少暑，春夏雨雪，经旬累月，罕有晴时。每雨则霹雳大作，电光中皆有声。至八九月间，始得晴霁。隆冬积雪丈余，山谷弥漫，坚冰凝结，道路不通"③。一遇大雨大雪，清军行动困难，行军、打仗、运粮几乎全都停顿。例如，清军在喇穆喇穆作战时，"数日来，

① 《平定两金川告成太学碑文》。

② 魏源：《圣武记》卷七《再定两金川土司记》。

③ 《嘉庆重修一统志》卷四二三《懋功屯务厅》。

雨雪连绵，层冰冻滑，官兵立脚为难”①，又在谷噶进攻时，“此时积雪满山，若遽督率进攻，断难望其得力”②。在这种情况下，战斗被迫停止，清军不得不耐着性子等候一个好天气。还有些险峻的山峦，不要说打仗，连走路也十分困难。士兵夫役稍有不慎就会跌落山谷而负伤以至殒命。如有一处名叫日拉尔的山峰，“山势本为陡峻，气候更加凛冽。自山脚以至山顶，一望皆雪，且行至山腰，即有非常之风。运粮道路，冰雪凝结，甚为险滑。虽随时开出阶梯，不过一半日，一经人迹行走，或大雪迷复，仍复掩没。是以运粮人夫，或冒寒成病，或失足跌伤者。即如梭洛柏古番民，较之内地民人最为耐寒，且善于登山。而初十日派往运米之人，亦跌毙二名，跌伤一名”③。在这样严酷的气候下，清军行动困难，使战争变得极为艰苦。

二是地势。金川地区，跬步皆山，到处悬崖峭壁，急流险滩，道路难通。金川人善于修建石碉，开山劈石，就地取材，到处修筑起碉堡群，形成坚固的防御体系。“其岭上，大碉既坚，而仄路中，凡有峰峦突起之处，贼人无不修建碉卡，层次林立，抵死拒守。”④号称雍乾之际名将的张广泗奉旨督师，他初入金川时，目睹石碉之坚，触目惊心，向皇帝报告：

> 臣自入番境，经由各地，所见尺寸皆山，陡峻无比。隘口处所，则设有碉楼，累石如小城，中峙一最高者，状如浮图，或八九丈、十余丈，甚至有十五六丈者。四围高下皆有小孔，以资瞭望，以施枪炮。险要尤甚之处，设碉倍加坚固，名曰战碉。此凡属番境皆然，而金川地势尤险，碉楼更多。至攻碉之法，或穴地道，以轰地雷；或挖墙孔，以施火炮；或围绝水道，以坐困之。种种设法，本皆易于防范，可一用而不可再施。且上年进攻瞻对，已尽为番夷所悉，逆酋皆早为预备，或于碉外掘壕，或于碉内积

① 《平定两金川方略》卷八九，乾隆三十九年二月，阿桂奏。

② 同上书，卷七六，乾隆三十八年十月，阿桂奏。

③ 《宫中档乾隆朝奏折》三十七辑，刘秉括奏。

④ 《平定两金川方略》卷二四，温福奏。

> 水，或护碉加筑护墙。地势本居至险，防御又极周密。营中向有子母、劈山等炮，仅可御敌，不足攻碉……以之攻碉，若击中碉墙腰腹，仍屹立不动，惟击中碉顶，则可去石数块，或竟有击穿者。贼虽颇怀震惧，然却瓮补如故。①

在这种险峻地形上的坚固工事面前，清军碰得头破血流，正面攻碉十分艰难，“石碉本为坚固，而山形如脊，两面箐林丛密，尤未易径行抢扑”②。一般攻碉时，先以火炮连续轰击，在火力掩护下，派兵接近石碉，拆墙填壕，冲锋突前，进行肉搏。而金川番民在碉内掷石放枪，竭力抵抗。这样强攻硬打，清兵往往伤亡极大，遇到坚固的石碉群，围攻几个月，尚不能攻克，故清军视攻碉为畏途。连急于求胜的乾隆帝也深知正面攻碉之非计。他说：“朕意总以为攻取要策必为避其碉卡，越道而进，使贼人失其凭恃。”③ 并告诫前线将领“不可令官兵轻率扑碉，致损锐气”④。

三是人心。金川人口少，据乾隆帝说，两金川仅有3万人。但全属藏族，均信藏传佛教，团结力甚强，且勇敢善战，其男子“自十二岁以上，皆腰插短刀，习枪矛弩箭”⑤。大敌当前，万众一心，抗阻清军，表现出坚定的意志和强韧的战斗力。加上清廷采取拒降杀降的残酷政策，逼得金川人求生无路，只得以死相拼。乾隆帝曾公开告诉将领，不许金川投降：“僧格桑（指小金川领袖）顽梗逆命，情罪实为可恶，断不可允其所请（时僧格桑遣人在营前跪禀，乞求投降）。逆酋若至军营求告，即当就势擒拿，选派侍卫及文武干员解送京师，尽法处治。所谓兵不厌诈，断不可拘拘于抚夷小信及不杀降人之常说，以至误事。”⑥ 困兽犹斗，清朝的错误政策加强了金川人抵抗到底的决心。我们且看看金川人民在绝望之中如何挣扎苦斗。当清兵经过长期围攻，最后冲进碉堡时，金川人死守不退，“碉底

① 《平定两金川方略》卷三，乾隆十二年九月，张广泗奏。
② 同上书，卷九九，乾隆三十九年七月，阿桂奏。
③ 同上书，卷九，乾隆三十六年十一月，上谕。
④ 同上书，卷一〇七，乾隆三十九年十月，上谕。
⑤ 《嘉庆重修一统志》卷四二三《懋功屯务厅》。
⑥ 《平定两金川方略》卷一〇，乾隆三十六年十一月，上谕。

挖有地窖藏身，即于地窖内攒枪上打。其在碉顶之贼，抛石下掷，势如风雨。且寨内窄狭，多兵难于施展。自寅至卯，贼人抵死不动，恐致多有伤损，当将官兵徐徐撤下。查贼人实因灭亡在即，步步为死守之计，其丑类较前更多，其预备更为严密。臣等不胜焦急忿恨”①。

清军的士气、纪律与战斗力和金川兵形成鲜明的对照。清军都是从各省调集的绿营兵，素质极差。乾隆帝骂他们“无能之绿营兵众，率皆畏葸观望。领兵将弁，又不知督策向前，一遇贼至，辄尔动摇奔溃”②。因此，金川兵能够以寡敌众，以弱胜强。

清王朝在天时、地势、人心三方面均居于不利地位，故金川战争劳师靡饷，久而无功。清朝对这些情况早就觉察到了，特别是第一次金川战争以后，清朝碰了很大的钉子，出师不利，因而杀掉了首席军机大臣讷亲、名将张广泗、总督庆复，而不得不与金川停战言和。当时，乾隆帝考虑了各种不利因素，知难而退，决定停战休兵。他说：金川用兵两年，“经费实已难乎为继矣。金川小丑，朕本非利其土地人民，亦非喜开边衅……且入夏雨多，进取非便，而京兵不耐水土，又岂能暴露蛮荒，驻待秋晴攻剿。况以帑藏之脂膏，供不赀之糜费，尤为非计……不若明下诏旨，息事宁人，专意休养，亦未始非两阶干羽之遗意”③。应该说，对金川招抚言和是明智之举。后来的种种事实证明，金川犹如无底洞，即使投入大量兵力财力，亦难收功效，而一场旷日持久的战争，势将耗尽清朝的国力。由于第一次金川战争及时言和，很快结束，清朝得以养精蓄锐，积聚力量。而准噶尔这时连年内讧，势力大衰。清朝则财库充盈，兵强马壮，遂得抓住时机，出师西征，所向克捷，平定准噶尔与回部，巩固、保卫了西部边疆。如果在金川战争中继续纠缠，势必精疲力竭，难以腾出手来去完成平准、平回的重大业绩。

但是，时隔20多年，当平准、平回战争获胜以后，志得意满的乾隆帝似乎忘记了第一次金川战争的经历，忘记了自己说过的“以

---

① 《平定两金川方略》卷一〇四，乾隆三十九年九月，阿桂等奏。

② 同上书，卷一一，乾隆三十六年十一月，上谕。

③ 《清实录》，乾隆十三年十二月。

帑藏之脂膏，供不赀之糜费”的深刻教训。又于乾隆三十六年（1771）再一次用兵金川，重蹈覆辙。

清廷为什么没有考虑第一次金川战争的教训？为什么在已经体面地从金川脱身以后20多年又一次陷入泥淖？是什么力量推动它去进行第二次金川战争？

情况是相当复杂的，有许多因素决定着第二次金川战争的爆发。当战争开始时，清廷的处境、力量、心态与20多年前是很不相同的。

首先，金川的地位比20多年前更为重要了。乾隆十五年（1750），西藏发生那木札勒叛乱，在西藏亲近中央势力的努力下，叛乱很快被平定。此后，清廷更积极地经营西藏，颁布《西藏善后章程》，扶植和巩固达赖喇嘛的地位，增加驻兵，加强驻藏大臣的权力，西藏与内地的经济、文化交流更加密切。金川虽属边远山区，但离打箭炉不远，此处是通往西藏的交通要道，清廷希望保持这个地区的安定局面，使通往西藏的道路畅通无阻，密切注视着该地土司力量的消长，难以容忍金川的跋扈不驯。当然，这一点仅是促使清廷关心该地区的一个因素，尚非大举出兵金川的充足理由。因为金川地小人寡，当地土司力量分立对峙，无人能统一号令其众，它的行动受到各土司的牵掣。如果它盘踞当地，如猛虎在山，占着天时、地势、人心的优势，可以给进攻的清朝军队制造很大困难。但如果离开了山高林密的据点，反守为攻，派兵出征，易地作战，就完全失去自己的优势，根本不具备进攻的力量和条件，不能对内地造成危害，甚至也不足以威胁进藏的通道。因为打箭炉距金川亦有数百里，只要清廷对各土司驾驭得宜，并在该地加强防御，金川也没有进攻打箭炉的力量。

第二次金川战争爆发的更重要的原因是：清朝实力的增长，反映到统治者的思想中就是好大喜功、穷兵黩武倾向的抬头。这时，准噶尔、回部已经平定，清廷在几次大战役中大获全胜，开疆拓土，巩固了国家的统一，立下了前史罕见的巨大功勋。统治者被胜利冲昏了头脑，以为“天朝上国”，何事不可为？何求不能得？全国之大，金川之小，力量对比悬殊，这一力量对比的表面现象，使清廷的高傲心态达到了顶点，过低估计了战争的困难和金川民众抵抗的决心，忘掉了第一次金川战争的教训，而敢于再次发动战争。

应该说，清廷在平准、平回之后，黩武主义的倾向并不只表现在第二次金川战争上。在此之前，乾隆三十一年（1766）清廷对缅甸进行征讨，历时亦5年，先后调兵6万，耗帑银1 300万两，规模虽逊于金川战争，而受挫之严重，更有过之。缅甸战争，其始不过是边境骚扰，而边将欲开衅端，夸大情况，怂恿发兵，以邀功贪赏。故清廷在并非必须大动干戈的场合，贸然兴师，大举征缅，而天时、地势、人心均极不利，情况与金川战争如出一辙。清军入缅，不能适应热带丛林的气候与瘴疠，战斗屡次失利。历任统帅均殒命，云贵总督杨应琚因兵败赐令自尽；将军明瑞率军深入缅甸，被切断后路，全军覆没，战死异国；大学士傅恒督师缅境，战斗僵持，劳师无功，身染重病，不得已撤兵，回国后病故。当乾隆帝决定出兵缅甸时，挟战胜准噶尔、回部之余威，踌躇满志，绝没有想到征缅的困难程度。他声称，缅甸“野性难驯，敢于扰害边境，非大加惩创，无以警凶顽而申国法。刘藻（云南巡抚）等既经派兵进剿，必当穷力追擒，捣其巢穴，务使根株尽绝，边徼肃清”①。乾隆帝为了保卫国家领土，使用武力是正当的，但他为了对付边境骚扰，提出“捣其巢穴，务使根株尽绝”，事实上，清军不可能也不必要做到这一点。乾隆帝还告诫：“恐刘藻拘于书生之见，意存姑息，仅以驱逐出境，畏威逃窜，遂尔苟且了事。”乾隆帝提出了一个不切实际的战略目标，动员大军进入缅甸，使本来容易解决的边境冲突演化成一场灾难性的战争，最后损兵折将，仍不得不撤兵守边，与缅甸交涉议和。缅甸战争表现了乾隆帝在平定准、回之后的黩武主义心态，结果碰了很大钉子，而金川战争则是这种心态的又一次暴露。这两次战争的起因与后果均相类似，不过，前者是与外国缅甸作战，而后者则是对付国内的少数民族。

金川战争起因于当地诸土司部落之间的内部争斗与互相吞并。

---

① 《清实录》，乾隆三十年十二月。

川西地区居住着许多藏族部落，除大金川、小金川以外，尚有绰斯甲布、革布什咱、巴旺、党坝、鄂克什、从噶克、梭磨、卓克基、杂谷、明正诸土司。各部落之间既互为婚姻，贸易往来，又倾轧争夺，竞相雄长。这种部落战争本是少数民族中司空见惯的现象，中央朝廷一向听其自然，最多只进行调解，而自己并不卷入其中。就像一位官吏所说："此等蛮触相争，只宜分防边隘，遣派干员排解，使其互相牵制，就我鞭箠。"① 后来，大金川的势力日益强大，侵凌其他土司，占据革布什咱，势将打破该地区传统的力量均势。乾隆二十三年（1758）四川总督开泰建议：介入该地的部落冲突。他认为：大金川并吞革布什咱，破坏了当地的安定。"革布什咱界连明正土司，若为金川久据，则不惟巴旺与小金川势颇危迫，即明正亦须时加防范，殊为阻碍。番性顽劣，既非言语所能速化，而伊等互斗之事，又未便遽用内地兵力。臣等详细筹计，惟有驾驭各土司，令其以番攻番。"② 这一政策得到了乾隆帝的认可，从此，川西土司争斗的形势为之一变，从大金川攻打周围弱小土司变成清廷组织和支持诸土司联合抗击大金川。清廷尚不愿参与这类地区冲突，故并不直接出兵，以为利用其他土司的力量足以遏制大金川，但实际上这种"以番制番"的政策却正在牵引着清廷身不由己地走向大规模战争。

在清廷的号召、支持下，明正、巴旺、绰斯甲布联合进攻大金川，大金川战败，退出革布什咱。由此可见，金川兵离开本乡，作战于附近部落内，即已失去优势，力量不能发挥，几处土司联合防御，已可挫其锋芒。金川问题，对清朝来说，根本不成为严重威胁，以后的大规模战争，不过是在错误方针的引导下，把人力财力虚掷于无用的地方。

不幸的是，诸土司联合抵抗的微小胜利，刺激起了清王朝剪灭大金川的巨大欲望。乾隆帝指示说："金川原属不安分土司，若众土司等能协力除之，而分其地于番境，转可久远相安，正不必以滋衅不已为虑。第此等机宜，自不便于明谕，宜密饬文武各员，微示其

---

① 《平定两金川方略》卷一，乾隆二十年七月，黄廷桂奏。

② 同上书，卷一，乾隆三十三年五月，开泰、岳钟璜奏。

意于众土司，俾其知所从事。”“看来革布什咱等与金川相持不下，不过欲众分金川之地。郎卡（大金川领袖，死后由其子索诺木继承）盘踞金川，终非善策。如果能协力瓜分，正可听其自然，所谓‘以番攻番’之一策也。”① 这一指示，使川西斗争的态势又一次发生变化，以前是大金川侵凌其他土司，在众土司的土地上作战，大金川是进攻的一方；现在是众土司在清朝的教唆下为瓜分大金川而战，战斗在大金川的土地上，大金川成为防御的一方。攻守易势，投入的兵力和战斗的结果很不相同，形势更加复杂化。众土司在清朝指使下，对大金川合围、孤立、进攻，此后几年间，战斗频繁，迄无宁息。

在川西的部落冲突中，清政府开始只躲在幕后，暗中唆使众土司进攻大金川，以后为了鼓励众土司出力，公开出面，给众土司奖励赏赐。乾隆帝说，“以番攻番，自是乘机善策。九土司等果能齐心协剿，其势实有可图，但各土司未经明白传谕，未免尚存迟疑之见”，命令四川官员向土司们宣布消灭大金川的意旨，“尔土司等果能殄灭此酋，所有金川之地，就各番寨所近，即令分析划界管理。如此开导土司等，既可剪灭仇雠，又得增开疆土，自必倍加勇跃”，并且“时为策励，酌加赏恤，以致其勇往”②。

清廷指望假手众土司，消灭大金川，自己不费吹灰之力而坐享其成。它的算盘打错了，这种“以番攻番”的政策，加剧了川西地区的矛盾，使形势更加复杂化，而清廷为了求胜，越来越多地介入地区冲突，公开发号施令，实际上是把自己拴在飞驰的战车上，奔向大规模战争的无底深渊。

事态发展至此，尚有可以转圜的余地。大金川战事频仍，究竟寡不敌众，疲于奔命。“金川番民，本为有限。兹各土司四面围攻，男丁轮防碉卡，妇女背运口粮，迄无休息。”③ 大金川土司郎卡再三恳求清廷停战，态度很恭顺，番民焚香跪接清吏，郎卡禀告：“伊本

---

① 《平定两金川方略》卷一，乾隆三十四年四月，上谕。
② 同上书，卷三，乾隆三十九年八月，上谕。
③ 同上书，卷四，乾隆三十年二月。

天朝土司，惟与众土司不和，众土司因将不法之事，向内地父母官前控告。如今只未作主割断，伊惟恪遵吩咐，丝毫不敢多事。”① 表示愿意退还所侵占的众土司的土地、人口，“情愿顶经设誓，甘心改过”。不管郎卡求和是否出于诚意，但他畏惧清廷，不敢公开对抗是很显然的。如果清廷接受其请求，善于处理，秉公调解众土司的纠纷，那么，金川地区的和平可能恢复和维持下去，不至演变成一场大战。但乾隆帝拒绝郎卡的和平要求，以为大金川不日可以平灭，指示四川官吏“不必二三其意，仍持前议，久而不懈，自可成功。况又无甚大费，莫为属员了事将就之议”②。故川西土司之间的战争，在清廷的导演和支持下，一直在进行着。

出乎清廷意料的是，数年战争，大金川并未削弱，反而越战越强。乾隆三十一年（1766），大金川进攻党坝之额碉，巴旺之卡卡角，大获全胜。土司联军其志不一，有的土司本和大金川有姻亲关系，在清廷催促下不得不出兵，更消极观望，不肯出力；有的土司索性与大金川串通一气，把粮食弹药卖给大金川，把清廷的意图告知大金川，使清廷陷入很尴尬的局面。乾隆帝不得不承认“以番攻番”政策的破产，他说：“九土司会攻金川一事，相持已将数载，尚无就绪，兹询之岳钟璜，亦未有善策。以番攻番之计，似难责效。”③

金川地区的矛盾仍在继续发展，尽管清廷小心翼翼地避免军事介入，但它既执行“以番攻番”政策，以后就难以置身事外，坐视众土司被金川击败。乾隆三十五年（1770）局势恶化，战火更炽。这时力量的组合发生了变化，从前相互敌对的大金川和小金川握手言欢，并肩作战，一起进攻革布什咱、鄂克什、明正等土司，诸土司自身的力量已不能抵御大小金川的凌厉攻势，为了保护诸土司不被金川消灭，清廷只好违反初衷，派兵 5 000，“不得不临以内地兵威，设法掩杀，以挫其气”。原本指望以众土司之力平灭大金川，现在不得不派兵保护众土司，清廷由于政策错误，身不由己地动用武力，从此揭开了第二次金川战争的序幕。

---

①② 《平定两金川方略》卷二，乾隆二十六年四月，开泰、岳钟璜奏。

③ 同上书，卷四，乾隆三十年六月。

如果为了保护众土司，防守要隘，协助作战，则出兵5 000，已可阻止两金川的进攻。但乾隆帝过高地估计这5 000军队的力量，以为既已动用军队，不应只限于防御，而应发动进攻，以5 000兵力平灭两金川，固无可能，但如果只平灭较弱的小金川，则兵力似已够用。因此，他责成前线将领，务必攻克小金川的据点美诺，擒获小金川土司僧格桑，“捣其巢穴，务擒凶渠……切不可因其窘急求宥，辄事调停定局，致养痈贻患也”①，至于大金川的难于攻打，乾隆帝是领教过的。20多年之前的第一次金川战争，动用大量兵力，结果损兵折将，并未奏效。几年前，在清廷主持下的众土司联军亦以失败告终。乾隆帝认为，对小金川进攻，就是对大金川的震慑，“惟将小金川上紧攻剿，擒获凶渠，削平其地，则金川（指大金川）自必闻风畏惧，不敢复行梗化，办理之法，无有逾于此者”②。

平灭小金川，威慑大金川，是第二次金川战争开始时乾隆帝的战略目标，但这仅是一厢情愿。他最初只派5 000军队，以之守护众土司，尚可维持局面，以之进攻金川，即使只进攻小金川，兵力也是远远不够的。小金川虽然力量较弱，道路较近，但同样是高山难越，坚碉难攻。当实际进攻开始，战斗十分艰苦，兵力不敷分配，要达到扫穴擒渠的目标，就势必要添兵增饷，扩大战争的规模。最初主持战事的四川总督阿尔泰亲历战地，了解情形，提出不同意见。他认为攻打金川“需兵既多，糜费愈重”，而且两金川勾结紧密，难以分化，不能只打小金川，不打大金川。故而主张在众土司要隘之地，派兵协助防御，遏制两金川的攻势，而仍以议和结局。这一意见遭到乾隆帝的严厉批驳：

小金川因金川（指大金川）与革布什咱相仇，敢于效尤滋事，其情甚为可恶。就两处情形而论，亦判然不同。朕意宜先办小金川，擒其凶渠，治以重罪，则金川（指大金川）自当闻风畏惧，敛迹归巢，斯为一举两得，阿尔泰何竟见不及此……剿擒僧格桑（小金川领袖），相机而行，务在必得，此事方能完局，岂可稍涉

①② 《平定两金川方略》卷六，乾隆三十六年七月。

游移耶！……今乃云酌拨兵练，防御明正要隘，倘再肆滋扰，一面相机办理等语，更属非是。试思僧格桑去岁甫受约束，曾未逾年，复攻围鄂克什，且又侵及明正土司，即宜兴师问罪，以儆凶顽，尚何所用其迟疑缓待，必欲纵令鸱张，坐贻养痈之患耶？阿尔泰久任封疆，不应不晓事若此。至金川形势险隘，非小金川可比，原不便轻率用兵。且果能将小金川严办，示之炯戒，则索诺木（大金川领袖）自当闻风知畏，不待剿而自退，何至虑及一并用兵，需兵多而糜费重？阿尔泰岂全未审度事理重轻，惟急于完事卸责乎！阿尔泰著传旨严行申饬。①

封建专制时代，皇帝的意志是不可违拗的金科玉律，不同的意见被压制下去，清廷沿着错误的道路走下去，终于付出巨大的代价。用5 000兵力，达到平灭小金川的战略目标是不可能的。皇帝既然不肯降低战略目标，必欲擒杀僧格桑，就不能不增加兵力。当阿尔泰与各方面筹商兵力饷项时，皇帝极不耐烦，对阿尔泰非常不满，认为他犹豫迁延，贻误战机，再次下谕：

进剿汉土兵练，或有不敷，即当早为筹拨，如成都满兵、川省绿营，皆可酌量调派。阿尔泰既不能预筹及此，转以兵力应否增添，商之提臣酌办，尤为可笑！督臣统辖全省军务，即提督亦听其节制，有何顾虑，而以添兵之事，委之提臣，致往返迁延乎！又所称余茶息银，不敷克用，更为不晓事体。既遇此等夷疆要务，即当通盘筹画，裕饷济师。朕于各省军民要务，即所费较多，从不稍为靳惜，亦并未曾以此加罪于人。阿尔泰身为大臣，宁不知之？不宜识见卑鄙至此，著传谕严行申饬。②

这道谕旨为添兵增饷，发动大规模进攻开放了绿灯，于是川西的土司纠纷升级成为全国性的军事讨伐。乾隆三十六年（1771）九月，清兵已增至1万人。朝廷还在大批调动军队，派温福为定边将军，率兵入川，统辖前线军务。乾隆三十七年（1772）初，兵力已

① 《平定两金川方略》卷六，乾隆三十六年七月。
② 同上书，乾隆三十六年八月。

增至2万，战事尚无进展，还在调兵遣将，至五月间，已调陕甘兵、贵州兵合之四川绿营土练，不下六七万人。如果加上运送粮食弹药的夫役，人数达十余万，接近两金川全部人口的四倍。真可谓狮子搏兔，用尽了全力。

为了稳定川西局势，消解土司纷争，是否值得这样大动干戈？确是大有疑问的。当时朝廷内和军营中主张招抚议和者大有人在，但乾隆帝刚愎自用，一旦做了决定，不肯认错改辙，对于不同意见，概不采纳。并且为了钳制反对者之口，严刑峻法，滥施淫威。四川总督阿尔泰成为牺牲品，乾隆帝对他屡加申饬，后来索性将川西糜烂的责任推到阿尔泰身上，说他“存姑息完局之见，种种不合机宜，甚不满朕意”①，两金川之事即由阿尔泰“因循姑息，办理软弱，酿成事端”，还罗织了其他许多罪名，将主张招抚的阿尔泰处死。继任的川督德福也倾向招抚议和，微露已意，即遭乾隆帝痛骂“逞其乖谬之见，借滇省事宜，欲以讽谕罢小金川之事”，“尚未接印，即生畏事之心，希欲阻挠军务，妄奏取巧，深负朕委任之恩”②，旋被革职，发往伊犁，听候差委。连派往前线办事的乾隆帝的爱婿、蒙古亲王色布腾巴勒珠尔，亦赞成议和了局，与统帅温福龃龉，因而“所有爵位职任，著俱革退”，被解京受审，撤去黄带，在家圈禁（不久又复职）。乾隆帝这样严厉地压制反对意见，诸将群僚莫不噤若寒蝉，不敢再言招抚。战争就这样继续下去，清军遭到出乎意外的顽强抵抗。7万清军耗时8个月，直到乾隆三十七年（1772）年底，才攻下小金川的据点美诺。僧格桑逃往大金川，大金川的索诺木不但没有像乾隆想象的那样“闻风知畏，不待剿而退”，反而收容僧格桑和小金川的部众，继续抵抗清军。

战争还在进行，清军虽然攻取了美诺，却并未“扫穴擒渠”，取得全胜。动用了巨大兵力，而所得战果并不相称，乾隆帝很不甘心。在他看来，出兵达7万，已攻下小金川，如果再做努力，平灭大金川，当亦非难事。若将僧格桑和索诺木一起擒获，川西永保太平，

① 《平定两金川方略》卷六，乾隆三十六年八月。

② 《清实录》，乾隆三十六年九月丁卯。

岂不是一劳永逸？因此，原来只是平灭小金川、威慑大金川的战略目标为另一个更加诱人的战略目标所取代，即将大小金川一起平灭。早在小金川据点美诺尚未攻下之前，乾隆帝就考虑到战局可能的发展，指示前线将领说："若僧格桑窜入金川，而索诺木竟敢抗不擒献，必当移兵申讨。即令预选之健锐、火器两营劲旅，迅速起程。即或更需添调邻省绿营精兵，亦无不可，果能并灭金川，实一劳永逸之计，朕亦断不惜费。昨岁已拨饷三百万两，解川备用。将来并不妨再添拨三百万两，现谕户部查议，另降谕旨。此时部库所积，多至八千余万，朕每以存积太多为嫌，天地生财，止有此数。今较乾隆初年已多至一半有余，朕实不欲其多聚，若拨发外省公事动用，稍减盈积之数，亦属调剂之一端，将此意令温福等知之。"[①] 此时的乾隆改变了一年以前自己提出的战略目标，明确宣示大小金川一起平灭的意向，并向温福等表示，目前朝廷兵广银多，正在继续调兵增饷，增加进攻实力，不必有所顾虑。当温福等对于平灭大金川流露出畏难情绪时，乾隆责备他们"察温福等之意，似以擒获僧格桑，军务即可告蒇，而于进剿金川（指大金川）之事，畏难犹豫，甚属非是。此时温福等惟当即抵美诺，速擒逆酋，若僧格桑业已就获，即移胜兵，分路进剿金川。万一僧格桑兔脱遁至金川，正可统兵深入，收一举两得之利，何所用其游移却顾乎"[②]！乾隆帝提出了另一个战略目标，致使战争继续拖延，劳师靡饷，兵连祸结，给两金川造成极大灾难，也使全国蒙受长期战争的不良影响。

大金川见大兵将临，不免心存畏惧，屡次派人乞和。但乾隆帝坚决拒绝。他说："逆酋来降乞命，尤当付之不闻，非但僧格桑不可轻宥，即索诺木亦罪无可宽，岂有费如许兵力，仍以姑息了事，复贻后患之理。"[③] 索诺木投降无门，求生无路，逼得他只能竭力抵抗，以死相拼。

出乎统治者意料的是，尽管金川一隅，兵将云集，但天时、地

---

① 《平定两金川方略》卷一六，乾隆三十七年正月。

② 同上书，卷二六，乾隆三十七年四月。

③ 《清实录》，乾隆三十七年十月丁亥。

势、人心极为不利，在金川军的顽强抗击下，清军惨败。乾隆三十八年（1773）六月，灾难降临，清军驻在木果木的大营，遭到金川兵的偷袭，两万清军，队伍大乱，士兵和民夫一起，闻风逃窜，沿途站卡，不战而溃，统帅温福和许多提督、总兵被围战死，“我兵自相践踏，终夜有声，渡铁锁桥，人相拥挤，锁崩桥断，落水死者以千计”①。兵力占巨大优势，却遭到如此惨败，为战争史上所罕见。乾隆帝引以为奇耻大辱：“国家百余年用兵多矣，从无此事……何以贼番一至，手足无措，溃散竟至于此……朕之误任温福，惟有引咎自责而已。”②

木果木战败之后，乾隆帝愧愤交加，誓灭大金川，又派阿桂为征西将军，继任统帅，增调军队，追加饷银。阿桂具有谋略，用兵谨慎，吸取战败的教训，步步为营，防护后路，逐渐推进，不求速胜。又经过一年八个月的艰苦战斗，合围大金川的最后据点噶拉依。其时僧格桑已死，索诺木力竭出降，献俘北京，他和其他重要的金川领袖均遭寸磔酷刑，清廷勉强取得了战争的胜利。

金川战争，调兵之众，费银之多，耗时之久，在乾隆朝“十全武功”中，首屈一指。清廷征讨两金川，不过是为了平息土司内讧，安定川西局面。而要达到这一有限的战略目标，完全可以采取谈判、调解、招抚、羁縻等政治手段。在战争之前，许多官僚将领以及乾隆帝本人早已意识到这场战争的艰巨，并不必动用武力。早在乾隆十二年（1747），乾隆帝谕旨称川西土司互斗，“小小攻杀，事出偶然，即当任其自行消释，不必遽兴问罪之师。但使无犯疆圉，不敢侵扰，于进藏道路塘汛无梗，彼穴中之斗，竟可置之不问……苗蛮顽梗无知，得其人不足臣，得其地不足守，蜂屯蚁聚，无足深较”③。但是，第一次战争还是发生了，经过两年的战斗，清军处处碰壁，损兵折将。其时国库空虚，战争难以为继。乾隆帝急忙脱身，与金川言和息兵，这不失为明智之举。事隔20多年，川西土司仍在

① 昭梿：《啸亭杂录》卷七《木果木之败》。

② 《清实录》，乾隆三十八年七月。

③ 同上书，乾隆十二年二月癸酉。

内讧，乾隆帝鉴于以往的教训，本不想出兵，他仍说："蚁斗蛮触，不足以发兵问罪。""金酋原无干犯内地，不过与众土司互相仇杀，本无庸声罪致讨，且不值一办。"① 但是，以番攻番的错误政策加剧了川西的矛盾，使清廷沿着错误的方向滑下去。开始时，是指使和支持众土司攻打大金川，想不费力气坐收渔翁之利。不意大金川越战越强，众土司反遭攻打。清廷不好袖手旁观，只得出兵援助众土司。既已出兵，又想平灭较弱的小金川，以震慑大金川。不料平灭小金川亦非易事，陆续增兵，达7万人之多，打破了乾隆朝出兵数目的最高纪录。派兵如此之多，索性将两金川一起平灭，以永保川西的太平。当清廷一旦进入这场战争的怪圈，似乎不是人在指挥战争，而是战争机器在支配人、操纵人，拉着人向前奔跑。战争的目标与增加的兵力两者互相牵引，为了达到既定的战争目标而增加兵力，又因增加了兵力而提高战争目标，如此循环转动，螺旋上升，导致战争不断升级。

应该说，金川战争的再起和扩大，与封建专制制度下皇帝的独断专行以及乾隆帝的心理、性格有着密切的关系。第一次金川战争失利，乾隆帝虽然及时言和，明智地抽身，但心中形成了解不开的金川情结，对金川深恶痛绝。平准、平回的胜利和国库贮积的丰盈，刺激起乾隆帝再次使用武力的欲望，故第二次金川战争的发生并非事出意外。当时，乾隆帝由于国力增强，财政富裕，对于用兵征伐有恃而无恐，对周边部族和邻国持强硬态度。他总结历史上治边对外的教训，认为"张挞伐则彼畏而敛迹，主和好则彼轻而生心，汉唐宋明之覆辙，率可鉴也"②。这段话反映了封建大国鼎盛时期最高统治者的心态和政策趋向，这是金川战争一发而不可收的心理因素。在封建专制政体之下，乾纲独断，皇帝的意志决定一切，不可违抗，也很难改变。诸大臣几乎不敢劝谏，不同意见不但摒弃不纳而且遭到压制，大家只好跟着皇帝一路蛮干下去，使一场本来可以收拾的局部性冲突，演变成灾难性的大战争。

① 《清实录》，乾隆三十一年九月辛巳。

② 《平定两金川告成太学碑文》。

战争是政治的继续，古往今来很多政治矛盾就是用军事手段来解决的，故而在历史上，战争经常发生，不可避免。但“兵凶战危”，古人所诫。解决政治矛盾可以有多种多样的和平途径，战争并不是唯一的手段。发动战争之前，身居高位的决策者必须全面而慎重地估计各种条件、因素，衡量其后果，努力寻求和平地解决政治矛盾的途径，避免战争的发生。错误地、轻率地使用武力将付出巨大的代价。有些战争，旷日持久，劳师靡饷，损失严重，即使取得胜利，也将成为得不偿失的战争。金川之役，用兵太多，靡费过大，这是乾隆朝后期国力衰落、政治不振的原因之一。

一场未经交锋的战争*
——乾隆朝第一次廓尔喀之役

一、巴勒布与廓尔喀

乾隆五十三年（1788）七月二十七日，正在承德避暑山庄消暑度夏的乾隆皇帝忽然接到了来自喜马拉雅山区的紧急军情文报。据驻藏大臣庆林、雅满泰奏称：一个名叫巴勒布的小国发兵跨越喜马拉雅山，进攻西藏，藏兵人少力弱，不能抵御。六月下旬，巴勒布已攻占西藏的边境城寨聂拉木、济咙、宗喀。这一不祥的消息传到承德，是在入侵事件发生一个多月以后，从当时交通传递的条件而言，已是十分快捷的了。

远方边境的突发事件使78岁的乾隆皇帝十分烦闷。这些年正是多事之秋，乾隆五十一年（1786），台湾天地会林爽文起义，夺取了几乎全岛，清廷投入极大兵力、财力，渡海作战，竭尽全力，半年之前刚把起义军镇压下去。乾隆五十三年正月俘获了林爽文。本年春，一向“恭顺”的安南黎氏王朝被阮氏推翻，其国王黎维祁阖家逃来中国，请求清廷出兵援助。黎氏王朝和清朝的关系很深，清朝本着“兴灭国、继绝世”的政治训条，竟出兵越南，企图复辟黎氏政权，乾隆帝说：“安南臣服本朝，最为恭顺。兹被强臣篡夺，款关吁投，若竟置之不理，殊非字小存亡之道，自当厚集兵力，声罪致讨。”① 这道决

---

* 原载《清史研究》，1994年第3期。

① 《清实录》，乾隆五十三年六月。

心用武力介入邻国内部事务的谕旨发布了一个月后，即传来了西藏被侵入的消息。再加上这几年连岁灾祲，乾隆五十年（1785）闹旱灾，又闹蝗虫、瘟疫，老百姓啃啮树皮、草根、泥土，死亡累累，饿殍塞途。五十一年（1786）大水，黄、淮盛涨，洪泽湖漫溢，重要粮仓苏北的里下河被淹；又四川地震山崩，大渡河水溢，漂没田庐无数。五十三年（1788）情况更加严重，入夏以来，长江上大雨连日，洪水暴涨。就在巴勒布入侵西藏消息传来的同时，荆州城尽遭淹没，人民荡析离居，湖北全省被灾36县，“死者以数十万计”。后年（乾隆五十五年，1790）是皇帝的80岁诞辰，清廷已在忙碌地准备寿典，大吉大庆之年将临，却接二连三传来了不吉利的消息，水旱频仍，战乱不息，怎不使老皇帝感到心烦？

巴勒布是什么国家？何方部落？半个多世纪之前，巴勒布曾入贡清廷，那还是雍正皇帝在位的时候。现在大家都茫然不晓，也不知道因何发生战争。恰好承德有一位从大金川来的文布喇嘛，20年前经西藏前往佛祖的诞生地朝拜，到过巴勒布。军机大臣和珅找到了文布喇嘛，向他请教。据这位喇嘛说，从后藏札什伦布前往巴勒布“行走月余，回程半月”。他只能提供一些粗浅的观感。据他说：巴勒布城以红色、黄色砖块砌成，城内有大庙，信奉藏传佛教，但并非黄教系统，故并不敬礼达赖、班禅；人民穿白衣，用白布缠头或带白布小帽；房屋与内地相仿，盖有楼房，穷人多住草房；出产稻米，民众虽非勇悍，却都会使用鸟枪弓箭，打仗常常得胜；该地本有许多部落，被一位国王用武力统一，自称科（廓）尔喀王，其地比大小金川还要大几倍；巴勒布人在西藏贸易者甚多；等等。

这些信息对清廷来说已经足够了。它急切之间也不可能获得更多、更详细准确的消息。实际上，巴勒布即今西藏以南的尼泊尔，该地是佛教创始人释迦牟尼的诞生地，很早以前即和中国进行经济、文化交流。东晋义熙二年（406），中国名僧法显西行求经，曾到过尼泊尔，所著《佛国说》中对当时的尼泊尔有所记载。法显回国后，又和从尼泊尔来的僧人佛驮跋陀罗一起，在建康（南京）道场寺翻译梵文经典。元代，元世祖忽必烈请尼泊尔建筑家阿尼哥在北京建造白塔，至今耸立在阜成门内的白塔寺中。尼泊尔地方虽不大，却有许多小邦并立分治，三个较大的邦，即叶楞（帕坦）、库库木（巴德岗）、阳布（加德满都）三部，曾于雍正时遣使入贡，雍正帝对它们优礼有加，赐缎疋、瓷器等，此三部在清初文献中被称为“巴勒布”。廓尔喀则为另一小邦，相传为印度拉加普族迁居尼泊尔之支裔，原本弱小，而巴勒布三部彼此不睦，互相争战，廓尔喀部遂乘机兴起，其领袖普里特雅·纳拉扬·沙阿并吞巴勒布，统一尼泊尔，建立科（廓）尔喀王朝。入侵西藏时的国王是普里特雅之孙拉特纳·巴都尔，他即位时只有 4 岁，一直由他的叔父巴都尔萨野摄政。清廷后来弄清了这段历史，把从前与中国曾有往来、关系友好的叶楞、库库木、阳布三部统称“巴勒布”，而对普里特雅统一后的国家称“廓尔喀”。乾隆五十四年（1789），第一次廓尔喀战争结束。驻藏大臣巴忠奏称：“现投诚之科（廓）尔喀者，即系巴勒布地方，其部落在后藏西南一隅，幅员相距三千余里，西南至缅甸界，西北至大西天，又通回疆界，大小部落总共三十处，户口二十二万七百有零。由宗喀至该部落，皆系大山狭路，向来崇信红教。其间唯有从前巴勒布之阳布、库库木，易隆（叶楞）三处番民尊奉黄教。科尔喀原系一小部落，因节次侵占阳布等三处地方，势力愈加，随将附近之达纳隆等小部落又占取二十七处。”① 这就是清朝对尼泊尔不同称呼的由来。

二、入侵西藏

廓尔喀为什么入侵西藏？大致有如下原因。

廓尔喀地小人众，力量较强。此时印度已为英国并吞，廓尔喀与印度相邻，颇多来往，能得到英国的精利火器与其他货物，英国呢绒甚至已经由廓尔喀流入西藏。“藏片，即英吉利国多罗呢之粗

① 《宫中档》，2727 箱 232 包 58034 号，乾隆五十四年八月初十日，巴忠奏。

者。盖廓尔喀与红毛国（英国）相近，海物往往航海而至，转入西藏，如珍珠、珊瑚之属，皆从彼中来。”① 而西藏虽是中国的地方，但交通不便，清朝中央政府的力量鞭长莫及。中央派驻西藏的绿营兵仅数百人，分驻前后藏，“半为驻藏大臣役使，终年不习武备”②，防御力量很差，强弱逼处，易生衅端。西藏与巴勒布关系本很密切，双方人员跨越喜马拉雅山贸易往来。西藏需要巴勒布的稻米、铜钱和从英国运来的呢绒、毛毡等，而巴勒布则需要西藏所产的食盐、牲畜与内地运出的茶叶。在藏贸易的巴勒布商人据说有两千人，双方交流频繁，亦常产生龃龉。巴勒布人埋怨西藏人所售食盐掺土，质量低劣。西藏人无自己的货币，一向使用巴勒布所铸铜钱。廓尔喀改革币制，另铸新钱，声称新钱成色好，兑换银两要升值，西藏人加以抵制，不肯使用新钱。此等贸易纠纷触发了一场边境战争。以下是双方对战争发生原因的陈述。

据西藏噶布伦丹津班珠尔说：“向来藏里与廓尔喀相好，交通贸易，一切买卖，俱用廓尔喀银钱。后来廓尔喀因新铸银钱，比旧钱成色较好，要把新钱一个当两个使用，藏内人不肯依他。又因藏内向来将食盐易换廓尔喀粳米，廓尔喀人以藏内的盐有掺杂土的，说藏内买卖不公道，所以两下不和。五十三年廓尔喀王子寄信来与噶布伦讲论银钱的事，另有禀帖与驻藏庆大人、雅大人（庆林、雅满泰）。那时两位大人因不认得廓尔喀的字，就没有给他回字。我们写了回信说银钱的事，若一个当两个使用，我们太吃亏，不能依允的。六月间，廓尔喀就来抢占聂拉木、济咙、绒辖、宗喀等处地方。”③

据廓尔喀的使者噶登嘛撒海等禀称：“我巴勒布之人远在边外，与唐古忒本是和好，常来西藏营生，彼此交易。近因西藏的人将我们不照先年邻封看待。凡贩来货物，任意加收税项，并以食盐内掺和砂土，与我巴勒布地方多有不便。他们噶厦之人又嫌我们银钱低潮，驳回不用。我们管事头人屡次与西藏寄信讲理，他们都不以为

① 周蔼联：《西藏纪游》卷二。
② 《巴勒布纪略》卷一三，乾隆五十三年十二月一日，巴忠奏。
③ 《廓尔喀档》，乾隆五十七年十、十一月份，丹津班珠乐供词。

事。我巴勒布边野无知，故此侵犯藏地。”①

双方对战争原因的陈述是一致的。廓尔喀自从并吞尼泊尔全境后势力强盛，因此积极对外扩张，而西藏地广力弱，遂招祸患。一个西方历史学家说，廓尔喀“国小民众，繁殖甚速，几与全藏人口相埒……疆域既小，而人口反与相埒，自不得不发愤以冒险图存……国内之民难于自给，亦必别觅出口，以便懋迁有无，西藏为其最好之出口”②。

如果仅仅是贸易纠纷，还不至于酿成战争。廓尔喀入侵还有另一个原因，就是觊觎六世班禅圆寂后留下的财富，贪财的欲望引发了这场战争。事情还得从六世班禅进京觐见说起。

乾隆四十五年（1780），皇帝七十寿诞，六世班禅请求来京祝寿。乾隆帝对班禅进京极为重视，动用大量人力物力，迎接来自西南边陲的贵客，令在承德仿照后藏扎什伦布寺建造须弥福寿之庙。乾隆四十四年（1779）六月，六世班禅率领堪布及僧职人员从后藏启程，在青海塔尔寺居留5个月，翌年继续行程，乾隆命皇六子永瑢与章嘉活佛前往迎迓同行。乾隆四十五年（1780）七月，班禅一行抵达承德，备受礼遇。皇帝多次赐宴，亲聆讲经，举行须弥福寿的开光典礼。九月初，六世班禅在皇帝回京之后，来到北京，住在黄寺，受到北京僧众百姓的盛大欢迎。十月班禅得病，乾隆帝亲临视疾。班禅所患是天花，不幸于乾隆四十五年（1780）十一月初二日圆寂。六世班禅进京加强了西藏与中央政府之间的联系，乾隆帝赏赐财物极多，又沿途所经蒙古地方，僧众信徒，供奉丰厚。班禅圆寂后，财物落在他哥哥仲巴呼图克图手中，携回后藏。班禅的另一位兄弟沙玛尔巴系红教喇嘛，企图分肥，被仲巴拒绝，沙玛尔巴愤而出走廓尔喀。他与廓尔喀国王、贵族素有交往，得其尊信，极言后藏富庶，拥有大批从北京带回的财物，廓尔喀贵族垂涎三尺，沙玛尔巴又备知西藏虚实，称后藏兵政窳

① 《宫中档》2727箱229包57224号，乾隆五十四年五月二十六日，鄂辉、成德、巴忠奏。

② 柏尔：《西藏之过去与现在》，宫廷璋译，150页，上海，商务印书馆，1930。

败，不堪一击，唆使廓尔喀统治者派兵入藏。这样，一场掠夺战争遂爆发。据《清史稿》的记载：

初，第六辈班禅之殁，及京归舍利于藏也，凡朝廷所赐赉，在京各王公及内外各蒙边地诸番所供养，无虑数十万金，而宝冠、璎珞、念珠、晶玉之钵、镂金之袈裟，珍宝不可胜计。其兄仲巴呼图克图悉据为己有，既不布施各寺，番兵、喇嘛等亦一无所与。其弟沙玛尔巴垂涎不遂，愤唆廓尔喀借商税增额、食盐糅土为词，兴兵扰边。①

这就是廓尔喀入侵西藏的原因。

三、清兵入藏

廓尔喀入侵西藏，使清廷感到意外和震惊。四川提督成德奉命即率绿营兵 1 000 人先行驰援，成德于七月二十二日赴打箭炉，时间已在廓尔喀入侵之后一个月零六天。另外，成都将军鄂辉入觐热河，乾隆帝命他立即返回四川继率 3 000 士兵进藏。

战地遥远，导致情报迟延与不准确，往往影响军事部署。战事初起，聂拉木、济咙、宗喀在数日之内失陷，驻藏大臣恐慌万状，风风火火地向皇帝奏报的军情极为严重，“此处唐古忒人众，仰赖皇上威福，素无军旅之忧，安居日久。今骤遇此事，噶布伦、戴绷等（指西藏的文武官职）甚无主持，忧形于色。至唐古忒兵并未时加训练，皆系民夫，平日散居村落，各自耕种，其路程又隔一月及二十余日之远。今骤行征调，不惟一时不能齐集，即器械亦多欠缺不完，实属不能得力”②。隔了半个月，前线又传来战报，说巴勒布军队在胁噶尔遭到打击，藏兵 900 人竟打退了巴勒布军数千人。其实，这类战报大多是前线将领夸大其词，虚报战功。廓尔喀军并未遭到有

① 《清史稿》卷五二五，列传，藩部八。

② 《巴勒布纪略》卷一，乾隆五十三年七月二十八日，庆林、雅满泰奏。

力的抵抗，他们之所以在胁噶尔停留不进，是因为西藏地方当局正在派人谈判议和，而议和之事竟然隐瞒中央政府，没有请示报告。前线将领利用谈判时的战火暂停，谎报打仗得胜，乾隆帝被这类虚假消息骗过，产生了错觉，以为用当地藏兵即足以抵御外侮，遂指示驻藏大臣“晓谕唐古忒人众，令其振奋剿杀，迅速蒇事，尚可不用内地之兵”。他一度命令四川停止派兵，甚至考虑把已经出发的成德所率1 000先锋部队中途撤回，造成军事部署的混乱。不久这种想法被事实所粉碎，紧接而来的情报是巴勒布兵已增至一万数千人，围攻胁噶尔。藏兵号称15 000人，但平时在家耕牧营生，20天内仅调集千余人，“又年久未经战阵，今虽多为调派，恐其中衰老及贸易他处者亦属不少”①。“廓尔喀贼习于战阵，而我兵久未经历军旅，不谙打仗情形，遇贼率多畏缩，于事恐无裨益。”② 情况又变得严重起来，驻藏大臣庆林保护着年尚幼小的七世班禅从后藏逃往拉萨，乾隆取消几天前发出的撤兵谕旨，又令四川继续派兵入藏。迟误不实的情报造成了指挥调遣的混乱：当皇帝命令四川停止派兵时，四川正在按照最早的谕旨大批派兵；而当皇帝重新发布派兵谕旨时，四川又在按过时的命令停止发兵。乾隆皇帝对这种混乱状况努力改进，一方面，令四川总督加快情报传递，但也无法根本改变这种情况。他说：“日来西藏递到奏折稀少，或因打箭炉口外雪大难行，该处文报向系乌拉递送，加以冰雪阻滞，益难迅速。朕盼望甚切，著传谕李世杰（时任四川总督）即设法办理，以速邮传。”③ 另一方面，他只得授权前线的大臣、将军随机应变，不要拘泥自己的命令：“朕所降谕旨，系就伊等奏到之折，揆度情形，遥为指示，及伊等接奉谕旨时，前后机宜，又或互异。该督等止当按照彼处现在情形，随机妥办，不必稍存拘泥，方为善体朕怀也。”④

成德所率先锋部队1 000人七月二十二日从成都出发，兼程遄

① 《巴勒布纪略》卷三，乾隆五十三年八月二十二日，庆林奏。

② 同上书，卷六，乾隆五十三年九月十一日，庆林奏。

③ 同上书，卷一三，乾隆五十三年十二月三日，上谕。

④ 同上书，卷五，乾隆五十三年九月九日，上谕。

行，经76天于十月初八日到达后藏札什伦布，随即分起赶赴前线。是时，藏中噶布伦与喇嘛在私自议和，且天气已寒冷，廓尔喀军已从胁噶尔撤退，成德的军队却因大雪封山受阻，没有赶到西藏的边境。继进的成都将军鄂辉、总兵张芝元率兵500，包括成都的驻防满兵和金川的屯练土番于十一月十二日到达札什伦布，第三批由总兵穆克登阿所率绿营兵1 000人则于五十三年（1788）年底到达后藏。从四川调遣入藏的清军共2 500人（初拟派4 000人）。另外，乾隆帝特派一名懂得藏语、熟悉西藏事务的理藩院侍郎、侍卫巴忠前往西藏。巴忠在御前行走，钦命入藏，各项事务实均由他统筹办理。

乾隆五十三年（1788）十二月初九日，鄂辉抵达第哩郎古与成德会师。据他们奏报，“胁噶尔至第哩朗古一带，皆属荒山野径，绝少人烟，而第哩朗古以外，雪山更大。先经臣成德多方踩探，觅有小径，可以绕至宗喀一路。臣鄂辉到时，复加查察，巴勒布贼匪本可立即歼除，总以天气严寒，雪山阻隔，遂致稍稽时日，实深焦急。今既觅有小道可通，应照踩定路径，即由宗喀而进，前途纵有雪山，亦当设法进取”①。清兵沿着小径，在积雪稍薄之处，绕道越险。他们日益深入喜马拉雅山区，地势越高，雪势越大，越难前进，行走一个月到达宗喀。此时，西藏当局已派人赴廓尔喀私自议和，且天寒雪深，廓尔喀兵怕遇大雪困在藏境不能脱身，均已撤退回国，故清兵未经交锋，即收复宗喀。清兵在此地修碉筑寨，招集逃散藏民，发给牛羊糌粑，以为生计。因雪大难行，停驻一个月，“直至二月下旬，天气稍晴，臣等即督率镇将官兵，由积雪微薄之处，迄逦而进，并派将弁，带领善能登陟之汉土兵丁在前，开挖路径，翻山深入，先将济咙收复，随即乘势直趋聂拉木。该贼番等业经畏窜远飏，当将该处逐一廓清”②。至此，西藏全境收复，从内地万里迢迢赶来的军队因雪大难行，迟迟赶到前线，廓尔喀兵却早已撤退，故未经战斗，即收复了边境村镇，第一次廓尔喀之役遂告结束。

---

① 《巴勒布纪略》卷一六，乾隆五十四年正月十二日，鄂辉、成德奏。

② 同上书，卷一八，乾隆五十四年四月初七日，鄂辉、成德奏。

四、粮饷筹办

“兵马未动，粮草先行”系军事常识。这场发生在喜马拉雅山区的战争离内地遥远，山高水复，天寒雪深，粮食供应是一个极大的难题。按规定：台站每兵日给口粮八合三勺，或改发糌粑一斤，出兵3 000人，月需口粮750石，如是征调、战争，尚需另加粮食。这些粮食在内地购买固甚容易，如要运到西藏，就困难重重了。“川省距藏遥远，在羊肠鸟道，雪岭冰山，内地之粮断难运送。即自打箭炉运至察木多，路隔三千余里，乌拉驮载，需费既繁，若令便人携带，所运无几，积贮之道，仍属无益。”① 据四川总督李世杰说，每粮一石，内地购买粮价只需银一二两，但从打箭炉运粮入藏，每石运价高达26两8钱，靡费太大，西藏的军情固然紧急，而从内地购粮运藏超出了政府的能力，这是面临的最大困难，唯一的办法是在西藏就地筹粮。中央政府要在西藏征购大批粮食，这是破天荒第一回，西藏的官民僧众俱怀疑虑。名为购买，但粮价能否给发？能否公平？将来会不会赖账？因此就地购粮的阻力很大，西藏噶布伦声称：“本处俱系山地，可种之田甚少”，“外来米粮又少，实不能办理”。驻藏大臣庆林、雅满泰在西藏官员僧人的怂恿下，也主张从内地运粮接济：“查西藏系极远边疆，所有驻防绿营官兵口粮，向例按价折给盐菜银两，办理在案，该处军民俱向唐古忒等买糌粑面食度日。今唐古忒闻科尔喀抢掠之信，商贩日渐稀少，而现调成都兵三千名不日陆续可到，若不于内地备用口粮预筹接济，则兵丁至藏之后，仍行结放钱粮买办，必致掣肘。”② 乾隆帝虽届耄耋之年，但在某些问题上头脑还是很清醒的。他拒绝了噶布伦和驻藏大臣的意见，坚持就地采办粮食。既然出兵是为了保护西藏地方，西藏地方政府自应协助解决粮食供应。他首先要求从达赖和班禅的仓库中调拨粮

---

① 《巴勒布纪略》卷二〇，乾隆五十四年闰五月十八日，巴忠奏。

② 同上书，卷二，乾隆五十三年，八月初三日，庆林、雅满泰奏。

食，若无米面，即用青稞糌粑，兼购牛羊充食。调拨的粮食牲畜，全部给价购买。谕旨中说：

> 此事朕为达赖喇嘛、班禅额尔德尼及藏内人众，特发内地之兵。唐古忒等理应感激，急筹办理兵丁粮饷。乃噶布伦等竟以不能办理为词，庆林、雅满泰又不能恺切晓示，令其感悟，仅与粮饷官员转商交办，伊二人无能极矣。况兵丁并非专需米石，凡麦面牛羊等物，俱可作为口粮……著庆林、雅满泰即以大义，明切晓示，严催办理。①

在皇帝的严厉催促下，动用达赖喇嘛仓库中青稞麦4 600石，制成糌粑，可敷3 000士兵4个月口粮。又动用班禅仓库中青稞麦2 400石，已敷军队半年之需，此外，还购得牛1 600头、羊11 500只。

粮食供应已圆满解决，可是一些官吏总是望风承旨，无事生非。驻藏大臣庆林、雅满泰本来不主张在藏购粮，看到皇帝坚持就地采购，误解皇帝是吝惜军饷，竟劝达赖、班禅捐助。他们称“此项麦面牛羊俱系达赖喇嘛、班禅额尔德尼预备拨给，并非官买”。乾隆帝极为恼怒，斥责他们“尤属糊涂”，“未将给价采买之处，善为晓谕，惟知催令速办，等于纷纷搜刮”②，“从前屡降谕旨，交伊等动项采买，断不可稍有抑勒，明白开示，至再至三。今既由达赖喇嘛、班禅额尔德尼商内（即仓库）办出，自应一面动支，一面按数给价。乃雅满泰尚称非由官买，是直欲勒取耶？朕特派官兵前往，原系拯救生灵，奠安卫藏，岂可因接济军粮，转使惠爱之心，反成扰累之事”③。

粮食供应是进军西藏的最大难题，清朝中央和西藏地方协力共济，地方出粮出夫，清朝按价付银，且出价稍高，故粮食供应尚为踊跃，使入藏部队的口粮得到了保证。

---

① 《巴勒布纪略》卷六，乾隆五十三年九月十一日，上谕。

② 同上书，卷九，乾隆五十三年十月初四日，上谕。

③ 同上书，卷一二，乾隆五十三年十一月初二日，上谕。

五、议和活动

对付廓尔喀入侵究竟采取什么方针？清朝内部，特别是中央和地方存在着意见分歧。乾隆皇帝并不想耀武极边，攻到廓尔喀的土地，但因其入侵，不得不自卫反击，以保卫国家的领土主权。他说："朕非乐于用兵，不恤士卒，希图多有斩获。但贼既侵犯天朝边界，若不加之惩创，何以安番众而清边圉？此朕不得已之苦心。"① 他的战略方针并不要求深入廓尔喀境内，吞并其地，但须将西藏边境尽行收复，使之不敢再来侵犯，为此必须狠狠打击入侵之敌兵，使其畏威慑伏，定界具结。乾隆帝指示说："鄂辉等统兵驰赴该处，虽不必犁穴扫庭，尽歼其丑，但不可止将贼众剿散，俾胁噶尔之围一解，即云蒇事。必须将前此被贼抢占之济咙、聂拉木、宗喀等处，全行收复。并勒令该头人出具甘结，明定地界，严立章程，不敢复行越界滋事。惟当趁此兵威，使之畏惧慑服，以期一劳永逸，方为妥善。"② 乾隆帝认为，只有对来犯之敌痛加打击，才能消除边境的祸患，如果草率了事，则清兵一撤，廓尔喀仍有入侵的可能。乾隆《御制诗》中称："我往彼逃事如顺，我还彼至咎谁归。莫追穷寇虽古语，应拔余根示国威。"③

西藏地方当局的想法却不一样。他们和巴勒布交往已久，知道彼强我弱，自己虽有清朝中央做靠山，但内地离藏太远，清兵势不能在藏久驻，即使清兵大获全胜，廓尔喀退回本国，待清兵一撤，必定再来报复，兵连祸结，何日能休？藏官和贵族们为了保住自己的土地、财产、禄位，希望息事宁人，不惜卑词厚币购买和平。故廓尔喀入侵之初，仲巴呼图克图（时七世班禅年幼，仲巴掌握后藏大权）与红教喇嘛萨迦呼图克图即派人到前线与廓尔喀谈判。领兵

---

① 《巴勒布纪略》卷一〇，乾隆五十三年十月初十日，上谕。
② 同上书，卷六，乾隆五十三年九月十二日，上谕。
③ 同上书，卷首。

首先入藏的提督成德闻知达赖喇嘛继萨迦呼图克图之后，亦已派代表往前线议和，他开始时紧持皇帝的震慑方针，不以议和为然。他说："乃萨嘉呼图克图等私行说和。该贼匪竟敢预订日期，令人至聂拉木地方共议，始行退地还人，情词甚为犷悍。在达赖喇嘛素性仁慈，闻知可以完事，或即欲差人前往，而庆林等何亦并未熟思审处，遽行入奏。臣虽至愚，觉所办实属草率。"① 成德赶到拉萨，和达赖喇嘛商议之后，将派出代表追回。

等到鄂辉、巴忠等接踵入藏，严酷的环境对前线将领的思想情绪产生了重大影响。从四川到达西藏喜马拉雅山区，紧急行军已有三个月，官兵们精疲力竭。摆在眼前的是一片冰雪世界，没有可栖身的房屋，缺少御寒的衣装，吃的是不惯食用的糌粑，山高路窄，天寒封冻，寸步难行。不要说扬威绝域，痛打来犯之敌，现在连敌人的踪影也找不到，却困在冰天雪地的喜马拉雅山上，担心交通断绝，粮饷不继。官兵上下都盼望赶快撤兵，既然廓尔喀兵已经回国，边境已恢复安宁，既然大雪封山，不能采取军事行动，既然廓尔喀有议和索赔的意向，那么皇帝要求以武力安靖边围似乎既无必要亦无可能。看来议和了事，是为上策。乾隆五十四年（1789）二月下旬，清兵已收复西藏边境，鄂辉、成德的口气大变，倾向议和，当济仲和萨迦私派的议和代表从廓尔喀返回，鄂辉、成德在边境军营接见他们，据鄂辉、成德奏报，两位谈判代表代廓尔喀求和"情词甚属真切"，"臣等详加体察，巴勒布因细故兴兵，固属不法，然起衅尚属有因，究其情节，实未敢争夺地方。兹该番等一闻大兵将到，旋即退界奔逃，更有申诉乞降情事。冀同为上方百姓，尚非自外生成之辈"。鄂辉、成德派了正式议和代表噶布伦丹津班珠尔、班禅之父巴勒丹敦珠布以及清朝的总兵张芝元、穆克登阿前往廓尔喀议和。在清朝官吏眼中，他们不是和小邦平等议和，而是派人"传唤"，而且蛮有把握地认为，"该头目等一闻传唤，自必匍匐来营，输诚归服"②。

明明是在前线谈判议和，可是清朝的官僚将领们硬说廓尔喀是

---

① 《巴勒布纪略》卷一一，乾隆五十三年十月十八日，成德奏。

② 同上书，卷一八，乾隆五十四年四月初七日，鄂辉、成德奏。

归顺投降。清朝官僚将领们急思撤兵回内地，故怂恿和支持西藏地方当局与廓尔喀进行谈判，尤其是钦命大臣、主持全局的巴忠更再三催促，不惜代价要达成协议。西藏的谈判代表是丹津班珠尔，廓尔喀派出的代表却是从西藏出走的六世班禅的弟弟沙玛尔巴，双方议定：廓尔喀撤出西藏的边界，而西藏许给 300 个元宝，每个元宝 50 两，计共银 15 000 两。且不说赔款赎地有辱国家尊严，这是何等重大事件，巴忠、鄂辉等却装聋作哑，不向皇帝奏报。而且 300 个元宝是一次性付给，还是每年均须付 300 元宝，谈判中亦未明确议定，而这一漏洞贻留祸根，成为廓尔喀第二次入侵的口实。纸里毕竟包不住火，后来这一事件被揭露，谈判代表丹津班珠尔详述其过程：

> 乾隆五十三年，藏内遣喇嘛于典噶布珠赴阳布城外朝礼神塔，廓尔喀顺便寄字讲论银钱，藏内未经应允，贼匪即来侵犯边界。我于十月内由胁噶尔赴定日堵御，十二月回胁噶尔催办各兵乌拉。五十四年正月，班禅额尔德尼之父巴勒丹敦珠布因沙玛尔巴到济咙来讲和，就往宗喀一路迎去，又要我同往。二月内，巴大人派我到宗喀约会巴勒丹敦珠布，就在宗喀住了几日。三月内巴勒丹敦珠布先到济咙，四月初沙玛尔巴来了，我也到济咙去，住在帮杏地方，没有亲见沙玛尔巴。巴勒丹敦珠布说他们定要一千个元宝，我说断断不能。过了几日，去见沙玛尔巴，因廓尔喀贼兵护卫甚多，没有提这些话。后来，沙玛尔巴差他的卓尼尔并伊亲信跟役格哩来说，你们不肯应许一千元宝，廓尔喀头人要把你们拿到阳布，面见王子。经沙玛尔巴再三挽回，才写字与王子去了。至五月初十、十一等日，才许定了三百个元宝。十三日，沙玛尔巴写立合同，给与众人看过，钤用图记。合同底稿条款全系沙玛尔巴一人定立，逼勒挟制，不能不应。我究以藏内力量，不能永远按年付给，复向沙玛尔巴讲论。他说先把当年交清，再分作三年送交元宝三百个，或可免永远给银的事。沙玛尔巴又与玛木萨野、哈哩哈尔、乌巴迭阿三人另写合同一张，作为凭据。我只得应允。我因是藏里

> 公事，急思目前完结，不顾后患。达赖喇嘛之叔阿古拉曾带信叫我速和完事，巴大人两次发谕催和甚急，我实在怕得不是，所以才这样办的。现有巴大人谕帖、阿古拉信字为据。①

乾隆皇帝早已风闻西藏地方当局有议和的倾向，他坚决反对这种丧权辱国之举，也反对西藏的任何人未经授权与外国交涉。他说："若在藏众喇嘛均可与外夷部落私相往来，尚复成何事体耶！即和息一事，亦必须倚仗兵威，使贼震怖，方可永远宁谧。如以心存懦怯，辄往议和，转为贼人所轻，安能保其不复滋事?"② 乾隆帝担心西藏地方官员、喇嘛有畏怯妥协心理，他却没有想到自己派出的大臣、将领们也是同样心理，成为这次糊涂谈判、草草议和的幕后支持者、促成者。

六、战争结束和善后事宜

赔款议和已成定局。第一次廓尔喀之役未经交火即告结束。问题是如何向皇帝交代。皇皇上谕，反对议和，谁敢公然违抗？在这里再一次显示封建体制下的实际政治运作和表面文章有多么大的差距，明明是赔款议和却说成是威慑受降。好在喜马拉雅山区路途遥远，皇帝深居宫廷，真实情况难以传送进京。议和赎地在西藏尽人皆知，而北京宫廷里并不知晓。为了让皇帝相信议和的正当性，前线将领们隐瞒了谈判真情，并且歪曲了战争的性质和起因。他们只强调边境日常纠纷而闭口不言廓尔喀的掠夺行径，他们说由于西藏增加商税、拒用廓尔喀铜钱以及食盐中掺土，积成嫌怨，廓尔喀商人"苦累不堪"，曾写信向驻藏大臣呈诉，驻藏大臣置之不理，遂兴兵起衅。这样一来，害人的廓尔喀入侵者反倒成了受害者。由于含冤负屈，申诉无门，不得不诉诸武力，因此，它们的入侵行为值得

---

① 《巴勒布纪略》卷三八，乾隆五十七年八月初九日，福康安、海兰察奏。

② 同上书，卷一〇，乾隆五十三年十月初六日，上谕。

同情，可以原谅。是非颠倒，莫此为甚！玩弄文字游戏的结果，可以扭曲这场战争的性质，私下赎地议和的情节被隐瞒，战争的真实原因被埋没，这就是官僚政治拿手的“瞒天过海”的惯技。

乾隆帝本来的方针是要对入侵者痛加打击，“该将军等务宜乘贼尚未远飏，痛加歼戮，俾知畏惧，将所占聂拉木等地方，全行收复。再遵前旨，立定贸易疆界，并取具巴勒布甘结，以靖边隅”①。

但是，前线的情况出乎皇帝的意料，喜马拉雅山高峻险峭，大雪封冻，部队无法行动，清军停留在边境上劳师靡饷，株守无功，敌军已退往山南，不要说“痛加歼戮”，就是传递一次消息都很困难。延至开春雪化的阴历三月，巴忠派遣“总兵穆克登阿、张芝元及戴绷、第巴等往巴勒布传唤头目，但山路险峻，往返三千余里，约须一月方回”②。打仗已不可能，亦无必要，乾隆帝的战略方针落了空，不得不同意前线将领撤兵的意见，“万一军粮不济，或兵丁等不耐寒冷，不服水土，致多损伤，转属于事无益……倘积雪未消，我兵既不能前往，巴勒布头目亦不能前来。鄂辉等不必固执前旨，不敢撤兵。朕反复思之，此时竟以暂行撤回为是”③。

皇帝既已批准撤兵，前线的议和从地下转为公开，巴忠、鄂辉派守备严廷良于乾隆五十四年（1789）六月初十日前往廓尔喀首都阳布（今加德满都）与其王拉特纳巴都尔、王叔巴都尔萨野会见。据说，廓尔喀国王跪听晓谕，甚为恭敬悦服，声称“感恩畏罪，从此断不敢再行滋事”，并遣22名使者，携带贡品11种，包括珊瑚、蜜蜡、金丝纱缎、千里镜、洋枪、洋刀、香料、药材等，前往北京进贡朝觐。这场列名于“十全武功”之内的巴勒布战役就此结束，战争的发生很突然，战争的结果更离奇。清军万里出征，大张旗鼓，动用了大批军队，跋涉于高山积雪之地，却未曾与敌军接触，没有交火，没有战斗。对于这场草草收场的战争，乾隆皇帝也放心不下，他虽然下达了撤军的谕旨，但为未能“惩戒”巴勒布感到不满，责备鄂

---

① 《巴勒布纪略》卷一三，乾隆五十三年十二月初四日，上谕。
② 同上书，卷一九，乾隆五十四年五月初二日，巴忠奏。
③ 同上书，卷一八，乾隆五十四年三月二十二日，上谕。

辉、成德：

> 该将军等领兵已至济咙，即当乘机鼓勇，深入彼疆，俾伊等慑服，以彰声势，乃计不出此，只坐守以待头目来营为受降之计。看来鄂辉等不惟福分浅薄，亦识量偏小矣！现在兵既撤回，朕亦不好黩武。况今天下幅帧广远，即得此巴勒布区区部落，亦复何增毫末。但藏内唐古忒人众，素性懦怯，去岁因巴勒布一至，即望风退遁，以致济咙等处被掠。今鄂辉虽据该头目立誓设盟，永不敢再行犯境，而夷性狡诈，反复无常，考诸史册，于立盟后随即改言起事者，亦复不少，巴勒布之盟，又足深恃耶？总之此次既费我兵力，若不计出万全，使巴勒布永远不敢再至，立定规条。将来大兵一撤，或一二年后，该番等又来侵犯，岂彼时复于内地，纷纷派兵前往征剿乎！鄂辉等与巴勒布头目番众勘定疆界，取具盟书，断不可草草了事！①

看来乾隆帝的担心并非多余，西藏的边境战争并未真正解决。巴忠等赔款赎地，买来暂时的和平，这笔钱由西藏地方政府支出，瞒着清朝中央。巴忠等奏定善后事宜 19 条，其主要内容为：在后藏札什伦布驻满兵 150 人，在胁噶尔、拉子等边境地区驻藏兵 200 人，加强操练，建仓屯粮，以为防御；驻藏大臣每年亲历后藏巡查；为了纠正藏官们的腐败勒索，今后噶布伦、戴绷以及重要第巴的任命，须由驻藏大臣督同拣选，商之达赖喇嘛；还有为了安抚巴勒布，酌减边境贸易之税项，保证销售食盐之质量；等等。

第一次廓尔喀战争的硝烟熄灭了，但是起衅的缘由被歪曲，双方对战争结局的理解迥然不同。清廷认为巴勒布畏威乞降，而巴勒布人认为清廷纳银赎地。双方都认为自己是战争的胜利者。一场边境战争就这样糊涂了结，矛盾被掩盖起来，犹如定时炸弹上的雷管并未拆除，到时候仍然会再度爆炸。

---

① 《巴勒布纪略》卷二一，乾隆五十四年六月初二日，上谕。

论福康安*

福康安，字瑶林，满洲镶黄旗人，出于名门富察氏。父傅恒，官居大学士，任首席军机大臣20多年，是乾隆朝前期最有权势的大臣。祖李荣保，察哈尔总管。曾祖米思翰，康熙时为议政大臣、户部尚书，力主撤三藩。福康安的姑母是乾隆帝嫡妻孝贤皇后，福康安是皇帝的内侄，椒房近亲，一门贵盛。长兄福灵安，多罗额驸，云南永北镇总兵，病死于征缅之役。二兄福隆安，和硕额驸，尚乾隆女和嘉公主，理藩院尚书，一等忠勇公。弟福长安，户部尚书，封侯爵，后因党附和珅，得罪下狱，革爵贬官。宗族中出任高官的很多。伯父傅清，为驻藏大臣，在珠尔默特叛乱中被杀，追赠一等伯。堂兄明瑞与明亮是当时名将，明瑞为征缅军统帅，授将军，孤军深入，后路被切断，战死于缅甸。明亮为多罗额驸，乾隆中从军直至嘉庆时，久历戎行，身经百战，为著名宿将，封襄勇侯。福康安本人更是乾隆朝最重要的将军，戎马一生，征战频繁，功勋显赫，生封贝子，死后追赠嘉勇郡王。有清一代，除清初吴三桂等以及蒙古领袖得膺王爵封号外，异姓封王者仅福康安一人。在福康安率军入西藏，驱逐廓尔喀入侵军时，乾隆本意要给予王爵封衔，因富察氏一门贵盛，故作裁抑，乾隆上谕中说：

> 前代功臣，原有身非宗室晋封王爵之例，朕本拟俟红旗递到，加封王爵，以昭异数。今因廓尔喀畏罪投诚，福康安遂传旨受降，班师蒇事。是以止将福康安赏给世职，不克付朕初愿。然由今思之，似此受降蒇功，未始非上天嘉佑我君臣之意。盖福康安系孝贤皇后之侄，大学士傅恒之子，如果得成巨功，或

* 原载《清史研究通讯》，1989年第3期。

可晋封王爵，在朕只以勋劳甚大，用示酬庸，而天下无识之徒，或谬议朕厚于后族，破格施恩，传之后世，亦且以为口实，几与汉唐之宠任外戚者无异，朕将何以自解? 而福康安父子兄弟，多登显秩，福康安又荷王封，富察氏一门太盛，于伊家亦属无益。①

像福康安这样的重要人物，官书中对他的生年竟惘然失记，而私家记述又不一致。余金《熙朝新语》所说比较可信，余金说：福康安“年十九，以头等侍卫统兵随定西将军温福征大金川”。按福康安赴大金川在乾隆三十八年（1773），以此推算，他当生于乾隆十九年（1754）。《清朝野史大观》卷六《福郡王之薨》称其“本命属戌”。按乾隆十九年为甲戌年，正相符合，可作其生年之佐证。他死于嘉庆元年，年仅四十二岁，所以乾隆痛惜他死得太早，“年力富强，正资倚毗”。另据舒坤批《随园诗话》，称福康安十八岁即为四川总督，按福康安任川督在乾隆四十六年（1781）。如此推算，福康安当生于乾隆二十八年（1763），其初次从军金川，年仅十岁，这样幼小的孩子在前线领兵打仗是不可能的，舒坤之说不可信。

乾隆朝的文治武功，在有清一代，极为隆盛。而福康安是当时叱咤风云的大将。乾隆的“十全武功”，他参与其中的三次：征金川（乾隆三十八年至四十一年，1773—1776），征林爽文（乾隆五十二年至五十三年，1787—1788），征廓尔喀（乾隆五十六年至五十七年，1791—1792）。此外，他又参与镇压甘肃石峰堡回民起义（乾隆四十九年，1784），镇压湘黔苗民起义（乾隆六十年至嘉庆元年，1794—1796）。这五次打战役中，征林爽文、征廓尔喀、征苗，均由福康安出任统帅。他曾担任吉林将军、盛京将军、成都将军以及四川总督、陕甘总督、云贵总督、闽浙总督、两广总督、武英殿大学士。他一生奔波劳碌，足迹遍及全国各地以及边疆、海疆。他曾渡海赴台湾作战；隆冬入西藏，翻越喜马拉雅山；因事至新疆阿克苏、喀什噶尔查办叛乱事件；又在甘肃、金川、苗疆等深山密林中长期作战。跋涉山川，劳苦功高，三次被图画紫光阁功臣像。乾隆皇帝

---

① 《清史列传》卷二六《福康安》。

对他十分宠信依赖。当福康安病殁于征苗军中时，乾隆作诗悼惜："到处称名将，功成勇有谋。近期黄阁返，惊报大星流。自叹贤臣失，难禁悲泪收。深恩纵加赠，忠笃那能酬。"①

但是，福康安死后，政治风向变得对他颇为不利。带头起来指责他的正是新皇帝嘉庆，正所谓"一朝天子一朝臣"。新皇帝非常憎恶乾隆最宠任的和珅与福康安，和珅的结局，人所共知，被赐死、抄家，家破人亡。福康安虽然不像和珅那样下场凄凉，但他已死去多年，仍受谴责，要他对清朝军营中的腐败风气负责，嘉庆九年（1804）和十年（1805）的上谕中说：

> 自福康安屡次出师，始开滥赏之端，任性花费，毫无节制。于是地方承办之员，迎合备送，盈千累万，以及银牌绸缎，络绎供支，不过以赏兵为名，亦未必实惠尽逮戎行也……自福康安出师台湾等处，始有自行赏给官兵银两绸缎之事。尔时籍其声势，向各省任意需索，供其支用，假公济私，养家肥己，其后各军营习以为常。②

不仅追论罪责，而且罚及后裔，追究其子德麟在迎送福康安灵柩时勒索银4万余两，责令赔罚8万两。又因事将德麟的贝子爵位革去。此后舆论随风转向，对福康安的批评甚多，有的指责他平庸无能，纨绔成习，不过是靠了椒房之亲、裙带关系，才青云直上；有的说他的功绩完全是海兰察的，他只是依人成事，得膺王爵之封；有的甚至怀疑他是乾隆的私生子，所以特受宠任。至于记载他的骄横作风和奢侈生活，更是连篇累牍，渲染得淋漓尽致。有的说：福康安台湾战役后，凯旋过浙江，"自三衢方舟下严陵，江舟设重楼，陈百戏，中流鼓吹竞作，从官舟衔舳舻，并两岸疾下"③。有的说："福瑶林用兵时，大军所过，地方官供给动逾数万。福既至，则笙歌一片，彻旦通宵……善歌昆曲，每驻节，辄手持鼓板，引吭高歌，

① 《御制诗余集》卷六《闻贝子大学士福康安在军营病故，诗志悼惜》。

② 《清史列传》卷二六《福康安》。

③ 《国朝耆献类征》卷三四《福康安》。

虽前敌交绥，血肉横飞，而余音袅袅未绝也。”①

平心而论，福康安骄奢成习，生活奢侈，供应铺张，确是事实，甚至勒索地方，袒庇部属亦所不免，这是他的弱点，也是清中叶以后许多将帅的共同点。但从其成就的事业和个人的勤劳、才能来看，不失为18世纪将帅中的佼佼者，在中国军事史上留下了自己的足迹。他的一生复杂而富有传奇性。人们指责他要对清朝武装力量的衰败负主要责任，当然，福康安作为最重要的统帅，军营中滥赏需索甚盛，福康安难辞其咎。但清朝军营贪污腐败之风是整个政治腐败的反映，并不是福康安一人所造成的。嘉庆常常指责福康安开军营滥赏之风，“仁宗既亲政，屡下诏戒诸将帅毋滥赏，必斥福康安”②。其实，滥赏之风有更深刻的根源，是武装力量衰落中的一种刺激和补救措施。早在福康安之前，此风已开。魏源说：“国朝武功之赏，至乾隆而始重……汉人封五等，无世袭例。至乾隆三十二年，始概予世袭罔替。盖承平久，则人习宴安，非此不足以振励戎行也。”③ 乾隆三十二年（1758），福康安还是个三四岁的小孩，而军营滥施封赏就已盛行了。

福康安参与了五次大的战争，四次都是镇压农民和少数民族，一次是为了保卫西藏，击退外国入侵军。凭借当时强大的军力和富盛的财力，他出师屡捷，所至必胜，但也历尽艰辛，胜利来之不易。他组织了在风涛中的渡海作战，参与了丛山密林中的攻碉战，指挥并亲自翻越喜马拉雅山，进行旷古未有的最艰苦的高山作战，在当时的物质条件和交通条件下，组织这些战役的艰难是显而易见的。福康安40多年短促的一生，都是在战斗环境中度过的，军书旁午，夙夜勤劳，才赢得了紫光阁图形、封王晋爵的最高颁赏。他的足迹遍及全国各地，长年奔走跋涉，风尘仆仆，冲锋陷阵，刀光剑影，说他无功受禄、因人成事是不公正的。人们指出他的豪华奢纵，这是确有根据的，但也应该看到他杰出的军事才能和不畏艰险、勇于任事的

---

① 易家夔：《新世说·豪爽》。

② 《清史稿》卷三三〇《福康安》。

③ 魏源：《圣武记》附录卷一一《武事余记》。

精神，他是中国军事史上有所建树、值得称道的一位重要统帅。

在福康安参加的多次战争中，最重要的是乾隆五十七年（1792）的征讨廓尔喀之役。这次战争，翻越世界屋脊，行程最为险远，而且，它在政治上具有重要意义。廓尔喀是当时统治着今尼泊尔的一个部族，勇悍善战，且有英国支持，武器精利。廓尔喀垂涎西藏的财富，乾隆五十四年（1789）入侵西藏，清廷即曾派兵入藏，因路程遥远，尚未发生大的战斗，即议和了事。两年（1791）以后，廓尔喀军再次入侵，竟占领了班禅额尔德尼驻锡的日喀则，洗劫扎什伦布寺，将乾隆赐予六世班禅的大量珍宝财物抢掠一空。当时六世班禅逝世不久，驻藏大臣中竟有怯懦昏聩者，主张放弃拉萨，将达赖喇嘛移居青海。乾隆帝坚决驳斥此议，派福康安率兵入藏，进行了一场艰苦的行军和激烈的战斗，将入侵军驱逐出境。福康安深入廓尔喀境数百里，“经越艰险，冒雨步战，手足胼胝，用兵之难，为从来之未有”①。最后议和班师，成功地保证了西藏的安定和领土完整。当时廓尔喀背后有英国的支持，廓尔喀军入藏反映了西方资本主义对我西藏地区最早的侵略意图，因此廓尔喀战争后的第二年，英使马戛尔尼来到北京，对于领兵入藏的福康安颇为敌视，印象不佳。廓尔喀之役是鸦片战争以前，中国人民继郑成功收复台湾，康熙进行雅克萨战争之后又一次和外国侵略者的斗争，是保卫祖国神圣领土的正义战争。福康安作为统帅，成功地组织了进军，胜利地完成了反击作战，驱逐了廓尔喀军，其历史功绩应予充分肯定。战后，福康安办理西藏善后事宜，改革达赖、班禅及其他活佛的继承制度，设立金奔巴瓶，转世灵童由抽签决定，减少了因继承而起的争端。又加强驻藏大臣的职权，增进内地和西藏的联系，改革西藏军政，加强其防御能力。福康安主持办理，其功自不可没。

福康安生活奢侈，但战场上却能披坚执锐，不是生长在绮罗丛中的懦夫。19岁从征金川，他亲临前线，冲锋陷阵，躬冒矢石，尚有早年八旗将士的遗风。在一次战斗中，金川兵“乘雪雾，潜登山，

① 《清高宗实录》卷一四一〇，乾隆五十七年八月。

犯副将常禄保营。福康安闻枪声，急以兵援击贼退……福康安夜率兵八百，冒雨毁垣入，杀数贼，立毁碉”。在另一次配合海兰察作战时，福康安“疾驱众越过重壕，冒枪石与贼持，使不得他顾，我兵遂得尽破喇穆喇穆碉卡”①。福康安在金川3年多，一直在最前线作战，参加了攻打金川据点勒乌围与噶拉依的最激烈的苦战，战功卓著。战争结束后，封为三等嘉勇男，列名于前50功臣，御制赞曰：“代兄以往，继父而奋。矜许麾励，王臣之荩。登碉夺砦，那须蒙甲。嘉勇锡名，世传勋业。”他所得封爵和赞词是和3年战绩相联系的，并不是无功受禄。

在参加的所有战役中，福康安都是胜利的一方。这固然是由于当时清朝尚有强大的实力，而对手比较弱小，力量的对比决定了战争的结局，但和福康安的作用也有关系。他直接指挥的战役共有3次，即镇压台湾林爽文和湘黔苗民、驱逐廓尔喀入侵，这几次战役都是先败后胜，起先清军作战均失利，在派遣福康安为统帅后，才扭转战局，反败为胜。如台湾之役，林爽文起义军在一年时间内屡次战胜，几乎占领了台湾全岛，清朝派往的将帅先后有黄仕简、郝壮猷、常青等，发兵不为不多，但被起义军打得龟缩在几个孤立的据点中，局势已完全失去了控制。福康安渡海赴台，立解诸罗之围，两个多月时间，瓦解了起义军，擒俘了林爽文。故乾隆非常称赞他的指挥才能，说“其经画周密，贤于施世骠、蓝廷珍远甚（指施、蓝两人康熙六十年渡海赴台湾，镇压朱一贵起义），不以福康安易常青之将军则成功必迟”②。又如征讨廓尔喀，在第一次廓尔喀战斗中，清廷派鄂辉、成德、巴忠率军入藏，但实际上未曾作战，仅仅用银钱换得了与廓尔喀入侵军的和议，敷衍了事，故不久廓尔喀再次入侵，这才改派福康安入藏，着实打了几次硬仗，越过喜马拉雅山，进入尼泊尔境内，赢得了此后西藏边界的长期安宁。再如，湘黔苗民起义，在福康安率军到达以前，苗民群起抗清，阖境鼎沸，也是福康安深入苗疆，逐步推进，激战一年半，才削弱了起义军的势力。尽管其中两

① 《清史列传》卷二六《福康安》。

② 《清高宗实录》卷一三〇〇，乾隆五十三年三月。

次都是镇压国内人民的非正义战争，但从战争的胜负来看，福康安扭转败局，调度有方，不能不承认他有很高的指挥才能。

有人说，福康安是庸碌之才，他每次战斗都和能征善战的海兰察在一起，他只是因人成事，依靠海兰察才建立了卓越的战功。魏源就说过："天生海兰察以成就福康安之功名。"从福康安一生的事迹、战功来看，说他是庸才，有欠公允。乾隆对福康安有"秉性忠纯，才猷敏练"的评价，前一句是指他忠于清朝、忠于皇帝的政治品质，后一句则指他作战、理政、治理的实际才能，应该说，乾隆的评价是比较恰当的。福康安依靠勇猛的海兰察，这是事实。海兰察功大而性傲，年资高于福康安，福康安从军金川，海兰察已是参赞大臣。福康安虽出自名门，皇帝近亲，但位卑资浅，还是个不到20岁的孩子，而辅佐海兰察作战，颇为得力。10余年后，在台湾作战，海兰察仍为参赞大臣而福康安则是全军的统帅，但福康安对海兰察以前辈相待，敬礼有加，趋拜下风，两人始终团结无间。海兰察作战极为出力，这正表明了福康安尊贤用能，不因位高而倨傲的大将风度。这一点还是乾隆皇帝看得透，有一次他询问大臣，福康安和另一统帅阿桂的才能相比何如？大臣说："阿桂能指挥海兰察，福康安则极力周旋之，方得海兰察之力，以此不如阿桂。"乾隆说："汝所言亦是。但阿桂出师西域，海兰察系末弁，夙感阿桂拂拭之恩，故愿效驱策。海为金川参赞，福康安尚系领队，一旦骤临其上，不能不谦谦自下，倚为干城。两人境地不同，福善周旋，是以平贼。"① 这正是福康安作为统帅的优点所在。

福康安不但倚靠海兰察，还提拔、重用了一大批战将，如普尔普、台斐英阿、额勒登保、德楞泰、杨遇春以及明亮、奎林、鄂辉等人。在福康安的周围，团聚和形成了一个颇有战斗力的集体，才能建立功勋，所向克捷。18、19世纪之交的著名战将，大多出于福康安的麾下，这也表明了他对人才的重视和奖掖。

福康安家资富有，挥霍成性，但却不是一个只会享福的纨绔子

① 陈康祺：《郎潜纪闻二笔》卷一一。

弟。他作战时身先士卒，行军时不避艰苦，乾隆说他“素性勇往急公，能耐劳苦”①，这并非虚誉。入西藏作战，正当岁末，大雪封山，路途难行。朝廷限令他40天到达西藏。为了行程迅速，福康安选择了从青海入藏，这条路线较近捷而条件极为恶劣。“青海口外，俱系草地，时值隆冬，冰雪甚大，炊爨维艰，牧饲缺乏”②，福康安于乾隆五十六年（1791）十二月初一日从西宁出发，翌年（1792）正月初二到达青藏边界，正月二十日到达拉萨。隆冬季节，由此路入藏，即使在今天的交通条件下也是十分艰难危险的，而福康安轻骑简从，在冰雪中跋涉，有时马不能行，只能与士卒一起步行，走过这段艰难的路程，这足以说明福康安绝不是只知享福行乐的纨绔子弟。乾隆御制诗章以表扬这次行军：“然以隆冬行，草枯雪过膝，未免跋涉艰，兼之山气逼。先是有烦言，胥恐行难必，予亦为之虑，率勿安晨夕，将军（指福康安）持志坚，辛苦所弗恤。”③ 在西藏高原的战斗十分艰苦，许多人因高山反应和水土不服而病死，海兰察得病回北京，不久死亡，高级将吏如驻藏大臣舒濂、参赞大臣奎林（福康安之堂兄）、乾清门头等侍卫哲森保、总兵张芝元等均病死西藏。福康安自己也“感寒触瘴，旧病顿发”，回程时病倒巴塘多日。又如在湘西和贵州进攻苗民，“该管深林密箐，路径险阻，大半步行，兼以雾雨连绵，气候蒸热”④，“福康安、和琳（和珅之弟，与福康安同在军中）不分昼夜，攀涉险阻于峻岭之间，绕道进取，往来跋涉不下二三百里之遥，备尝劳勩，几于不忍披阅”⑤。福康安在征苗军中度过了一年半，终因劳累过度，原来很健壮的身体垮了下来，一病不起，苗民尚未完全镇压下去，他与和琳相继病死于军营中。

福康安不但有军事才能，也有政治见识和办事能力，乾隆帝说他“平日办事细致，于属员贤否亦能留心察看而眼力不平常”⑥。台

① 《清高宗实录》卷一三九二，乾隆五十六年十二月。
② 同上书，卷一三九一，乾隆五十六年十一月。
③ 《御制诗五集》卷七〇《进剿廓尔喀兵行事宜，诗以志慰》。
④ 《清高宗实录》卷一四八六，乾隆六十年九月。
⑤ 同上书，卷一四八四，乾隆六十年八月。
⑥ 同上书，卷一三二八，乾隆五十四年五月。

湾和西藏的战争结束后，他主持办理善后事宜，拟订章程，恢复秩序，发展生产，巩固防务，建造城垣，对于海疆和边疆的建设起了积极的作用。他在云贵总督任内，整顿铜矿事务，极为尽力，使滇铜产量增加，运道畅通，源源不断地供应鼓铸，因而交部议叙，受到嘉奖。乾隆帝以福康安为办事干练的榜样，高兴地说："可见督抚等于地方公事，尽一分心力即有一分功效。"①

人们往往把福康安与和珅相提并论，指为乾隆后期一武一文两个佞臣，甚至说他们二人勾结，朋比为奸，败坏朝政，这种说法也有欠公正。福康安虽与和珅一样得到乾隆的宠信，但福康安劳苦功高，战绩显赫，与和珅一味以谄媚得宠是不同的。福康安的弟弟福长安确与和珅勾结，和珅赐死，清廷对其党羽的处理比较宽大，唯福长安下狱、夺爵、抄家。但福康安和福长安不是一回事，福康安不但没有党附和珅，两人还存在一定的矛盾。轰动一时的李天培案件即透露了和珅与福康安矛盾的信息。李天培是湖北按察使，因私运木植 1 900 根，被劾革职，充军伊犁，查出其中有福康安的木植 800 根，福康安也因此得罪，革职留任，罚总督养廉银 3 年、公俸 10 年。而告发此案的正是和珅的弟弟，当时任巡漕御史的和琳。这是和珅对福康安的一次公开打击。和珅深知福康安受帝信任，恐怕动摇了自己的地位，千方百计找福康安的岔子，并令福康安长期出差或外任，不让他留在皇帝的身边。福康安率军进西藏，"时青草未茂，马皆瘠疲，粮饷屡绝。运粮布政使受和珅指，欲绝其饷，以令其自毙。赖福康安行走疾速，于四旬至前藏"②。福康安之母病死，廷旨不让他回京祭葬，福康安竭力请求，谕旨才准他回京，但只能在郊外母柩安厝地祭奠，不许进北京城，不许至热河觐见皇帝，这种违反常理、不近人情的命令，恐怕也出于和珅的意志，可见两人矛盾之深。福康安与和珅的弟弟和琳一起入藏，一起攻番，和琳事事进行牵制。后来，嘉庆皇帝的谕旨中说，"和琳同福康安剿办湖南

① 《清高宗实录》卷一一二六，乾隆四十六年三月，第 3 页。

② 《国朝耆献类征》卷三四《福康安》。

番匪，亦因和琳从中掣肘，以致福康安及身未能办竣”①，可见福康安并未勾结趋附和珅。

总之，作为乾隆朝重要历史人物的福康安，虽有骄横、婪索、挥霍的坏作风，但南征北战，戎马一生，驰骋疆场；尽管他多次镇压人民起义，但入藏之役，反击侵略，安定边疆，功绩甚大。他所参加的战争比前于他的兆惠、舒赫德、阿桂更频繁，比后于他的额勒登保、德楞泰、杨遇春更重要，他不失为中国军事史上的一位重要统帅。但他死后，由于新皇帝嘉庆对他的嫌恶，对他颇多指责，他的缺点被夸大渲染，他的功绩被淹没。时间已经过去200年了，时过境迁，这位曾经叱咤风云、显赫一时的统帅的名字几乎已被人忘掉了，但作为历史专业工作者，正好可以摒除一切成见和影响，客观而冷静地审视他的一生，对这位重要历史人物做出公正、恰当的评价。

① 《清史列传》卷二九《和琳》。

福康安风雪援西藏*

乾隆五十六年（1791）十二月初一，有 100 多人从青海西宁出发，驰马急行，向西藏奔去。他们是什么人？有什么紧要事务？

这是乾隆帝为援救西藏派出的一支队伍，为首的是声名显赫的大将福康安，战功卓著，英名远扬。他是乾隆帝的内侄，时任两广总督，年 37 岁。

这是为抵抗廓尔喀入侵而奉命援藏的先头部队。从乾隆五十三（1788）年起，廓尔喀（即今尼泊尔）已两次侵略中国西藏，廓尔喀是喜马拉雅山南的一个小国，其民勇悍善战。当时它的大邻国印度已全部沦为英国的殖民地，英国常雇用廓尔喀人作战，廓尔喀国王在英人的唆使和支持下觊觎西藏。它拥有英人供给的先进武器，两次侵藏，藏军大败，占领了包括班禅驻锡地日喀则在内的后藏地区。清廷的驻藏大臣保宁等畏葸怯懦，竟欲挟持达赖、班禅逃往青海，丢弃西藏。乾隆帝闻讯大怒，指责保宁“丧心病狂，一至于此”，决心发兵远征，收复后藏。他说：“卫藏为历辈达赖喇嘛、班禅额尔德尼驻锡之所。康熙、雍正年间两次用兵，俾得安辑。予临御后复加振兴，岂因小丑频年侵扰，即可置之不顾。且此时不痛加惩创，安知贼匪占据后藏之后，不浸寻以次蚕食前藏。”①

在当时交通极不方便的条件下，大军进藏，不是一件简单的事，行军、运粮、沿途设置台站，事务繁杂。乾隆五十六年（1791），经长途跋涉，内地已有几千官兵入藏，但却没有一位称职的统帅。前线士兵无人指挥，队伍散乱，战斗不力，不能收复失地，乾隆帝心急如

---

* 原载《清代人物研究》，北京，故宫出版社，2013。

① 《御制诗五集》卷七十《悉故》。

焚，只得从广西调福康安回京，面授机宜，派往西藏，统一指挥战争。福康安率领 1 000 名索伦、达呼儿兵在乾隆五十六年（1791）十一月离京赴藏。

摆在面前的难题是：前线军情紧急，无人指挥，福康安怎样在隆冬季节尽快进藏？而且乾隆帝下了死命令，必须在 40 天内或由成都、或由西宁到达拉萨。

当时的进藏路线有两条，一条从成都经打箭炉、巴塘、理塘入藏，一条从青海西宁南行入藏（即今青藏铁路所经）。前一条路较平坦，但有 5 000 余里，后一条路仅 4 000 余里，但据报“青海大道，并无人烟，山路极多，又无林木，冰雪甚大。兼之蒙古住牧遥远，缺乏马草，难以趱行”①。乾隆帝听到这个消息，非常担心。下谕说：“若青海一路实有难行之势，由福康安等熟筹，当即改道由四川赴藏，不可勉强。”② 但福康安为了实现乾隆帝速赴西藏、收复领土的谕旨，仍然选择了路程较短而困难甚多的由青海入藏的路线。

福康安挑选精壮百余人，亲自率领从青海西宁南行，开始了隆冬季节赴援西藏的壮举。一行人等，骑马前进，每人以三马换乘，口粮锅帐、秣草料豆以至烧饭用的柴薪俱用骆驼运载，各项准备极为宽裕。行走数日，“地势渐高，山上厚存积雪，甚觉崎岖，并有川岚瘴气，早晚行走，每致头晕气喘”③。他们努力赶路，但求早日进藏。福康安在路上于十二月初九曾发一奏折往北京，此后，愈行愈远竟未发报。乾隆帝关念甚深，忧心忡忡。他在北京挂念行军中的将士，说：“然以隆冬行，草枯雪过膝，未免跋涉艰，兼之山气逼。先是有烦言，胥恐行难必，予亦为之虑，率无安晨夕。”④ 而福康安等一路披星戴月，每天寅初（约凌晨三点钟）启程，至戌刻（夜八点）驻歇，每天驻歇牧马仅七个小时，“一日所行道路，较之喇嘛番子人等行走两日路程，尚属有余”⑤。十二月十六日行至玛楚克，因

---

①② 《钦定廓尔喀纪略》卷八。

③ 同上书，卷九。

④ 《御制诗五集》《奎舒奏报进剿廓尔喀兵行事宜诗以志慰》。

⑤ 《钦定廓尔喀纪略》卷十三。

携带物品太多，马匹疲乏，骆驼行走迟缓，索性精简物品，将所带柴薪减去，骆驼全部留作后队，以便轻装速行。十二月二十四日，过黄河、长江的发源地星宿海，“数百里内，溪涧交错，泉水甚多，冬令处处凝冰，远近高下，竟无路途。且该处多系沟磡沙滩，乱石纵横，与冰坎相间层积，马足倾滑行走维艰”。二十八日，过巴颜喀拉山，“地势极高，瘴气最大……人行寸步即喘，头目眩晕，肌肤浮肿，冬间冷瘴，较之夏间尤甚”①。其行进道路大体上是沿着今天的青藏铁路。路上，福康安先因受寒得病，后又感染瘴疠，困顿疲乏，因而在木鲁乌苏河停歇两天。乾隆五十七年（1792）正月初二日到达多伦巴图尔，该地已为西藏界，达赖派员携带牛羊食物在此迎候。但进入藏界，道路依然难行，连遇风雪，气候更冷，一路无柴草可烧，唯捡拾牛马粪便作炊，马匹疲乏，倒毙累累，幸拉萨又遣人迎接，方得换马前进。一过喀拉乌苏，地势稍平，气候转暖，兼程疾走，正月二十日到达拉萨，共计 50 天行走 4 000 余里，已超过乾隆帝到达拉萨的限期 10 天。这次赴西藏冒雪冲寒，长途跋涉，为行军历史上所罕见。

此后，经过战斗，收复了聂拉木、济咙等后藏地区。为了驱赶侵藏的廓尔喀军，清军攀登号称“世界屋脊”的喜马拉雅山，展开进攻。廓尔喀军虽有英国供应的先进枪炮，仍抵挡不住清军的凌厉攻势，节节败退。清军翻越山脊，进抵山南，离廓尔喀都城阳布（今加德满都）仅数十里，其战斗详情不赘言。

清军虽战胜，也遭遇严重困难，气候寒冷，冰雪载途，山高路险，粮运不继，登山的 8 000 名清军因战、因病、因饿而大量死伤减员，仅余 5 000 人。

时间已到阴历八月，马上就要大雪封山，如果战争拖延下去，封山之后，山路不通，粮食不能运过来，军队也不能撤回去，势将坐以待毙。好在福康安离京时，乾隆帝嘱咐他，此战意在收复后藏，并警戒敌人，不求割占廓尔喀土地，福康安遂与廓尔喀国王议和。

---

① 《钦定廓尔喀纪略》卷十八。

约定：今后不得犯边，并归还从中国后藏抢掳的金银财物和御赐班禅六世的金册，廓尔喀派遣大臣到北京进贡驯象、番马、孔雀、毡绒及乐工 13 人。福康安遂于乾隆五十七年（1792）八月二十一日率大军回国。此后 200 多年，两国边界安宁，和好无事。

我国最多产的一位诗人——乾隆帝*

乾隆帝（爱新觉罗·弘历）是清朝的第六个皇帝。他活到88岁，是历代帝王中活得最长的。实际统治中国63年多（当皇帝60年，当太上皇3年），是中国封建社会晚期一个关键性的历史人物。他的年号，家喻户晓，众所周知。对他有各种各样的议论、评价、传说。人们知道有关他的许多事情，比如“十全武功”，《四库全书》，“六下江南”，还有和香妃的艳史，跟海宁陈家的关系，晚年对和珅的宠信等等，有的是事实，有的则是捕风捉影的传闻。总之，他是一个被人谈论很多、充满传奇色彩的人物。但是，有一点却很少有人提起，就是乾隆帝一生喜爱读诗，喜爱写诗，是中国诗史上创作最宏富的多产诗人。

乾隆的御制诗集共5集，434卷，收诗41 800首。这是在位60年间所写的，平均每天要写两首诗。所谓“五集篇成四万奇，自嫌点笔过多词”①。此外，在他即位以前，当皇子的时候，有《乐善堂全集》；在他退位以后，当了太上皇，有《御制诗余集》。这些还在41 800首以外。其诗作之多，有史以来，首屈一指，无人可望其项背。就拿康熙年间编印的《全唐诗》来说，搜罗宏富，洋洋大观，共900卷，收集唐代300年中2 200多位诗人的作品，也才只有4.8万余首。乾隆帝一个人的诗作，篇幅上竟可与遗留下的全部唐诗相比拟，其数量之多，创作之勤，实可令人惊愕。

写诗是乾隆一生的嗜好，他无日不在咿呀吟哦之中。在大内、御园居住办公也好，到江南、塞北巡幸围猎也好，有时军书旁午、公务

---

* 原载《吉林大学社会科学学报》，1985年第5期。

① 《御制诗余集》卷一九《鉴始斋题句》。

繁忙，有时四方无事、政清刑简，可他始终保持写诗的习惯，留下大量诗篇。他自己说，“平生结习最于诗”①，“笑予结习未忘诗”②。又说：“几务之暇，无他可娱，往往作为诗、古文、赋。文赋不过数十篇，诗则托兴寄情，朝吟夕讽。其间天时农事之宜，莅朝将事之典，以及时巡所至，山川名胜，风土淳漓，莫不形诸咏歌，纪其梗概。”③

诗是文艺作品，写得多不一定写得好。乾隆的诗，水平怎样？自然，他的大臣们对皇帝的作品大加赞誉，竭力恭维，什么“金声玉振，函盖古今”，什么“神龙行空，瞬息万里”，这类过分吹捧的话是不能相信的。乾隆对自己的诗，有两个字的评价，即“拙速”。“拙速吾犹惯”④，“拙速由来我所能”⑤，这多少反映了他写诗的特点。他写诗很快，不拘格律，不事雕饰，信口拈来，便成篇什。有些诗还比较清新自然，但总的来说格调不高，佳作不多。

乾隆主张诗以言志，贵有内容，标榜“清真雅正”的诗风。不主张立异猎奇，不使用绮辞丽句，“志言要归正，丽句却须删”⑥，“触兴便拈吟，绮丽非所羡”⑦。他对杜甫十分倾倒，“葩经到此千余载，只爱杜陵菽粟文”⑧，“我读杜诗亦已屡，每一开编兴会殊”⑨。他特别反对宫体诗、香艳诗，诗风和前代帝王陈后主、隋炀帝、李后主、宋徽宗迥异。不少人误以为乾隆是个风流天子，一定会写些缠绵悱恻、儿女情长的诗句，而实际上，他的诗具有强烈的政治色彩和正襟危坐的道学气味，绝没有儿女情、脂粉气。在他写的那么多的诗中，没有美女宠妃的形象，也没有轻歌曼舞的场面，甚至诗中从来不用“酒”字。他说：“予向来吟咏，不为风云月露之辞，每有关政典之大者，必有诗记事，即游艺拈毫，亦必于小中见大，订

① 《御制诗三集》卷二五《题郭知达集九家注杜诗》。
② 《御制诗五集》卷七〇《题玉澜堂》。
③ 《御制文初集》卷一一《初集诗小序》。
④ 《御制诗五集》卷二二《至保定府行宫驻跸》。
⑤ 《御制诗四集》卷八《再游平山堂》。
⑥ 《御制诗五集》卷二一《藻韵楼》。
⑦ 《御制诗三集》卷三三《盘岚精舍》。
⑧ 《御制诗初集》卷二〇《漫兴》。
⑨ 同上书，卷四四《读杜诗》。

讹析义，方之杜陵诗史，意有取焉。”①

由于乾隆要“小中见大”，想在诗中说点大道理，又总想表现自己的“勤政爱民”“文治武功”，因此他的诗矫揉、自诩和说教的味道很浓厚，不能不落入诗的下乘。再加上写诗太多，出手太滥，不加锤炼推敲，所谓“岂必练研求警句，兴之所至笔因拈”②，诗味不足。许多应兴即景的诗，信手涂鸦，千篇一律，味同嚼蜡。有些诗还要遵照程式旧例，譬如每年的元旦、上元、冬至、除夕，都要按例写诗，诗的体裁、字数是预先规定好的，“每岁元旦及试笔诗，皆七言，除夕诗皆五言，数十年来，遂成常例”③。这类诗，谈不上什么真性情、真胸臆的抒写。还有一些诗，要凑成五言、七言，任意减字、增字，如“土尔扈特”减一字，成“土尔扈”，“札什伦布”加一字，成“札什焕伦布”。这种杜撰的词汇和生硬的用句，比比皆是。有时字句省略太多，上下不相连贯，意义晦涩不明。例如，乾隆四十一年（1776），他在巡幸途中，接到北京下雨的报告，咏诗一首：

阁报例应隔日至，均称二寸雨欣滋。
然斯乃谓十八彼，料彼未知旬九斯。

这首诗，不但没有诗味，而且意义费解，不知所云。幸亏乾隆的许多诗，附有很长的注文，以详叙事实，说明诗意。看了注文，才知道原来乾隆在巡幸中，照例两天一次收到北京送来的阁报。阁报中说北京下了两寸雨，他感到很欣慰。可是又接到直隶的报告，说易州在十九日下雨四寸，易州和北京下的雨量不一样。北京所报是十八日的情形，大约还不知道十九日的情形吧！这里省略了下雨两寸和四寸的差别，省略了直隶奏报，省略了两地雨量的比较，只剩下十八日和十九日，如果不看诗注，怎么也弄不清诗的意思是什么。

---

① 《御制诗余集》卷二《惠山园八景》诗注。
② 《御制诗三集》卷六三《永恬居》。
③ 《御制诗五集》卷三五《元旦试笔》。

乾隆写诗很快，有时每天可写诗十几首。例如，乾隆三十六年（1771），他乘船去昆明湖，不到一个小时就写了八首诗，“舟行十里诗八首，却未曾消四刻时”①。又如，乾隆四十九年（1784），他去香山游览，“自十一日驻跸香山，五日得诗凡六十七首”②。他自述写诗迅捷的体会，“放舟揽景，俄顷之间，得诗数首，非欲与文士争长，正以理精辞熟，自觉有水到渠成乐趣”③。事实上，乾隆的好胜心很强，常常因自己“诗才敏捷”而流露出沾沾自喜的心情。和珅就很会投其所好，大拍乾隆的马屁，“皇上几余吟咏，分章叠韵，精义纷纶，立成顷刻，真如万斛泉源，随地涌出。昔人击钵催诗，夸为神速，何曾有日咏十余，韵至十叠者”④。

乾隆写诗，也有写得少的时候，一是即位之初，孜孜求治，致力于政务，怕写诗会分散自己的精力，故诗作极少。乾隆元年（1736）他写的诗里说：“賸有忧怀批奏牍，那余逸兴赋诗篇。”⑤从乾隆元年到乾隆四年（1739），每年只有几十首诗，以后逐渐增多，乾隆十年（1745）以后，每年写诗均达数百篇。二是他的诗兴，也有季节性，春季诗兴最浓，诗作最多，夏秋次之，到了冬天，好像文学灵感也要冬眠似的，很少写诗。冬至以后，几乎搁笔。三是在忧伤烦闷的时候，写诗的雅兴随之衰退。乾隆四十二年（1777），他的母亲孝圣皇太后逝世，他十分悲痛，这年的诗作明显锐减。又如，他当太上皇以后，白莲教起义声势浩大，他焦虑不安，说“迩来心绪懒吟兴”，“近因盼望捷报，心绪焦劳，吟兴为之稍减”⑥。但总的来说，他的诗兴一直是很高的，创作活动也长久旺盛而不衰。

乾隆作为至尊的天子，不屑与文人墨客为伍，可为了写诗，也要找几个诗友联句唱和。他的两个弟弟和亲王弘昼、果亲王弘瞻，

---

① 《御制诗二集》卷九九《过广源闸换舟遂入昆明湖》。

② 《御制诗五集》卷一五《香山旋跸》。

③ 同上书，卷九五《由玉河泛舟至万寿山清漪园》。

④ 乾隆五十八年重华宫联句和珅诗。

⑤ 《御制诗初集》卷一《览旧作志怀》。

⑥ 同上书，卷一六《江兰等各报雪泽情形》。

常陪他吟诗。“上即位后，优待和、果二王，每陪膳侍宴，赋诗饮酒，殆无虚日。”① 乾隆早年对著名诗人沈德潜最为倾倒，说“德潜早以诗鸣，非时辈所能及。余耳其名已久。频年与之论诗，名实信相副”②。还有钱陈群也常与乾隆唱和，“陈群深于诗学，书法亦苍老。家居以后，每岁录寄御制诗百余篇，命之和，陈群既和韵，并写册页以进”③。还有一些新进小臣，陪着皇帝写诗，颇得皇帝欢心，如张南华（鹏翀）就是一个。“上天纵多能，鹏翀诗才敏捷，每日宣召至再至三。词馆诸臣，艳称奇遇。”④

乾隆诗作所以很多的原因之一，是有些诗不是他亲自写的，而由臣下代笔。有时候，兴之所至，口吟一二句，尚未完篇，便令侍监抄录，由词臣续成。也有的诗，臣下代笔后，经乾隆改定，或乾隆自己写的诗，交臣下修改。曾在军机处当过章京的著名诗人、历史学家赵翼就曾为皇帝捉刀撰文，赵翼说：“寻常碑记之类，亦有命汪文端（汪由敦，军机大臣）具草者。文端以嘱余，余悉意结构，既成，文端又斟酌尽善。及进呈，御笔删改，往往有十数语只用一二语易之，转觉爽劲者，非亲见斧削之迹，不知圣学之真不可及也。”⑤ 赵翼说的是代写文章，写诗大概也有类似的情形，特别是逢年过节的应酬例作，不见得是皇帝的手笔。沈德潜死后，在徐述夔的文字狱案中受到牵连，被夺官爵、仆墓碑。据传，沈得罪的原因之一就是曾替乾隆写诗，而又把这些诗收进了自己的诗集，“迨归愚（沈德潜）疫殁，上命搜其遗诗读之，则己平时所乞捉刀者咸录焉，心窃恶之”⑥。对于封建时代的皇帝来说，并没有像现代知识分子那样的著作权观念，朝廷养活一批学士词臣，他们的任务之一就是要给皇帝草写谕旨诏诰以及诗赋文章。在学士词臣们看来，这是莫大的荣耀，皇帝也把别人代写的作品心安理得地视作自己的作品。不过，乾隆倒在事前做了声明，并不讳言请人捉刀。他当皇帝的初年，在《乐善堂全

---

① 昭梿：《啸亭杂录》卷一《友爱昆仲》。

②③ 《御制诗四集》卷五九《怀旧诗》。

④ 余金：《熙朝新语》卷一〇。

⑤ 赵翼：《簷曝杂记》卷一《圣学一》。

⑥ 《清朝野史大观》卷三《沈归愚诗狱》。

集》的序文中说："自今以后，虽有所著作，或出词臣之手，真赝各半。且朕亦不欲与文人学士争巧，以贻后世之讥。"①

平心而论，乾隆的诗，历史的价值大大超过艺术价值。乾隆在位的时间长，亲理政事，"朕临御四十三年，事无巨细，必躬必亲"②。他的诗都是在政务之暇，纪事抒情而作。有的叙述某件史事，有的表现某些制度、政策，有的记录自己的行踪游迹，有的反映自己的思想观点与喜愠心情。而且许多诗附有详细的诗注或序文，或胪陈史实，或解释典故，或说明诗意。他的大量诗作，详细、具体而又形象地记录了一生的政治活动和思想感情，乾隆也把自己的诗看作生平的历史记录，所以说："拈吟终日不涉景，七字聊当注起居。"③ 他的篇幅浩瀚的诗集是研究当时历史和乾隆其人的绝好的史料，可供历史学家发掘、钻研和利用。

乾隆不像历史上大多数封建皇帝那样，深居高拱，不问外事，与世隔绝。他常年在外走动，江南塞北、盛京五台、东陵西陵、泰山嵩山，到处游历山川名胜，调查风俗民情，询问农事耕作，筹议河工水利，亲行围猎骑射，观察官方士习。他不仅接触了很多贵族官僚，也在一定程度上接触了普通老百姓，"常山翠华初驻旃，老幼瞻依夹道填"④，"野老扶儿望六飞，停鞭问处话依依"⑤，"老幼黎民日日添，马前舆后任翘瞻"⑥。这是他诗中描写的皇帝出巡、群众围观的热烈场面。老百姓万人空巷，迎銮接驾，堵塞了街道，踩踏了农田，有时候，乾隆还和他们交谈问话。以这种方式接触群众、了解民情自然是很有限的，但处在那个时代，以乾隆那样的身份，不可能再超出这样的范围。由于他还知道一点下情民瘼，所以写出了一些颇有思想内容的好诗。如乾隆七年（1742），他在去易州西陵的途中，遇见一位从山东逃荒来的老人，孑然一身，无妻儿家室，佣

① 《御制文初集》卷九《乐善堂全集序》。
② 《东华录》（乾隆朝）卷八八。
③ 《御制诗五集》卷六四《东甘涧》。
④ 《御制诗二集》卷二《赵州道中作》。
⑤ 《御制诗初集》卷一六《郊行》。
⑥ 《御制诗五集》卷三《过仰化集》。

佃度日，贫病交加。乾隆听了他的悲惨遭遇，写了如下的诗：

我闻凄然悲，所悲非野父。
曾记周诗云，君子民父母。
教养违其方，黎民失怙恃。
命医施针砭，或可离痛楚。
白金赒其窘，屋居免露处。
固知煦妪仁，所愧泽未溥。①

同年，他去遵化东陵的路上，又遇见一位贫穷老农，在交纳了赋税地租之后，已罄无所有，不能维持生活。他写诗道：

路旁一农父，倚杖愁默默。
……
租吏下乡来，款接完赋额。
吏去业主来，逋欠坐求责。
吾农三时劳，曾无一日适。
我闻凄然悲，执政无良划。
罔民焉可为，恒产究安则。
翁其善保躯，展转增叹息。②

乾隆二十七年（1762），南巡至浙江，他目睹了盐工灶户的辛勤劳动，体会到盐商对盐工的剥削，他写诗道：

苇庐灶户日煎盐，辛苦蝇头觅润沾。
嘘燉胼胝耐燥湿，厚资原是富商兼。③

当然，作为最高统治者的乾隆，他的思想、愿望、政策、行动都要全力维护封建阶级的利益，像这类咏叹民间疾苦的诗章只占很少数。但他毕竟了解到一点群众的艰辛生活，劳动人民水深火热的处境曾拨动过他的心弦，他写过这样一首诗：

① 《御制诗初集》卷八《路旁》。
② 同上书，卷一一《石门驿》。
③ 《御制诗三集》卷二一《塘上》。

老农炙背耘田苗，汗湿田土如流膏。
广庭挥扇犹嫌暑，彼何为兮独不苦。
独不苦兮无奈何，未见应比见者多。
农兮农兮良苦辛，惭愧身为玉食人。①

一个封建皇帝，能写出这样的诗句，就算难能可贵的了。

乾隆所写另一类重要的诗是有关战争的诗，对历史研究很有价值。乾隆朝有“十全武功”（两征准噶尔、两征金川、两征廓尔喀以及征回疆、台湾、缅甸、安南之役），还有不计入“十全武功”的多次战争（乌什、王伦、苏四十三、田五、苗疆、川楚白莲教）。每一次军事行动都留下许多诗和诗注，相当完整地、详细地反映了战争的全过程和乾隆的决策、指挥。后来，曾把有关“十全武功”的诗文汇编为《御制诗文十全集》，共 54 卷，包括文 11 卷、44 篇；诗 42 卷、1 520 首。这些诗大多取材于前线的奏折军报，可与实录、方略、档案相印证，也有一些是听了从战场返回的将领侍卫们的口述，是文书中所没有的。诗中叙述了战争的起因、发展和战斗细节，透露了作战中的困难、失误，乾隆个人对战局的估计、判断以及随着战争的胜负或喜悦、或焦急的心情。例如，平定准噶尔的战争，时间拖得很长，局势屡变，时胜时败，前线将领不很得力，几次临阵易帅。乾隆在诗中自怨自艾：

西陲方荡平，卒未得休师。
勤远非初意，三年乃逮兹。
设能先执领，安用屡移棋。
事顺乏人干，乏人责在谁。②

又如，征缅甸之役，作战于炎暑瘴疠之地，屡遭挫折，劳师靡饷，损兵折将，乾隆不得不承认自己的失策：

一时思靖缅，讵曰非兵佳。

① 《御制诗初集》卷九《耘田者》。
② 《御制诗二集》卷七五《西陲》。

二字蹈轻敌，况复失徘徊。①

又如，在镇压甘肃回民起义时，起义军已被重重围困，断绝水源，势穷力竭，但仍英勇作战，宁死不降，使得乾隆很感惊讶，在诗中呼为“大奇事”：

贼首虽阵斩，余党十遗四。
乃竟弗出降，死守华林寺。
釜底困犹斗，延廿日弗溃。
邪教固人心，亦诚大奇事。
筑栅近逼之，火攻下策试。
纵拼命跳踉，围戮无噍类。②

再如平定金川以后，清政府为加强对该地的统治，撤销土司，改设流官，驻兵屯田，恢复农业生产，取得一定效果。乾隆的诗中反映了这一政策措施：

险疆费力始平之，不合仍将俾土司。
戍卒轮班拨近地，降番散处垦荒陂。
已看树艺欣作息，即寓屯耕相制维。
永敉蛮方靖兵火，由来万事在人为。③

山东王伦起义后二年，他路过临清，详询了战斗情形，亲历了战场，作长诗《临清歌》，原原本本地记述了这一事件的全过程。乾隆晚年，传位给嘉庆，自己当了太上皇，而干戈迭起，湖南、贵州爆发了苗民起义，湖北、四川、河南、陕西爆发了白莲教起义，战火日益蔓延，难以遏制。乾隆晚年写的许多诗篇表现了惶惶不安的焦急心情：

忽忆捷章仍未到，片时那得获心宁。

---

① 《御制诗三集》卷一二《数诗再效鲍照体》。
② 《御制诗四集》卷八四《阿桂奏报净剿番回信至诗以志事》。
③ 同上书，卷三九《明亮等奏新疆事宜诗以志慰》。

湖北川东兵未消，执凶盼捷正无聊。①

外靖内安思昔咏，歼苗平楚致今忙。
依然书屋凭窗坐，惭愧人称太上皇。②

嘉庆四年（1799）正月初二日，一生写了4万多首诗的最多产的诗人乾隆年已88岁，正在病中，写了最后一首诗，念念不忘前线军情，埋怨将士作战不力，盼望擒获义军领袖。诗中说：

三年师旅开，实数不应猜。
邪教轻由误，官军剿复该。
领兵数观望，残赤不胜灾。
执讯迅获丑，都同逆首来。③

这首诗的注文说："现在已届新正，惟冀喜音迅递，将各路著名匪犯悉数生擒，接踵而至，即可计日蒇功，盼望尤为殷切。"过了两天，即嘉庆四年正月初四日乾隆逝世。嘉庆帝为太上皇诗集作跋写道："己未正月二日，力疾成望捷之诗，孰意此章，竟为绝笔。"④ 这位文治武功赫赫不可一世的大皇帝，始终没有见到这场震撼清朝统治的农民起义的平息，他带着未了的心愿，饮恨而终。

乾隆写诗的另一重要题材是农业生产，这类篇章，数量之多，难以计算。

遍野青青秋麦萌，扶犁亦见有新耕。
斯吾第一关心处，岂是寻花问柳行。⑤

看耕端似胜看花，那觉鸣鞭十里遐。
吩咐长官恤民隐，乏籽种者不妨赊。⑥

---

① 《御制诗余集》卷一三《汪新、英善各报麦收分数》。
② 同上书，卷四《旧衙门行宫即景》。
③ 同上书，卷二《望捷》。
④ 《嘉庆跋乾隆御制诗文余集》。
⑤ 《御制诗三集》卷九五《齐河道中作》。
⑥ 同上书，卷二《马上见耕者》。

这都是他在路上察看农情的诗作。封建的中国，以农立国。每年雨泽的调和、耕作的勤惰、收成的丰歉，直接影响着人民生活、财政盈亏和政治稳定。作为最高统治者的乾隆，从长远的利益出发，对农事十分关切。为了重农劝耕，每年春天要祭社稷、耕耤田。又在中南海的丰泽园、圆明园的北远山庄开辟农田，试种作物，以验证农事。北海新建了蚕坛，清漪园旁立碑镌刻耕织图。各省都要向朝廷及时上报雨泽、收成、粮价。乾隆说："朕于各省雪雨情形，民食攸关，无时不为缱念。偶或奏报少迟，当即驰旨询问，令该督抚据实复奏。凡有奏到之折，多有即为题什，以志慰幸者。"① 正是"无刻弗因农系念，抚时惟觉岁关心"②。当春季天旱时，他常常带着皇子和大臣们跑到西北郊黑龙潭去求雨。他的诗中说：

较晴量雨卅九岁，较量每先穑夫早。
微缺雨即虑成旱，略连霖豫恐致潦。
初时犹弗觉太甚，年复一年首忽皓。③

有时久旱不雨，他诗篇中明显地表现出焦急不安的心情：

人穷反本呼天吁，旱甚因谁责己知。④

计穷力已竭，敢虔举大雩。
彻悬屏丝竹，减膳用菜蔬。
思过冀回天，返躬唯责吾。⑤

在他的一篇诗注中还说："每日宫中在上帝及龙神各处拈香拜祷，几于坐卧不宁。"⑥

有时久旱逢雨，他又十分高兴，兴致勃勃地吟诗志喜：

弥月甘膏已觉稽，晚来云重雨凄凄。

① 《御制诗五集》卷八八《批折》。
② 同上书，卷九一《夜雨》。
③ 同上书，卷一〇《较晴量雨》。
④⑤ 《御制诗二集》卷八六《躬举大雩祈雨》。
⑥ 《御制诗五集》卷八七《书麟、孙士毅、勒保各报春月雨雪情形》。

通宵喜听波声注，诘晓才看霁色夷。
何处非民非赤子，即今惠我惠青齐。
京畿一带齐沾否，驿旅眷章此伫徯。①

昨朝几番雨而晴，四鼓檐前复注声。
已喜作泥跋山路，更思透壤报都京。
遥瞻云聚西南势，切望心驰滂沛情。
渐北田功渐加美，曰欣曰盼寸心萦。②

乾隆十二年（1747）春，他检阅近期内的诗作，发现其中很多是求雨写的诗。他说："正月望雪，继望雨，二月十五以后雨而少慰。三月十五前后复望雨，下旬至四月初，雨足而大慰。四月十五后复少，望雨，十九日雨而复慰。凡此皆有诗，至今则又复望雨云。"③ 这类作品，充满在乾隆的诗集中，正是"壁多望雨盼晴什，复有忧霖盼霁诗"④，"晴久则盼雨，雨多则盼晴，农事关怀，无时可以自释"⑤。如果把他诗集中望雨盼晴的诗收集在一起，可以相当完整地显示出乾隆一朝晴霁阴雨、气候变迁的情况。

乾隆诗集中还有很多记述各地收成和赈灾救荒的诗篇。每年各省申报夏收、秋收的成数，他几乎都要写诗。如乾隆五十三年（1788），江苏和安徽奏报收成。他写诗说：

两江各报收成数，上乃七分下九分（上指安徽，下指江苏）。
近北因教潦水被，远南欣得稔秋闻。
界邻幸可通融济，转壑实无饥馑纷。
仍恐向隅有独叹，缓征谕吏抚绥勤。⑥

乾隆帝对赈济灾荒，态度很积极。他懂得：要使统治稳定，必须维

① 《御制诗三集》卷三七《舟中夜雨》。
② 《御制诗五集》卷九《雨》。
③ 《御制诗初集》卷四一《偶阅今年诗稿率题》。
④ 《御制诗三集》卷五八《寝殿粘壁诗，即目兴怀》。
⑤ 《御制诗五集》卷九一《创得斋》。
⑥ 同上书，卷四二《上下江巡抚各报收成分数》。

持人民起码的衣食，“不饥自鲜盗，村村乐宁谧”①，一场严重的自然灾荒必定会带来社会动荡。所以，一有灾荒，他立即派遣官吏，发帑运粮，办理赈务，不稍吝惜。后人评论说“纯皇（即乾隆）忧勤稼穑，体恤苍黎，每岁分命大吏，报其水旱，无不见于翰墨，地方偶有偏灾，即命开启仓廪，蠲免租税，六十年如一日”②。他写的大量赈灾诗都是告诫官吏，要体恤民情，尽心赈事，不可匿灾不报，不可侵吞赈银。如乾隆二十八年（1763），山东水灾，甘肃干旱。乾隆令两省官吏办赈，写诗说：

十行宽大讵虚谈，实政应教惠泽覃。
东廑低田沴齐鲁，西忧瘠土旱凉甘。
贫分极次为赒赈，令饬抚藩慎再三。
恩戒侵渔须遍逮，春来胥俾力农蚕。③

乾隆还经常在诗中就各种问题提出看法，发表议论，阐述自己的哲学思想和历史观点。作为一个深受礼教熏染的封建皇帝，他服膺儒家学说，崇奉程朱理学，有很多陈腐的、唯心主义的说教。如说：

天理与人欲，只争一线多。
出此入乎彼，为学戒蹉跎。④

这是掇拾理学家“存天理，灭人欲”的牙慧，把为学看成只是自身的修养功夫。又如：

万事及万物，无不由心者。
心为一切本，则皆心写也。⑤

他把“心”看作一切事物的根本，是典型的唯心主义思想。

尽管在乾隆思想中，封建的糟粕不少，但也有一些积极合理的因素。例如，他强调实践，强调“行”的重要性。他说：

---

① 《御制诗三集》卷四二《出哨》。
② 昭梿：《啸亭杂录》卷一〇《纯皇爱民》。
③ 《御制诗三集》卷三五《降旨加赈山东甘肃去岁偏灾州县》。
④ 《御制诗初集》卷八《读朱子诗》。
⑤ 《御制诗三集》卷三八《写心精舍》。

囊余佩古训，治理颇能言。
行之扞格多，乃悟实践难。①

知得一尺时，不如行一寸。②

基于这一思想，他施政读书都很重视实地的调查考察。为了治理黄河，他几次亲临阅视，指示河工措施，并派人勘探黄河源，亲自撰写河源的考证。为了修筑浙江海塘，他几次南巡至浙，第一站即赴海宁，勘视塘坝工程。他遇事爱动脑筋，不肯人云亦云。即使是孔孟程朱的话，乾隆也要提出一些颇有见地的疑问和反驳。例如，《诗经》中有“泾以渭浊”之句，照字面讲，应是泾水本清，因渭水而浊，可是朱熹注《诗经》，却称“渭清泾浊”。乾隆怀疑注文有误，命陕西巡抚秦承恩亲至泾、渭二水考察，果然是泾水清、渭水浊，改正了朱熹的错误。又如，朱熹注诗，认为虹是“天地之淫气”。乾隆大不以为然，他在《月令七十二候诗》中加以反驳：“天地缘何淫气行，晦翁（即朱熹）此语我疑生”，“朱子集传乃以虹为天地之淫气，殊害于理。夫虹乃日光雨气相薄而成，并无淫义”③。显然，朱熹之说，穿凿附会，而乾隆的说法是合乎科学道理的。乾隆不但敢于驳斥朱熹，甚至敢于怀疑和驳斥孔孟。《论语》中记载：“子曰：‘甚矣吾衰也！久矣吾不复梦见周公。’”乾隆对此表示怀疑，他认为：人不可能梦见另一个从未见到过的人，所以人不能梦见自己的远祖。孔子怎能梦见几百年以前的周公呢？乾隆说：“夫子未识周公形容，何从见诸梦寐？怪力乱神，子所不语，岂肯为此无稽之说乎？”④ 这一反驳也是颇有道理的。至于反驳孟子的就更多了，孟子见梁惠王，劈头第一句话就训斥“王何必曰利”。乾隆在诗注中说：利有“公利”“私利”，“公利”为什么不能讲呢？“利在乾元五德之中，古圣所言，岂可去其一而不用？”⑤ 虽

① 《御制诗初集》卷八《古风》。
② 同上书，卷八《读朱子诗》。
③ 《御制诗四集》卷五七《月令七十二候诗》。
④ 《御制诗三集》卷三六《谒元圣祠》。
⑤ 《御制诗五集》卷四五《西直门外作》。

然乾隆以天子之尊，说话可以无所顾虑，但在儒学盛行的当时，敢于反驳孔、孟、朱熹，也是要点胆量和见识的。

乾隆喜爱读历史，写过很多史论。他时常用历史教育皇子和大臣们。乾隆四十三年（1778），他用三个月时间写成一套以历史为题材的组诗，多达 106 首。洋洋洒洒，上下古今，蔚为大观，名为《全韵诗》。按照四声的 106 韵，每韵写诗一首，上平、下平声共 30 韵，作诗 30 首，写清朝兴起和发展的历史，一唱三叹，歌颂赞美；上、去、入三声共 76 韵，作诗 76 首，写上古以迄明亡的历史，缕述前代帝王的功罪得失，遍加评述或褒或贬。“是诗也，历代兴废之大端，略见于此。而我皇朝之良法美政，亦毕述梗概。”[①] 此外，乾隆还写了很多读史吊古的诗篇，歌咏、评论了很多历史人物、历史事件，从这些诗中可以了解他的历史观点。

除了上述以外，乾隆还有和宫室大臣们的联句，或给他们的赠诗。联句多以政事为题，原原本本地叙述某一历史事件的始末，赠诗则表现了君臣之间的相互关系。有大量的游览作品，抒写山川名胜，反映江南塞北的各种风光；有歌咏亭台楼阁、离宫别苑的诗，对于研究古建筑和园林建置很有价值；有治理黄、淮、运河的诗，可以窥见当时的自然灾害和水利工程；有欣赏音乐戏曲、描写骑射冰嬉的诗，反映当时的艺术活动和体育风尚；有品评书画、鉴赏文玩、题写版本刻石的诗，显示了皇家的丰富藏品和乾隆帝个人的爱好和文化素养；还有记载他自己的日常生活，听政、批折、召见、祭祀、读书、作画、写字、行围。总之，乾隆，作为中国有史以来最多产的一位诗人，留下了宏富众多的诗篇，艺术性虽然不高，但与时政密切相关，多写实之作，表现的方面很广泛，内容丰富，有重要的历史价值。他的诗，对于研究我国 18 世纪的历史和乾隆一生的活动、思想都是不可缺少的珍贵资料，可以补充官书、档案之不足。

---

① 《御制诗四集》卷四七《全韵诗序》。

略论诗人乾隆*

乾隆皇帝享年 88 岁。他在位 60 年，加上以太上皇训政的 3 年，其主持政务时间之久，为中国古代数百名帝王中所仅见。被史家艳称的“康乾盛世”在他的治下达到了顶峰。乾隆皇帝的思想、言论和行动深刻地影响着当时中国社会的各个方面，在一定意义上，他是 18 世纪中国历史的参与者、领导者和塑造者。

乾隆皇帝不仅是位政治巨人，而且是历史上最多产的诗人。他在位时，陆续结集出版的五集《御制诗》已收诗 41 800 首，加上皇子时代的《乐善堂全集》及去世后刊行的《御制诗余集》，总数达 43 630首。其诗作之多，有史以来，首屈一指，无人可以望其项背。就拿康熙年间编印的《全唐诗》来说，搜罗宏富，洋洋大观，共 900 卷，收集唐代 300 年间 2 200 多位诗人的作品，不过 48 000 余首。乾隆一人的诗作，竟可与存世的全部唐诗相比拟，其数量之多，创作之勤，实在令人惊愕。难怪日本一位乾隆皇帝传记的作者说：“世界各国皇帝没有一个曾留下这样多的作品，就这一点来说，乾隆也可称为伟大的皇帝。”

当然，数量如此惊人的诗篇不可能都是乾隆的创作，对此，乾隆本人并不讳言，他一再申明，所作“或出词臣之手，真赝各半”。不过，这 4 万多首诗总体风格是一致的，即使捉刀之作，也是经过乾隆审定的。

乾隆的诗艺术和审美价值如何？当时御用文人所称颂的“金声玉振，涵盖古今”“神龙行空，瞬息万里”云云，固然近于阿谀吹捧，而后世论及乾隆诗时以“高宗诗最不堪”一笔抹杀之，也未必

* 原载《北京日报》，1994 年 1 月 12 日。

公允。乾隆是个极现实的人，他似乎不太善于用审美的、艺术的方式把握人生和世界。他的诗基本上是写实之作，其中间有思辨的、理论的色彩，这同他的美学观点也是密切相关的。乾隆主张诗以言志，贵有神韵。他以为陶潜的幽隐、庾谢的清新、李白之放、老杜之愁，风格尽管迥异，但其中都有一种气韵，这些佳作之美正在于此，而绝非炫耀辞藻能达到的，因而乾隆说："于诗岂不然，奚在藻缋修？似淡味弥永，我朴中乃腴。"但在创作实践中，他没有达到自己所追求的"淡而愈醇，外朴中腴"的艺术境界。总的看来，乾隆诗虽不乏清新自然之作，但许多诗，特别是那些应景即兴诗往往似信手涂鸦，读来诗意不浓，甚至味同嚼蜡。

乾隆皇帝的古文同样不事雕琢而唯重气韵。他曾说过："作文之道，以气为主，气厚则文自佳。至于雕饰字句，不过一时美丽，气味未能深厚也。"阿哥时代的乾隆受教于古文大家蔡世远，作文师宗韩愈，他一生所写文、赋等篇什虽远不及诗之多，但有相当造诣，一些名篇读起来精神十足，很有昌黎韵味。

平心而论，乾隆诗文的历史价值要大大超过其艺术价值。

写诗在乾隆自己看来，是平生最深的"结习"。在他当政期间，尽管勤于政务，事必躬亲，但无论军书旁午、公务繁剧也罢，四方无警、政清刑简也罢，都始终保持着赋诗作文的习惯。正像他所说的："几务之暇，无他可娱，往往作为诗、古文、赋。文赋不过数十篇，诗则托物寄情，朝吟夕讽。其间天时农事之宜，莅朝将事之典，以及时巡所至，山川名胜，风土淳漓，莫不形诸咏歌，纪其梗概。"纵观乾隆诗文，有的叙述某些史事，有的阐释某些制度和政策，有的记录自己的行踪游迹，有的发挥自己的统治思想、历史观点、人生哲学和学术宗旨，还有的记载日常生活，诸如听政、批折、召见、祭祀、筵宴、行围等等，乾隆自己也说："拈吟终日不涉景，七字聊当注起居。"尤其值得重视的是，不少诗附有详细的序文及诗注，或胪陈事实，或诠解典故，或说明诗意、介绍背景。总之，乾隆的笔触涉及了政治、军事、经济、文化、学术、宗教、艺术、边疆、民族、社会风情、宫廷生活、中外关系等重要领域，生动地再现了18

世纪 30 年代以后中国几乎全部的重大事件。

乾隆的诗文，又是研究这个时而仁慈，时而残暴，时而英明，时而短视，既充满巨大智慧，又浅薄虚荣的帝王的不可或缺的绝好史料。在《清实录》等以乾隆为中心的官书中，人们只能看到一个具有浓厚政治色彩、正襟危坐的圣主偶像，与其说他是人，不如说他是神。只有在御制诗文中，乾隆才稍稍敞开了自己的心扉，使后人得以窥见他那深邃幽秘的内心世界。慈祥的祖父康熙，严肃的父亲雍正，富贵雍容的生母钮祜禄氏，阿哥时代的同窗挚友，没齿不忘的“三先生”（福敏、朱轼和蔡世远）以及傅恒、兆惠等终生怀念的旧臣……在他的笔下，联翩走入了用诗文结构而成的艺术殿堂。特别是他韶年早逝的结发妻子孝贤皇后，乾隆献给她百数十篇诗赋，实在堪称最见真情的佳作。在这些诗赋中，乾隆真正走下了神坛，放下了帝王的尊严，尽情地抒发了内心深处对异性的爱恋。

乾隆诗文的价值绝不限于历史与艺术。他的诗文中有大量游览作品，抒写山川名胜，反映江南塞北的风光。有歌咏亭台楼阁、离宫别苑的诗，对于研究古典建筑和园林建置很有价值；有欣赏音乐戏曲，描写骑射、冰嬉、龙舟竞渡的诗，反映了当时的艺术活动和体育风尚；有品评书画、鉴赏文玩、题写版本刻石的诗，显示了皇家藏品的丰富及乾隆个人的爱好和文化素养。这些无疑是文物、艺术、地方志、园林古建筑等研究领域珍贵的文献资料。

“诗以证史”，是中国古代治史的传统。对于研究乾隆时代和乾隆其人来讲，卷帙浩瀚的《清高宗（乾隆）御制诗文全集》具有与档案、官书比较毫不逊色的价值。《清高宗实录》纂修者在叙述乾隆朝编年史时，曾画龙点睛地征引过某些御制诗文，近代清史大师孟森先生也曾在考证乾隆身世等名篇中大量引证乾隆诗文，遗憾的是，至今治清史及撰写乾隆传记的专家学者似乎对乾隆诗文的重要价值没有给予足够的重视，其原因就在于其存世无多，阅览匪易。最近影印出版了《清高宗（乾隆）御制诗文全集》，这实在是一件嘉惠士林、繁荣学术的好事。我相信这部卷帙浩繁的诗文集将对研究清史和乾隆皇帝带来极大的助益。

学术大师黄宗羲*

新版《黄宗羲全集》是迄今为止最完整的、篇幅最大的黄宗羲著作文集。今年是黄宗羲逝世 310 周年，新版《黄宗羲全集》的出版和我们在这里举行出版座谈会，也是对他一个很好的纪念。黄宗羲寿命很长，活了 85 岁，著作很多，有 100 多种、1 000 多卷，但失散的很多，很可惜。现在浙江的学术界和出版界花了 20 年时间（从 1985 年到 2005 年）来收集、编辑、标点、校勘这么一部书，为学术界提供了一部很好地了解黄宗羲学术造诣和学术成就的好书，这是我们学术界的喜事。

黄宗羲在中国学术史上是一座丰碑，永远闪耀着灿烂的光芒，是名副其实的学术大师。

称得上学术大师，我以为大致应具备四个条件。黄宗羲完全具备了这些条件。

第一，学术上博大精深。他有很多重要著作、学术成就，是一个多面手，如《明夷待访录》《明儒学案》《宋元学案》等，反对专制君主制度的思想，石破天惊，黄钟大吕。他对当代史也做了好多研究，撰写了《弘光实录钞》《海外恸哭记》等。他还撰写了《四明山志》《授时历故》，并研究西洋历法，不愧是历史上的学术丰碑。

第二，创造性的思想贡献。黄宗羲的思想贡献主要在政治思想方面，最大的贡献在于倡导民本思想，“为天下之大害者，君而已矣”，与 100 年后法国卢梭的思想相近。他提出“工商皆本”，已接近近代的经济思想。他还撰写了《明儒学案》，创造了学案体史书，记述时代的思想学术发展，这几个创造，非常了不起。

---

* 原载《光明日报》，2005 年 8 月 18 日。

第三，学术大师往往桃李满天下，学术上薪火相传，有许多的追随者、伟人，应者云集，影响很大。清代的很多学术大家，像万斯同、万斯大、全祖望、章学诚、邵晋涵等，都是他的学生和追随者。在清代浙东学派独树一帜，与汉学、皖学、湘学不同，经史并重，一直到戊戌变法，影响到梁启超、谭嗣同，流风余韵，影响了200多年。

第四，学术大师不仅学问高，而且道德也高。年轻时他为父亲鸣冤，在弘光朝，号召知识分子反对马士英。明亡后，在四明山组织军队，坚持进行抗清斗争达10年之久。抗清失败后，坚不出仕，隐居山中，著书立说，坚持民族气节，坚持政治理念。像黄宗羲这样的学术大师，为人的品质非常好，是非分明，严于律己，在中国学术史上是很杰出、很出色的，永远光芒四射。他的著作是留给后人的一笔宝贵的遗产。所以，在这里我感谢浙江的学术界和出版界花了20年时间收集散失的著作并出版全集，这是功德无量的事。

乾嘉史学大师钱大昕*

钱大昕，字晓徵，号辛楣，又号竹汀，江苏嘉定（今属上海市）人。生于清雍正六年（1728），逝于清嘉庆九年（1804），是18世纪中国的杰出学者，乾嘉时代的史学大师。青少年时代成长在文化氛围浓郁的江南地区，就学于苏州紫阳书院，与王鸣盛（钱大昕之妻兄）、王昶、曹仁虎等同学，诗名甚著，号称“江南七子”。乾隆十六年（1751），清帝第一次南巡，钱大昕迎驾献赋，特赐举人，任职内阁中书。十九年（1754）会试中式，在翰林院、詹事府任官，曾赴山东、浙江、湖南、河南为乡试考官，又任广东学政。他在北京长期任职于清闲衙门，“在京都退食之暇，唯以经史自娱，讨论异同，贯串古今，丹黄不去手，既专心于著书”（《潜研堂诗集·序》），与王鸣盛、王昶、纪昀、朱筠、戴震、赵翼、卢文弨、翁方纲、钱载等切磋学问，皆当时名流。自称：“一旦辞家而仕于朝，与贤士大夫游，或接武于公廷，或相访于寓邸，出或同车，居则促膝，收直谅之益，极谈宴之欢，经年累月，无间寒暑……故尝谓朋友之乐，唯京朝官所得为多。”（《潜研堂文集》卷26，《炙砚集序》）

乾隆四十年（1775）以后，钱大昕辞官回乡，不复出仕，专心著述，先后担任南京钟山书院、松江娄东书院、苏州紫阳书院院长，居苏州尤久，与著名学者段玉裁、孙星衍、顾广圻，诗人袁枚及弟钱大昭，侄钱塘、钱坫游，讲学问难，游山赋诗。当时，与钱大昕青少年时同学的嘉定王鸣盛、青浦王昶亦辞官归里，“三人者所居百里而近，春秋佳日，常聚于吴中，诸弟子执经载酒，称为‘三老’”（王昶：《钱大昕墓志铭》）。其门下弟子2 000人，著名者有邵晋涵

---

* 原载《文史哲》，1997年第3期。

（攻史学，钱任浙江主考时所取举人）、李文藻（攻版本、金石，钱任山东主考时所取举人）以及书院学生李锐（攻天算）、夏文焘（攻舆地）、朱骏声（攻《说文》）、孙星衍（攻经学、版本、金石）、钮树玉（攻《说文》）、张燕昌（攻金石）、潘世恩等。钱大昕逝世时76岁，晚年自题其像赞："官登四品，不为不达，岁开七秩，不为不年，插架图籍，不为不富，研思经史，不为不勤，因病得闲，因拙得安，亦仕亦隐，天之幸民。"反映了这位宿学耆儒生当太平盛世，生活优适、乐天安命、嗜于著述、潇洒旷达的情怀。

钱大昕学问渊博，考辨审实，造诣精深。当时人江藩称："先生不专治一经而无经不通，不专攻一艺而无艺不精……戴编修震尝谓人曰'当代学者，吾以晓徵（即钱大昕）为第二人'，盖东原（即戴震）毅然以第一人自居。然东原之学，以肄经为宗，不读汉以后书。若先生（钱大昕）学究天人，博综群籍，自开国以来，蔚然一代儒宗也。以汉儒拟之，在高密（郑康成）以下，即贾逵、服虔亦瞠乎后矣，况不及贾、服者哉！"（《汉学师承说》）近人陈寅恪称钱大昕"洵为清代史学家第一人矣"（《金明馆丛稿二编》）。金毓绂称他"援引精确，分析入微，为前人论史书中所罕见"（《中国史学史》）。

钱大昕的著作甚多，光绪十年（1884）长沙龙氏家塾刊刻《潜研堂全书》，所收著作即有34种，遗漏未收者尚多。他的代表作当推《廿二史考异》100卷，《十驾斋养新录》20卷、余录3卷，《潜研堂文集》50卷、诗集10卷、诗续集10卷。

钱大昕的重大贡献是运用实证的方法，系统研究了中国历代史籍。中国历史学极为发达，史籍记载汗牛充栋，仅纪传体正史，自《史》《汉》以下，绵延不断，这是一笔十分丰富的文化遗产。以前学者，撰史者多而评史者少，评史者又多议论体例、书法或褒贬古人，对已有史书做考证、补遗、纠谬者更少。宋明理学家的流弊是"束书不观，游谈无根"，视浩如烟海的史部著作为畏途。清代汉学家视治经为正途，认为史学是粗学、杂学。在乾嘉时代，有三位杰出的学者提倡史学考证，实开风气之先，这就是《廿二史考异》的作者钱大昕、《十七史商榷》的作者王鸣盛、《廿二史劄记》的作者赵翼。他们开启了近代历史学考证的先河，三书各有特色，而钱大昕的著作尤其博洽精当。他少年即嗜读史书，“反复校勘，虽寒暑疾疢，未尝少辍，偶有所得，写于别纸”（《廿二史考异·序》）。40 岁开始编《廿二史考异》，55 岁完成，可说是竭尽了盛年时期的精力。此书对历代正史做了全面的考证、辨异、校勘、补遗，本着详今略古的原则，尤详于《新唐书》《宋史》《元史》，考证此三史之篇幅占《廿二史考异》全书的 47%。

钱大昕坚持历史学秉笔直书的传统，“据事直书，是非自见”，不必画蛇添足，多加褒贬议论。他说：“夫良史之职，主于善恶必书，但使纪事悉从其实，则万世之下，是非自不能掩，奚庸别为褒贬之词?”（《潜研堂文集》卷 18，《续通志列传总叙》）他批评欧阳修的《新唐书》和朱熹的《通鉴纲目》。《新唐书·宰相表》记载宰相之死，“有书薨、书卒、书死之别，欲以示善善恶恶之旨。然科条既殊，争端斯启。书死者固为巨奸，书薨者不皆忠谠，予夺之际，已无定论。紫阳纲目，颇取欧公之法，而设例益繁，或去其官，或削其爵，或夺其谥。书法偶有不齐，后人复以己意揣之，而读史之家，几同于刑部之决狱矣”（《廿二史考异》卷 56）。

钱大昕认为，纪传正史，凡官修之书，成于众手，限于时日，故纰缪较多，尤以《宋史》《元史》为甚。《宋史》冗从无章，编次失当，北宋部分因有根据，质量尚好，南渡后七朝最差，“宁宗以后四朝又不如高、孝、光三朝之详，盖由史臣迫于期限，草草收局，未及讨论润色之故”（《十驾斋养新录》卷 7，《南渡诸臣传不备》）。至于《元史》更为陋劣，“史之芜陋，未有甚于《元史》者”，因开局修史，仅 331 天成书，主编宋濂、王祎皆“词华之士”，不谙史法，“征辟诸子，皆起自草泽，迂腐而不谙掌故”（《十驾斋养新录》卷 9，《元史》），“古今史成之速，未有如《元史》者，而文之陋劣，亦无如《元史》者”（同上）。钱大昕颇有志于重新编撰《元史》，已有部分成稿，但未完竣。

钱大昕考证诸史，尤以舆地、官制、氏族为多。如论晋南迁后，侨置州郡，初不加“南”字。至刘宋禅代后，始加“南”字。而唐人不察，修《晋书·地理志》，俱加“南”字，使得许多地名都弄混了。“史家昧于地理，无知妄作，未有如《晋志》之甚者。”（《十驾斋养新录》卷 6，《晋侨置州郡无南字》）又如汉代分封同姓与异姓侯王甚多，《汉书》称侯国 241，但仅能指名 194。钱大昕作《侯国考》，列举其封邑所在和始封姓氏，又补充《汉书》失载者 25 人。又《廿二史考异》指出《汉书》中年代、封号、地望之错误 16 处，但这些是否真是错误，尚存疑问。后来得见北宋景祐本《汉书》，证明钱大昕的考证都是正确的。又如研究历史人物必须弄清他的出身、氏族，否则便会张冠李戴，历代史书中的舛误不一而足，“有一人而两传，若唐之杨朝晟，宋之程师孟，元之速不台、完者都、石抹也先、重喜者矣；有非其族而强合之，若《宋纪》以余晦为玠子者矣；有认昆弟为祖孙，若《元史》以李伯温为彀子者矣。至于耶律、移剌本一也，而或二之；回回、回鹘本二也，而或一之。氏族之不讲，触处皆成窒碍”（《潜研堂文集》卷 24，《二十四史同姓名录序》）。钱大昕花费了大量精力，以文献和碑刻资料纠正补充了历代史书中关于人物世系的许多舛误和遗漏。他学识之广、考证之精，人所共推。故陈垣先生说“从前专重考证，服膺嘉定钱氏。事变后颇趋重实用，推尊昆山顾氏”（《陈垣与方豪书》）。

对钱大昕考史补史极有裨益的是他在金石学方面的造诣。他到处访求碑碣，京官俸禄微薄，他却不断去琉璃厂，购置许多金石拓片。“至身所经历，山厓水畔，黉宫梵宇，有断碑残刻，必剔藓拂尘，摩挲审读，或手自推拓，积三十余年，遂成巨富。”（《竹汀居士年谱》）他 52 岁时，有一次兴致勃勃地和学生孙星衍从南京同往茅山访碑，过道观，探山洞，在断垣残壁中寻碑访碣，写了一篇《游茅山记》，寻幽怀古，极富情趣。他又到过宁波天一阁，读所藏碑拓，编《天一阁碑目》，收拓片 580 余通。又毕沅在陕西得碑 797 通，编《关中金石记》，阮元在山东得碑 1 700 余通，编《山左金石志》，严子进编《金陵石刻记》，钱大昕均得寓目，撰写序言。由于他精通金石学知识，对勘古书，“举生平所阅经史子集，证其异同得失”，故所获甚丰。例如，北京琉璃厂出土辽蓟州刺史、检校尚书左仆射李内贞的墓志，而《辽史》失载，钱据此碑补正《辽史》的列传和《百官志》；又如《元史》有谭资荣、谭澄父子的列传，而《世祖本纪》中有覃澄，究竟是谭还是覃，钱大昕蓄疑于心。后来见到山西发现的碑文中有“交城县长官覃澄”，山东发现的《祭济渎碑》中有“总管覃澄”，《济祠投龙简碑》中又有“总管覃侯”“总管覃澄”的记载。有了这些证据，钱大昕得出结论：“可证资荣父子本姓‘覃’，而传作‘谭’者，误也。”（《廿二史考异》卷98）类似这种以碑补史之例，不胜枚举。日积月累，钱大昕为所见碑碣撰写跋文，编《金石跋尾》一书，其妻兄王鸣盛为此书作序。王认为：古来以金石学名家者7人，宋之欧阳修、赵明诚，明之都穆、赵崡，清之顾炎武、王澍、朱彝尊，“最后予妹婿钱少詹竹汀《潜研堂金石跋尾》，乃尽掩七家，出其上，遂为古今金石学之冠”（《潜研堂金石跋尾序》）。

钱大昕在挖掘历史文献方面也有很多贡献。《元秘史》一书为记载成吉思汗时代的第一手资料，本为蒙古文，汉译俚俗，人多不识其价值，四库馆臣称其“传闻之词，辗转失真”。钱大昕却独具慧眼，盛赞此书“叙次颇得其实”，“论次太祖、太宗两朝事迹者，其必于此书执其衷欤!”（《潜研堂文集》卷28，《跋元秘史》）此后《元秘史》遂为治元史者所必读。他又从苏州玄妙观的道藏中，抄录出《长春真人西游记》。此书记述长春真人丘处机应成吉思汗之召，西行至中亚细亚之事，由丘的弟子李志常撰述。时人不识此书，甚至以为是吴承恩所作小说《西游记》。钱大昕加以纠正，力荐该书“于西域道里风俗，足资考证”（《潜研堂文集》卷29，《跋长春真人西游记》）。

钱大昕亦颇留意于当代学术史，熟悉康熙到乾嘉时代的学术源流，曾为许多学者写作传记或墓志铭，包括阎若璩、胡渭、万斯同、惠士奇、惠栋、陈祖范、王懋竑、江永、秦蕙田、王峻、戴震、王鸣盛、曹仁虎、陆锡熊、李文藻、邵晋涵等，这些都是清代学术界的中坚。钱大昕详细记述了他们的言行著作，评论其学术成就，均深入切要，研究清代学术史者不可不读。

钱大昕在音韵学方面亦有重大贡献。他致力于古声母研究，提出：古无轻唇音、舌上音，凡轻唇音，古人必重读，如匍匐作扶服、文作门、方作旁、封作邦、勿作没。他从古文献中找到65个例证。他又说："古无舌头、舌上之分。知彻澄三母，以今音读之与照穿床无别也，求之古音则与端透定无异。"（《十驾斋养新录》卷5）故冲读如动，竹读如笃，追读如堆，陈读如田。他从古文献中找了30个例证，援引广博，无懈可击。200年后的今天，山东银雀山与湖南马王堆出土的简帛中使用的古字，又一次证实了钱大昕之说。有人问他：《说文》所列9 353字，而古代经典中仅见十之四，何以《说文》所收多为经典中不用之字？钱大昕回答：今世所见经典已将字体划一，而当年许慎所见乃汉儒各家之说，师承不同，故所传经典多异文。许慎采录齐备，载入《说文》，故今所见不用之字，很多是当年经典的异体字。他列举出300多个异体字，并一一与今本通行字对合，以证其说。钱大昕说："今人视为隐僻之字，大率经典正文也。经师之本，互有异同，叔重（许慎）取其合乎古文者，称经以显之。其文异而义可通者，虽不著书名，亦兼存，以俟后人之抉择。此许氏所以为命世通儒，异于专己守残、党同门而妒道真者也。"（《潜研堂文集》卷11，《答问八》）钱氏列举大量证据，证明自己的说法，故能令人心折。

钱大昕还精于天算历法，在京结识著名天算家何国宗。何久在钦天监任职，是前辈学者，已官至尚书。何闻钱大昕之名，主动往访。时钱仅20多岁，"与之论宣城梅氏（梅文鼎）及明季利（利玛窦）、徐（徐光启）诸家之学，何辄逊谢，以为不及。出语人曰：'今之贾逵也。'"（《清代七百名人传》）。钱大昕在天算方面的成绩主要是对刘歆的《三统历》做了整理、疏解。《三统历》存于《汉书·律历志》中，是我国保存下来的最早的历书，但内容深奥，文字晦涩，读者难明其意。钱大昕细心爬梳，写成《三统术衍》一书，对其推步原理与测算之法做了详细说明。他在研究中提出"岁星纪年""太岁太阴"等问题，为后来天算家研讨的热点。钱氏又对历代正史中最为艰深的天文、律历志进行了考证述评，为研习古代天算历法者扫除了障碍。晚年，与治史相配合，又撰成《宋辽金元四史朔闰考》。

钱大昕出生之年，正好发生了吕留良的文字狱。此后，文字狱繁多。乾隆初年，号称宽简，但乾隆十五年（1750）发生伪稿案，是一次罗织极广、株连数省的大案（钱大昕时年 22 岁）。此后，文网愈密，迭兴大狱。钱大昕在京服官时期，正是历史上文字狱最多、最奇的时候，四库馆亦大举禁毁书籍。这种长期的、大规模的迫害，不能不在知识分子心灵上留下严重的创伤。“避席畏闻文字狱，著书都为稻粱谋”，士大夫都不敢谈论现实和撰写历史。不甘心沉默的人，十分隐晦曲折地表达自己的心声与抗争。如戴震借疏证《孟子》阐发经义，发表反对宋明理学的哲学见解；曹雪芹建构一座虚无缥缈的大观园，为一群天真烂漫而饱受压迫的弱女子安身立命；袁枚以抒写性灵批判传统的说教；郑板桥在书画中寄托放达不羁的个性。他们在各自的领域，以不同的形式反对封建礼教。钱大昕和他们生活在同一个时代，和戴震、袁枚还是论学谈诗的好朋友。他的特点是：毕生精力尽瘁学术，尤其是史学研究，重视考据，提倡实证，不做空谈，既不做修身养性的说教，亦不涉内圣外王的遐想，治史必有确凿而大量的证据，其证据与结论之间必有严密、实在的逻辑联系，排除武断、臆测、伪证，以为“通儒之学，必自实事求是始”（《潜研堂文集》卷 25，《卢氏群书拾补序》）。他以“求是”“求真”为目的，不盲从古人，不株守成见，“后儒之说胜于古，从其胜者，不必强从古可也；一儒之说而先后异，从其是焉者可也”（《潜研堂文集》卷 9，《答问六》）。这种治学精神体现了一定的科学的理性主义的因素，为知识界吹进了一些清醒之风。以钱大昕为代表的乾嘉学派的考史学风影响着 19 世纪以至 20 世纪的中国历史学，后人对钱的成就推崇备至。据赵光贤先生回忆，他的老师、我国史学大师陈垣先生这样说过：“顾炎武的《日知录》在清代是第一流的，但还不是第一。第一应推钱大昕的《十驾斋养新录》。先生举《养新录》中考证东晋以来侨置州郡为例：《晋书》中所记南徐州、南青州之类，多是错的。后来沿讹袭谬，直到钱氏始正其误。（亦见于《廿二史考异》）先生教导我们说，你们应当学习这种方法。在这基础之上，再写文章就比较容易了。听了先生的话，我又读了《养新录》及其他清人论经考史之作，觉得钱氏考证之学，确乎高出众人之上，而先生（指陈垣）所做的考证文章，取材既博，论证又精，纯是竹汀（指钱大昕）一派学风。”（《励耘书屋问学记》，赵光贤《回忆我的老师援庵先生》）

钱大昕表面上和其他很多乾嘉时代的学者一样，回避政治，埋头学问，生活上恬退、知足，但这种回避与恬退掩盖不了他内心对世务的关心和对现实的不满。他是一个专业历史考证家，研究具体问题，不厌其深其细，较少发表议论，即使发表议论，态度也很谨慎，这是环境与性格所造成的。但时而也流露出一些大胆、精辟的见解，令闻者咋舌。例如：钱大昕看到历史上弑君之事，不一而足。他认为篡弑之事，必有原因，探究起来，都是君主无道所致。“君诚有道，何至于弑，遇弑者皆无道君也……圣人修《春秋》，述王道以诫后世，俾其君为有道之君，正心修身齐家治国，各得其所，又何乱臣贼子之有?”他进一步发挥：“秦汉以后，乱贼不绝于史，由上之人无以《春秋》之义见诸行事故尔。”（《潜研堂文集》卷7，《答问四》）他把中国历史上篡弑频仍、纷争不息的局面都归结为君主的无道，猛烈地抨击秦汉以后的封建统治不能实施“《春秋》之义”。这种言论违背了纲常名教，对君主有“大不敬”之嫌。又如：妇女在封建社会中被压在底层，道学家提倡妇女“从一而终”“饿死事小，失节事大”。钱大昕反对这种戕害女性的非人道行为，主张夫妻可以离异，“义合则留，不合则去”。“或其夫淫酗凶悍，宠溺嬖媵，凌迫而死者有之。准之古礼，固有可去之义，亦何必束缚之、禁锢之，置之必死之地以为快乎!”他认为：妇女改嫁，合乎情理，不应该受到谴责，“去而更嫁，不谓之失节。使其过在妇欤，不合而嫁，嫁而仍穷，自作之孽，不可逭也。使其过不在妇欤，出而嫁于乡里，犹不失为善妇，不必强而留之，使夫妇之道苦也”。（《潜研堂文集》卷8，《答向五》）在封建伦理统治的黑暗年代中，这是难能可贵的清醒的呼声。

武则天是中国历史上独一无二的女皇帝，拥有自己的国号和纪年。但在以男性为中心的社会中，人们不承认武后称帝的事实，把这段历史挂在她儿子唐中宗的账上。尤其是朱熹的《资治通鉴纲目》“每岁首书帝所在。又嫌于用武氏纪年，乃虚引嗣圣年号。自二年讫二十一年，至神龙反正而止。于是唐无君而有君，中宗无年号而有年号”，武则天做皇帝的事实被历史家的“《春秋》笔法”一笔抹掉了，“纪称中宗而事述太后，所以正名而尊王室也”。钱大昕极力反对这种抹杀事实、歪曲历史的所谓“《春秋》笔法”。他叹息说：“此亦极笔削之苦心，而称补天之妙手矣，谓如此而合于《春秋》之指，则愚窃未敢以为然也。”（《潜研堂文集》卷2，《春秋论二》）

封建社会中的刑罚越来越残酷，犯了死罪，不仅有绞斩之刑，后来又有“凌迟”，即把身上的肉一片一片地削割下来，使人受尽折磨，极端痛苦而死。钱大昕反对这种不人道的刑罚。他说：“唐律无凌迟之刑，虽反叛大恶，罪至于斩决不待时而已。陆游谓五季多故，以常法为不足，于是始于法外特置凌迟一条。”钱大昕从历史考证，凌迟的普遍使用是由于北宋的激烈党争，“凌迟之法，昭陵以前，虽凶强杀人之盗，亦未尝轻用。自诏狱兴，而以口语狂悖者，皆罹此刑矣。诏狱盛于熙丰之间，盖柄国之权臣，借此以威缙绅。非深竟党与，不能以逞其私憾。非中以危法，不能以深竟党与。此所以滥酷之刑，至于轻施也”（《十驾斋养新录》卷7，《凌迟》）。这段从考史引申出来的议论，把凌迟之刑与党争联系在一起。钱大昕出生前夕，正值雍正帝和诸兄弟为继承大位，分门结党，争斗不休，刀光剑影，血雨腥风，用刑之滥之酷，超过了北宋。钱大昕这种议论也是深触忌讳的。

钱大昕由于研究天算历法，接触到西方数学，知道西方国家的自然科学远超乎中国之上。他和那些抱残守缺的冬烘先生不同，主张中国知识分子应普遍地学习数学和自然科学。他说：欧洲各国自然科学为什么超过中国，就是因为受到普遍重视，“欧逻巴之巧，非能胜乎中土，特以父子师弟世世相授，故久而转精。而中土之善于数者，儒者辄訾为小技，舍《九章》而演先天，支离附会，无益实用。畴人子弟，世其官不世其巧。问以立法之原，漫不能置对，乌得不为所胜乎？宣尼有言：‘推十合一为士。’自古未有不知数而为儒者。中法之绌于欧逻巴也，由于儒者之不知数也”（《潜研堂文集》卷23，《赠谈阶平序》）。钱大昕虽然还并不全面了解世界自然科学的发展水平，但他因研究天算，觉察到了中国自然科学落后于西方。当时，封闭的中国知识界自以为中华的声教文明远超其他国家之上，许多人根本不知自然科学为何物，“欧逻巴”国家在何方。钱大昕的思想和知识远远超过了同时代人。他大声疾呼“儒者”应当普遍研习数学和自然科学，以追上西方。这是昏闷长夜中的一声清醒的呐喊，可惜人们充耳不闻，这微弱的喊声仍被一片沉寂所吞没。

当然，生活在200年前的钱大昕自有其时代的局限，我们不能苛求他在学术上、思想上有更全面、更重大的突破。他作为一个历史考证学家，在自己的专业领域达到了前所未有的高峰。他虽然不大发议论，但从一些言论中可以窥见他思想中闪现的灿烂火花。钱大昕是中国18世纪站在时代前列的、卓有贡献的学者，是乾嘉时代的史学大师。

汉学探析*

一、清初“汉宋兼采”之学——黄宗羲、顾炎武

在我国封建社会中，儒家经典是封建阶级进行思想统治的主要工具，因此，经学研究很盛行，居于凛然不可侵犯的神圣地位。某个时期经学研究的趋向和风气，总是权威地影响着整个社会的思想，人们对于制度、政策、法令、文化以至人物、事件的评价，几乎都以当代的经学思想为准绳。经学的研究，包罗万象，其他各类学科，在一定意义上说，都处在派生的、附庸的地位。例如：《易经》的研究包括了哲学和数学，《书经》的研究包括了政治学、历史学、地理学，《诗经》的研究包括了文学，“三礼”的研究包括了政治学、教育学、法学、风俗学，《春秋》的研究包括了历史学。就是文字声韵以及有关草木鸟兽虫鱼的研究，也都依附于《说文》《尔雅》，离不开经学的范围。在漫长的中国封建社会里，离开了经学，就没有独立的社会科学和自然科学。

有清一代，经学研究的风气极盛，产生了所谓“汉学”。“汉学”是指研究经学时回溯和尊崇汉代的经说，是相对于“宋学”而言的。汉学作为一种思潮和学术派别，有其宗旨、特色、成就和影响，它的研究范围与重点、研究方法、指导思想、学术作风不同于其他的思潮和学派。称它为“汉学”是就其学术宗旨而说的。汉学的嫡派传人江藩写了一部《汉学师承记》，是宣扬汉学的，而汉学的反对派

---

* 原载《清史研究集》第2辑，北京，中国人民大学出版社，1982。

方东树写了一部《汉学商兑》，是抨击汉学的。不管宣扬还是抨击，汉学家本人和其反对者都把这一思潮和学派称作“汉学”，可见“汉学”是普遍流行的名称。但也有称它为“朴学”或“考据学”的，这是就其学术风格和研究方法而说的；也有称它为“乾嘉学派”的，这是就其时代而说的。这一思潮和学派在18世纪中叶至19世纪初，也就是乾隆、嘉庆统治时期达到全盛阶段。

汉学盛行于乾嘉时期，但也有它的来龙去脉。前于它的是以黄宗羲、顾炎武为代表的清初经世之学，后于它的是晚清的今文经学。清末，著名的今文经学家皮锡瑞曾概括地指出清代200多年学术思想的变迁，他说：

> 国朝经学凡三变，国初，汉学方萌芽，皆以宋学为根底，不分门户，各取所长，是为汉宋兼采之学。乾隆以后，许、郑之学大明，治宋学者已鲜，说经皆主实证，不空谈义理，是为专门汉学。嘉道以后，又由许、郑之学，导源而上，《易》宗虞氏以求孟义，《书》宗伏生、欧阳、夏侯，《诗》宗鲁、齐、韩三家，《春秋》宗公、穀二传。汉十四博士今文说，自魏晋沦亡千余年，至今日而复明。实能述伏、董之遗文，寻武、宣之绝轨，是为西汉今文之学。①

这里说的“宋学”是宋明理学的总称。皮锡瑞所说“汉宋兼采之学”是指黄宗羲和顾炎武的学术派别，清代的“汉学”是从这个学术派别发展而来的。黄、顾生活在明末清初，经历了暴风骤雨般的阶级斗争和民族斗争的洗礼，富于抗清的民族意识，提倡经世致用，并有反对专制统治的民主思想的萌芽，形成了具有批判精神和求实精神的新思潮、新学风。但是，黄和顾都脱胎于宋明理学。黄宗羲的老师刘宗周是王阳明学派的传人，而顾炎武则“辨陆王之非，以朱子为宗”②，所以皮锡瑞说他们“皆以宋学为根底”。当然，黄宗羲、顾炎武已经不属于“宋学”，他们在许多重大问题上批判了宋

① 皮锡瑞：《经学历史》卷十《经学复盛时代》。

② 江藩：《汉学师承记》卷八。

学，开拓了清代学术的新风貌。黄宗羲说："明人讲学，袭语录之糟粕，不以六经为根底，束书而从事于游谈。"① 他反对这种风气，主张"穷经研史""经世致用"。黄宗羲和他的学生们都学识渊博，著作繁富。顾炎武则用"经学"来代替"理学"，他说："古之所谓理学，经学也……今之所谓理学，禅学也。不取之五经，而但资之语录，较诸括帖之文而尤易也。"② 又说："古今安得别有所谓理学者？经学即理学也。自是舍经学以言理学者，而邪说以起。"③ 黄宗羲、顾炎武的学术宗旨和研究方法是"综名核实"，提倡读书，强调实用，贵创造，重证据，反对主观臆断和空洞的说教，这是和宋明理学的末流相对立的。黄宗羲、顾炎武的学术思想需要专门论述，在这里，只指明他们的学术宗旨和方法，开启了后来的汉学家的风气，与之一脉相承，十分相似。但是，黄和顾还没有像以后的许多汉学家那样独尊汉学，走到只搞烦琐考据的狭隘道路上去，他们要"取近代理明义精之学，用汉儒博物考古之功"④，也就是义理与考据并重。所以，完全站在汉学家立场上的江藩不以黄、顾为然，认为："两家之学，皆深入宋儒之室，但以汉学为不可废耳！多骑墙之见，依违之言，岂真知灼见者哉！"⑤ 江藩过分贬抑黄宗羲和顾炎武，他的评论并不公正。但由此可以看出，清初学术的特点之一，确像皮锡瑞所说是"汉宋兼采"。

二、向汉学转变——胡渭、阎若璩

17 世纪末和 18 世纪初，即康熙中叶以后，学术界正在发生变化。变化的方向，归根结底，决定于当时的政治和经济状况。一种社会思潮和学术风尚，在其传布的过程中，总是要遵循着统治阶级

---

① 全祖望：《鲒埼亭集》卷一一《梨洲先生神道碑文》。

② 顾炎武：《亭林文集》卷三《与施愚山书》。

③ 全祖望：《鲒埼亭集》卷一二《亭林先生神道表》。

④ 黄宗羲：《南雷文约》卷一《陆文虎先生墓志铭》。

⑤ 江藩：《汉学师承记》卷八。

的利益、意志、爱好进行修正，发生演变。一些思想、观点与风格，能够与统治阶级的利益、意志、爱好相适应，就会被保存和发扬；另一些思想、观点与风格不能够与统治阶级的利益、意志、爱好相适应，甚至与之相抵触，就会被修正和抛弃。康熙中叶以后，以黄宗羲、顾炎武为代表的具有战斗精神的经世之学，正在向强调通经、重视实证但却拘守、烦琐而复古色彩浓厚的道路上走去。

这时，清朝的统治已趋稳定，经济正在恢复，满汉之间的国内民族矛盾渐渐缓和下来。以明朝孤臣孽子自命的遗老遗少死亡殆尽，抗清斗争已趋消歇。在清朝统治下出生和成长的新一代的知识分子走上了舞台，他们对清朝并不像某些遗老遗少那样抱有强烈的仇恨。知识界普遍地承认了清王朝统治的合法性，从反清变为附清。因此，那种激昂慷慨、剑拔弩张、充满着反满意识的文字越来越少，而向清朝献颂献策的文字越来越多了。知识界的这一政治转向必然会反映为学术内容和学术风尚的转变。同时，清朝政府对汉族知识分子一面压制，一面拉拢，扼杀了清初思想界生动活泼的局面。顺康两朝，迭兴大狱。通海案、科场案、奏销案，以及庄廷鑨《明史》案、戴名世《南山集》案，株连极广，打击很重，令人胆战心惊。知识分子变得谨小慎微，不敢议论朝政，不敢研究现实，不敢撰写历史，研究的领域更加狭窄了。而康熙皇帝尊崇孔子，提倡儒学，编纂书籍，对知识分子诱以功名利禄，把他们的聪明才智引向对古代经典的整理、诠释上去。

继黄宗羲、顾炎武之后，胡渭、阎若璩、毛奇龄、陈启源、万斯同、姚际恒、顾祖禹等人，是清代汉学的先驱，是由清初思想过渡到 18 世纪汉学的中间站。他们的思想和学术有如下特点：

（1）他们与清初的进步思想家不同，反满意识渐趋泯灭。他们虽然不同于做了清朝大官的理学家魏裔介、熊赐履、李光地、张伯行等，仍保持着“布衣”“处士”的外观，但实际上已和清朝合作，大多数人是清朝大官僚门下的幕宾、食客。如胡渭、阎若璩、顾祖禹都参加了大学士徐乾学奉旨开设的一统志局，而阎若璩晚年受胤禛（即雍正帝，当时尚未即帝位）的礼聘，入其潜邸，死后胤禛给他办丧事，作祭文，称赞他“读书等身，一字无假；孔思周情，旨深言大”[①]，很受清统治者的恩宠。又如胡渭则得到康熙帝赏识，康熙第四次南巡时，胡渭已71岁，赶到江南行宫迎驾献赋，博得康熙的欢心，又是赐馔，又是赐扇，还赏给御书“耆年笃学”的匾额，被视为不世之荣遇。万斯同是黄宗羲的学生，较有民族意识，清廷开博学鸿词科，万斯同力辞不赴，但清廷以修《明史》为钓饵，由大学士徐元文出面延聘万斯同参加明史馆工作，万斯同接受聘请，到北京修史。条件是“不署衔，不受俸”[②]，仍自称“布衣万某”，他和清朝官僚关系很密切，“在都门十余年，士大夫就问无虚日，每月两三会，听讲者常数十人”[③]。还有毛奇龄的政治转向更为突出，他出生较早，明末已是秀才，清兵入浙江，他起而反抗，参加了抗清军，失败后，改换姓名，逃亡藏匿。30年后却去参加清廷的博学鸿词科，得翰林院检讨，以后向清帝屡次献书，以邀取新统治者的顾盼为荣，章太炎批评他“晚节不终，媚于旃裘”[④]。他们这批知识分子已接受和依附于清朝统治，著作中并没有反抗清朝的痕迹。

（2）他们大体上继承了清初思想家强调读书、反对空谈的学风。黄宗羲曾说，“读书不多无以证斯理之变化”，顾炎武提倡“博学而文”“多学而知”。因此，胡、阎等后继者读书勤奋，学识广博，考辨精审，著述宏富。阎若璩自题楹联“一物不知，以为深耻；遭人而问，少有宁日”，可以想见其学风。阎“长于考证，辨核一书，至检数书相证。侍侧者头目皆眩，而精神涌溢，眼烂如电。一义未析，反复穷思，饥不食，渴不饮，寒不衣，热不解，必得其解而后止”[⑤]。毛奇龄淹贯群书，博学多能，著作很多，被采入《四库全书》的就有40多种。顾祖禹“经史皆能背诵如流水”[⑥]。万斯同“博

① 江藩：《汉学师承记》卷一。
② 全祖望：《鲒埼亭集》卷二八《万贞文先生传》。
③ 钱大昕：《潜研堂文集》卷三八《万先生斯同传》。
④ 章太炎：《訄书》别录甲第六一。
⑤ 杭世骏：《道古堂文集》卷二八《阎若璩传》。
⑥ 江藩：《汉学师承记》卷一。

通诸史，尤熟于明代掌故，自洪武至天启实录，皆能暗诵”①。总之，勤奋、博学、长于考证，这是他们的优点。但是，经世致用的精神却淡薄了，钻进古书堆里，从事字句和个别事实的考证，对当代的政治和经济问题不敢问津。例如，顾炎武研究地理学，作《天下郡国利病书》，论列山川形势、城邑关隘，着眼的是现实。他的后继者也大多精通地理学，顾祖禹作《读史方舆纪要》130卷，堪称巨著，胡渭作《禹贡锥指》，阎若璩作《四书释地》，都被誉为佳作，但都是诠释经史中的山川地望、州郡设置，进行历史地理的考证，离开了经世致用的目的。

（3）胡渭、阎若璩等人颇具怀疑精神，治学方法较精密，治学态度较严谨。清初思想家已看出了宋明理学家的毛病：读书粗率，囫囵吞枣，不求甚解。本来，儒家经典流传2 000年之久，传写讹误，颠倒错漏，文字古奥，意义不明，甚至有人作伪掺假，如果不下一番考索订正功夫，儒家经典中的许多篇章的真实意义是难以弄清楚的。魏晋以后的学者，包括宋明理学家在内很少从事这种基本的研究工作。宋明理学家们却根据这些讹误百出、扞格难通甚至作伪的儒家经典，大加发挥，高谈阔论，奉之为不得稍稍违反的圣门教义，岂非可笑！阎若璩、胡渭以颠扑不破的证据推翻了伪古文《尚书》，辨明了河图、洛书之后出，这就把长期视为神圣的伪书打落到尘埃，使之显出原形，也暴露了宋明理学家们的愚蠢与昏蒙。阎若璩自己说：“或谓愚轻议先儒，愚曰：‘轻议先儒其罪小，曲循先儒而使圣贤之旨不明于天下后世，其罪大，愚固居罪之小者也。’”② 与阎若璩同时的姚际恒，写了一本《古今伪书考》，列举伪书数十种，都是古代的著名典籍，开辟了辨伪学的途径。他说：“造伪书者，古今代出其人，故伪书滋多于世。学者于此，真伪莫辨，而尚可谓之读书乎？是必取而明辨之，此读书第一义也。”③ 在封建时代，人们把儒家的经籍看作知识的第一来源，现在这些书籍

---

① 钱大昕：《潜研堂文集》卷三八《万先生斯同传》。
② 阎若璩：《潜邱札记》。
③ 姚际恒：《古今伪书考·自叙》。

被怀疑，甚至被证明是伪书，知识界会发生多么大的震动！汉学发轫之初，确有一股敢于怀疑、敢于批判、敢于探索的精神。可惜在封建专制统治下，这种精神不能够发扬光大，例如毛奇龄就曾抨击河图、洛书，怀疑《周礼》《仪礼》，还大胆地批判朱熹的《四书集注》，他作《四书改错》，说："四书无一不错……然且日读四书，日读四书注，而就其注文以作八比，又无一不错……真所谓聚九州四海之铁，铸不成此错矣。"① 可是，康熙帝尊崇朱熹，把朱熹升为孔门十哲之次，毛奇龄听到这个消息，害怕触怒朝廷，赶紧把《四书改错》一书劈板销毁。

（4）这时候的学者，有不少人离开宋学，向汉学靠拢，尊崇汉代的经学研究。毛奇龄说：解释经义，"汉取十三而宋取十一，此非右汉而左宋也。汉儒信经，必以经为义，凡所立说，惟恐其义之稍违乎经，而宋人不然"②。在他看来，汉人说经较合乎"经"的本来面貌。又如陈启源所作《毛诗稽古篇》是颇有代表性的。宋以前，《诗经》的研究都尊信《小序》、《毛传》和《郑笺》，至宋苏辙、郑樵等指《小序》非传自子夏而系卫宏的伪托，朱熹作《诗集传》，采郑樵的意见，全废《小序》，并反对《毛传》《郑笺》，而以封建理学的观点说诗。宋以后的《诗经》研究者，大多是宋学一派，以理学诠释《诗经》，猜度诗人的美刺和作诗动机，甚多曲解，而对训诂名物很疏略。朱熹的书为政府所尊崇，而《小序》《毛传》《郑笺》很少人去研究了。陈启源一反朱熹的态度，尊信《小序》《毛传》《郑笺》，着重名物考证，驳斥朱熹派的说诗背离宋学而归趋汉学。《四库全书总目提要》评论陈启源的《毛诗稽古篇》："训诂一准诸《尔雅》，篇义一准诸《小序》，而诠释经旨则一准诸《毛传》，而《郑笺》佐之。其名物则多以陆玑疏为主……所辨正者，惟朱子《集传》为多……所掊击者惟刘瑾《诗集传通释》为甚，辅广《诗童子问》次之（辅广、刘瑾都是朱熹学派的传人，他们的书都是阐明《诗集传》的思想，为朱熹作护法）……其间，坚持汉学，不容一语之出

---

① 毛奇龄：《四书改错》卷一。

② 毛奇龄：《西河合集》卷五六《经义考·序》。

人。虽未免或有所偏，然引据赅博，疏证详明，一一皆有本之谈。”[①] 陈启源的著作已经和继起的专门汉学家十分相似，他也因此而遭到宋学家的攻击，后来，唐鉴（曾国藩的老师，理学家）就斥骂陈启源“横生妄议，诬毁圣人，专门之病，其狂悖一至此乎”[②]。

在汉学发轫之初，最重要的代表人物是胡渭和阎若璩。

胡渭（1633—1714，明崇祯六年至清康熙五十三年），字朏明，浙江德清人。作《易图明辨》《禹贡锥指》《洪范正论》等书，尤以《易图明辨》影响最大。《易经》本来是古代的占卜书，并没有图像。五代时，道士陈抟造河图、洛书，传给种放、穆修，再传李之才、刘牧、邵雍、周敦颐，宋代理学家都相信陈抟的话，说河图、洛书是龙马神龟从河中负出，还有所谓太极、无极、先天、后天之说，附会增益，和《易经》混在一起，托之于伏羲、文王、周公、孔子。《易经》的诠释被弄得神秘玄妙、乌烟瘴气。朱熹作《易本义》，采用这些说法，于是道士家的易说流行了几百年。胡渭的《易图明辨》证明了河图、洛书不过是道士的修炼术，是后代晚出之说。他说：“《诗》《书》《礼》《春秋》，皆不可无图，惟《易》无所用图，六十四卦、二体、六爻之画，即其图也。”[③] 胡渭的考据，对宋明理学是一次很大的打击。梁启超说：“须知所谓无极、太极，所谓河图、洛书，实组织宋学之主要根核，宋儒言理、言气、言数、言命、言心、言性，无不从此衍出。周敦颐自谓‘得不传之学于遗经’，程、朱辈祖述之，谓为道统所攸寄，于是占领思想界五六百年，其权威几与经典相埒。渭之此书，以《易》还之羲、文、周、孔，以图还之陈、邵，并不为过情之抨击，而宋学已受致命伤。”[④] 胡渭以《易》还之羲、文、周、孔，仍是错误的，因为《易经》是古代长期积累的占卜文字，而《易传》则产生于战国秦汉之际，与羲、文、周、孔并无关系。但胡渭以图书还之陈（抟）、邵（雍）是很正确的，这就在

① 《四库全书总目提要》卷一六《经部诗类》。

② 唐鉴：《国朝学案小识》。

③ 江藩：《汉学师承记》卷一。

④ 梁启超：《清代学术概论》。

很大程度上消除了《易经》研究中附加的神秘色彩。

阎若璩（1636—1704，明崇祯九年至清康熙四十三年），字百诗，祖籍太原，生长于淮安。他最有名的著作是《古文尚书疏证》，共8卷。《尚书》自秦灭后，西汉初，伏生传述28篇，后又得《泰誓》，共为29篇，是为今文，立于学官。汉武帝时，从孔子家的墙壁中得古文《尚书》，孔安国献之，比今文多出16篇。因正当武帝末的巫蛊之祸，古文未立于学官。东汉时，此16篇又失传。至东晋梅赜献古文《尚书》，变成了25篇，还有所谓孔安国《传》。唐代孔颖达作《正义》，将原今文29篇与梅赜的古文25篇放在一起，今古文混杂，以后历代有人对梅赜所献的《尚书》表示怀疑。阎若璩证明古文《尚书》25篇和孔安国《传》都是伪书，从《尚书》的篇数、篇名、字句、书法、文例等提出很多证据，并引用《孟子》《史记》《说文》等书作为旁证。经过阎若璩的这番考证，古文《尚书》之伪，铁证如山，不可动摇。《四库全书总目提要》称赞他："引经据古，一一陈其矛盾之故，古文之伪乃大明。""祛千古之大疑，考证之学，则固未之或先矣。"[①] 伪古文《尚书》，一千数百年以来，被人讽诵学习，视为神圣的经典，也是宋明理学家的重要依据。例如：被理学家们视作"孔门心传"的16个字，"人心惟危，道心惟微，惟精惟一，允执厥中"，就出自伪古文《尚书》的《大禹谟》。古文《尚书》既是伪书，所谓"孔门心传"那套骗人的鬼话也就被戳穿了，理学家们进退失据，非常狼狈。所以，阎若璩的《古文尚书疏证》和胡渭的《易图明辨》一样，其价值不仅在考证方法和古文献整理方面，更主要的是打击了宋明理学，甚至在某种程度上触动了儒家经典的权威。由于胡渭、阎若璩考辨伪经的影响，使有一些人对四书五经提出了怀疑。据李塨说："塨南游时，客有攻辩《中庸》、《大学》、《易系辞》以及三礼、三传者。塨见之大怖，以为苟如是，则经尽亡矣。急求其故，则自攻古文《尚书》为伪书始。"[②]

① 《四库全书总目提要》卷一二《经部书类》。

② 李塨：《古文尚书冤词·序》转引《清儒学案》卷二六。

三、汉学的形成——惠栋和吴派学者

胡渭、阎若璩等都是过渡性的人物，他们治学重视审音读字和具体的证据，但并没有打出“汉学”的旗帜，也没有完全摆脱宋明理学的影响。皮锡瑞评论说：“阎（若璩）证古文之伪甚确，特当明末宋学方盛，未免沾染其说。夫据古义以斥《孔传》可也，据宋人以斥《孔传》则不可。”① 阎若璩为了证明孔安国《传》之伪，有13处征引宋儒之说，以驳《孔传》，这是阎若璩不彻底的地方。当时，宋学与汉学还在进一步分化，要到下一代，即乾隆时代，才形成了壁垒分明的对立。章太炎说：胡渭、阎若璩，“皆为硕儒，然草创未精，时糅杂宋明谰言。其成学著系统者，自乾隆朝始”②。

任何一个自成体系、别立门户的学术派别都有自己的思想宗旨、治学方法、研究重点和学术风格，这是需要长期积累、磨砺才能够形成的。到了惠栋时（雍乾之际），一切条件才基本具备，才能构筑起汉学的牢固阵地，形成和宋学分庭抗礼的局面。惠栋和他的友侣、学生都是江南苏州及附近的人，被称为清代汉学中的“吴派”。当时人这样说：“吴中以经术教授世其家者，咸称惠氏。惠氏之学大都考据古注疏之说而疏通证明之，与六籍之载相切，传至定宇先生（即惠栋），则尤多著纂，卓卓成一家言，为海内谈经者所宗。”③“于是吴江沈君彤，长洲余君仲霖、朱君楷、江君声等先后羽翼之，流风所煽，海内人士无不重通经，无不知信古，而其端自先生发之。”④

惠栋（1697—1758，清康熙三十六年至乾隆二十三年），字定宇，江苏吴县人。惠氏世代传经，曾祖惠有声是明末秀才。祖父惠周惕、父亲惠士奇是康熙年间的进士，都是有名的学者，著作很多。

---

① 皮锡瑞：《经学通论》，第1册。

② 章太炎：《訄书·清儒第十二》。

③ 任兆麟：《有竹居集》卷十《余仲林墓志铭》。

④ 王昶：《春融堂集》卷五五《惠定宇先生墓志铭》。

惠士奇任广东学政，提倡学术，颇有成绩。惠栋生长在学术氛围浓厚的家庭环境中，“自幼笃志向学，家有藏书，日夜讲诵。自经史诸子百家杂说及释道二藏，靡不穿穴”。惠栋 20 岁就考取秀才，但屡应乡试，均不第。乾隆十五年（1750），诏举经明行修之士，当时惠栋已 54 岁，被推荐，又未被录取。他专心经术，闭户读书，未涉仕途，尤其精通易学。

惠氏的学风，继承了顾炎武的传统，治经从研究古文字入手，重视声音训诂，以求经书的意义。惠士奇说：“礼经出于屋壁，多古字古音。经之义存乎训，识字审音，乃知其义，故古训不可改也。”① 又据戴震叙述惠栋的治学：“松崖先生（惠栋）之为经也，欲学者事于汉经师之故训，以博稽上古典章制度，由是推求理义，确有据依。”② 惠栋认为：汉代学者都有师承渊源，训诂由经师口授，经师之说，立于学官，与经平行。要理解经书的真正意义，必须恢复汉儒的训诂，“古字古言，非经师不能辨……是以古训不可改也，经师不能废也”③。他批评魏晋以后治经者常常用俗字代替古字，使经书的意义晦而不彰。他研究《易经》，订正 70 余字，认为：“诸家异同，动盈数百，然此 70 余字，皆卓然无疑当改正者。”④

惠栋提倡由古书的文字音训以求义理，这是汉学家共同信奉的原则，也是区别于宋明理学家的治学特色。惠栋继顾炎武之后开辟了新的学术蹊径，影响甚大。“乾隆中叶，海内之士知钻研古义，由汉儒小学训诂以上溯七十子六艺之传者，定宇先生为之导也。”⑤ 惠栋的后学王鸣盛、钱大昕也抱同样的主张，王鸣盛说：“经以明道，而求道者不必空执义理以求之也。但当正文字，辨音读，释训诂，通传注，则义理自见，而道在其中矣。”⑥ 钱大昕说：“六经者圣人

---

① 以上均见江藩：《汉学师承记》卷二。

② 《戴震集》卷一一《题惠定宇先生授经图》。

③ 惠栋：《九经古义·首说》。

④ 惠栋：《九经古义·周易下》。

⑤ 《国朝耆献类征初编》卷四一七《经学七》，张澍《书四世传经遗像后》。

⑥ 王鸣盛：《十七史商榷·序》。

之言，因其言以求其义，则必自诂训始。”① 就是吴派以外的汉学家，包括戴震等皖派学者，都持同样的观点。所以，激烈地反对汉学的方东树说，“此是汉学一大宗旨，牢不可破之论矣”，“此论最近信，主张最有力，所以标宗旨，峻门户，固壁垒，示信学者，谓据其胜理，而不可夺矣”②。汉学家们共同遵奉、反复强调的这个原则当然是有道理的，要弄清楚古代经籍中的思想内容，当然必须弄清古文字的音义。连古文字都不认识，哪里谈得上研究经籍呢？可是，魏晋以后，人们越来越不懂得古文字了，对声音训诂茫然不晓，却大言不惭地治经说经，牵强附会，随意解释，有的人干脆将不认得的古字胡乱地换成俗字，篡改经籍，真意尽失。从顾炎武开始，直到惠栋、戴震，正是针对这种不良的风气，强调要从声音、训诂、校勘、考证的基本功夫入手，来整理和研究古代的经籍，这样才能够消除长期以来附加在古书上的误解和歪曲，认识其原来的意义，这是比较严谨、比较科学的治学方法和治学态度。汉学家们对语言文字的研究花了很大精力，这门被称为“小学”的学科本来只是为了研究经籍的需要，是附属于经学研究的。后来，名家辈出，著作很多，积累丰富，“小学”成了清代的一门很发达的学科。

惠栋治学的另一个重要特点是尊信和固守汉儒的说经，因此，这个学派被称为“汉学”。“汉学”的名称不能完全反映戴震以后的学术特点，但却颇为恰当地表现了以惠栋为首的吴派学者的特色。惠栋的父亲惠士奇已很重视汉人对经籍的注释，他说：“《易》始于伏羲，盛于文王，大备于孔子，而其说犹存于汉。”又说：“康成三礼，何休《公羊》，多引汉法，以其去古未远。”③ 但惠士奇还不算是专宗汉学的，到了惠栋才高举“汉学”的旗帜，“凡古必真，凡汉皆好”，完全撇开魏晋以后的经说，回到汉以前去。所以，焦循说：“吴人说易，父子殊方。惠士奇《易说》，独申己意。其子栋《周易

---

① 钱大昕：《潜研堂文集》卷二四《臧玉林经义杂说·序》。

② 方东树：《汉学商兑》卷中之下。

③ 江藩：《汉学师承记》卷二。

述》，则持守旧说。”①

清代学者回到汉儒的经说，这是清初以来学术思想发展的必然归宿。尽管清朝政府大力提倡程朱理学，可是理学的权威已经失坠，人们看到：宋儒说经，连经书中的文字句读、名物典制都没有搞清楚，甚至连经书的真伪都不辨，恰如盲人摸象，一知半解，猜度臆说。知识界已不能再建立起对宋学的虔诚信念，解除宋学的束缚，摆脱宋学的影响，这是思想潮流的大势所趋。有头脑的知识分子从笼罩数百年之久的宋儒说经的迷雾中冲出来，将走向何处？新的近代知识宝库的大门还是紧闭着的，他们不可能打开它。于是探本寻源，回到古代，希望从遥远的过去寻找到思想依据。在他们看来，汉代去古未远，遗说尚存，是求知的宝藏，要寻求古代经籍的本来面目，只有回到汉儒的经说。惠栋批评魏晋以后的学术，“盖魏晋以后，经师道丧，王肃诋郑氏而禘郊之义乖，袁准毁蔡、服而明堂之制亡，邹湛讥荀谞而《周易》之学晦。郢书燕说，一倡百和，何尤乎后世之纷纭也”②，又推崇汉代经学，“汉儒通经有家法，故有五经师。训诂之学，皆师所口授，其后乃著竹帛。所以汉经师之说，立于学官，与经平行”③。从反宋走向复汉，这是清代前期学术思想的发展趋势，吴派是这段路程的顶点，表现了强烈的复汉色彩。

反宋与复汉是当时思潮的相互联系的两个方面。反宋，意味着摆脱传统学术，在一定程度上是思想解放的表现。反宋的结果却回到了汉学，在当时也只有回到汉学，才能另立壁垒，与宋学旗鼓相当地对抗。但应该指出，离开宋学而完全回到汉学，表明思想学术界走上了新的歧路，是思想解放的夭亡。宋学固然主观穿凿，是替封建主义服务的学术；汉学也多附会曲解，同样也是为封建主义服务的。当时的社会条件还没有成熟到可以突破封建思想的羁绊，因此，出于此，即入于彼，仍旧在封建主义经学的老框框里兜圈子。这是吴派的局限性，大体说来，也是整个清代汉学的局限性。

---

① 焦循：《雕菰楼集》卷一二《国史儒林文苑传议》。

② 钱大昕：《潜研堂文集》卷三九《惠先生栋传》。

③ 惠栋：《九经古义·首说》。

吴派的代表人物惠栋专精《周易》，著有《周易述》《易汉学》《易例》《九经古义》《古文尚书考》等书。他说："宣尼作十翼，其微言大义，七十子之徒相传，至汉犹有存者。自王弼兴而汉学亡，幸存其略于李氏《集解》中（指李鼎祚《周易集解》）。"他撰写《周易述》，研究30年，易稿四五次，完全抛开魏晋以后的注释，"专宗虞仲翔（虞翻），参以荀（爽）、郑（玄）诸家之义，约其旨为注，演其说为疏。汉学之绝者千有五百余年，至是而粲然复章矣"①。

惠栋的注意力集中于构筑汉学的森严壁垒，对汉人的易说搜辑钩稽，不遗余力，而且推崇备至。汉儒说经，有精华，也有糟粕，惠栋不加别择，全盘继承。汉代经学有今古文之分，惠栋以虞翻为主，虞翻世传《孟氏易》，属今文家；而惠栋又"参以荀、郑诸家之义"，荀爽、郑康成传《费氏易》，《费氏易》却属古文家。因此，惠栋将今古文混杂，兼收并蓄，不免相互抵触。汉人说经，讲阴阳灾异、天人合一、谶纬之学。惠栋的作品也明显受其影响。惠栋很得意的是以古字改俗字，如改正《易经》的70多个字，认为"卓然无疑"，是纠正了后儒妄以俗字改古字之误，其实，他改正的字也是成问题的。阮元就批评他："国朝之治《周易》者，未有过于征士惠栋者也。而其校刊雅雨堂李鼎祚《周易集解》与自著《周易述》，其改字多有似是而非者。盖经典相沿已久之本，无庸突为擅易，况师说之不同，他书之引用，未便据以改久沿之本也。但当录其说于考证而已。"② 阮元的批评是有道理的。惠栋强调复古，尊信汉人，可是汉儒的古说并不都是正确的，即使诠释经籍也是这样。《四库提要》评惠栋："其长在博，其短亦在于嗜博；其长在古，其短亦在于泥古。"③ 王引之也说："惠定宇先生考古虽勤，而识不高，心不细。见异于今者则从之，大都不论是非……来书言之，足使株守汉学而不求是者，爽然自失。"④

---

① 钱大昕：《潜研堂文集》卷三九《惠先生栋传》。

② 阮元：《揅经室一集》卷一一《十三经注疏校勘记·序》。

③ 《四库全书总目提要》卷二九《经部春秋类》。

④ 王引之：《王文简公文集》卷四《与焦理堂先生书》。

与宋学的空谈相反，惠栋治经，“笃于尊信，缀次古义，鲜下己见”①，但也并不是不正面发挥自己的思想。他的《明堂大道录》，自诩是弄清了长期没有弄清的古代明堂之制的真面目，其实不过是依据汉人之说，发挥自己的政治理想。他认为：明堂是古代祭祀、朝觐、养老、尊贤、布政、施教的地方，“立明堂为治天下之大法”。又他对“理”做了诠释，引《韩非子·解老》为根据，说“理字之义，兼两之谓也。人之性，禀于天，性必兼两。在天曰阴与阳，在地曰柔与刚，在人曰仁与义”，这是以事物矛盾对立的普遍性来解释“理”，和宋儒说“理”根本不同。又说：“好恶得其正，谓之天理……后人以天理、人欲为对待，且曰：‘天即理也。’尤谬。”② 这话直接驳斥了程朱理学，而和戴震的理欲说极为接近。

惠栋的朋友沈彤，学生余萧客、江声以及王鸣盛、钱大昕，钱大昕的弟侄钱大昭、钱塘、钱坫等都是苏南人。他们大多恪守惠氏尊汉的学术途径，被称为汉学中的吴派。戴震说：“先生（惠栋）令子秉高与二三门弟子，若江君琴涛（江声）、余君仲林（余萧客）皆笃信所授，不失师法……而吴之贤俊后学，彬彬有汉世郑重其师承之意。”③

沈彤的代表作是《周官禄田考》。欧阳修曾怀疑《周礼》，认为按《周礼》，官多田少，禄田将不足数。沈彤考证其实施情形，以答复欧阳修的疑难，惠栋称誉此书“二千年来聚讼，一朝而决”④。其实，《周礼》是后出的书，成于战国时，书中所言托之西周，未必是西周的实际情形。沈彤据以考证西周制度的实施，未免拘泥过甚。余萧客作《古经解钩沉》，搜辑唐以前经解，是一本辑佚书，钩稽排比，用力颇勤。但成书匆促，精审不足。当时学者王鸣盛、戴震都有所批评，王鸣盛说它“好古而不知所择”，“有本系后人语妄摭入者，有本是汉注反割弃者。书不可乱读，必有识方可以有学，无识

---

① 章太炎：《訄书·清儒第十二》。
② 惠栋：《周易述·易微言下》。
③ 《戴震集》卷一一《题惠定宇先生授经图》。
④ 惠栋：《松崖文钞》卷二《沈君彤墓志铭》。

者观书虽多，仍不足以言学”[1]。戴震则批评它名为“钩沉”，“有钩而未沉者，有沉而未钩者”[2]。江声与王鸣盛都是继阎若璩、惠栋以后研究《尚书》的，学风和惠栋一致。江声作《尚书集注音疏》，一是尊汉注，“取马（融）、郑（玄）之注及《大传》（伏生《大传》）、《异义》（许慎《五经异义》），参酌而辑之，更旁采他书之有涉于《尚书》者以益之”[3]；一是好改书，以古字改俗字，“采《说文》经子所引《书》古文本字，更正秦人隶书及唐开元改易古字之谬”，并且“以篆写经，复三代文字之旧”[4]。这两个特点，比惠栋还要变本加厉。江声精通古文字，但泥古太深，“生平不作楷书，即与人往来笔札，皆作古篆，见者讶以为天书符篆”[5]。王鸣盛的研究范围稍广阔，但好古尊汉则尤甚。他作《尚书后案》，专尊郑玄。王鸣盛自己说：“《尚书后案》何为作也？所以发挥郑康成一家之学也。”[6] 杭世骏为此书作序称：“《尚书》一经，世宗伪孔安国传，郑氏之注灭没于散亡之后……光禄卿王君西庄（即王鸣盛），当世之能为郑学者也，戚然忧之，钻研群籍，爬罗剔抉，凡一言一字之出于郑者，悉甄而录之，勒成数万言，使世知有郑氏之注，并使世知有郑氏之学。”[7] 王鸣盛只尊奉郑康成一家，连其他汉儒的经注也放在次要地位，魏晋以后的注疏更不在话下。他评论汉代经学：“两汉经生蝟起，传注麻列，人专一经，经专一师。直至汉末有郑康成，方兼众经。自非康成，谁敢囊括大典，网罗众家，删繁裁诬，刊改漏失，使学者知所归乎！”[8] 王鸣盛的长处是别择较严，避免了惠栋兼收并蓄、混淆今古文的毛病，缺点是盲目拜倒在郑康成脚下，被古人牵着鼻子走，偏枯狭窄，不能有创造性的研究。王鸣盛说：

---

① 王鸣盛：《采集群书，引用古学》，转引《清儒学案》卷七七。
② 江藩：《汉学师承记》卷二。
③ 江声：《尚书集注音疏述》。
④ 孙星衍：《平津馆文稿下·江声传》。
⑤ 江藩：《汉学师承记》卷二。
⑥ 王鸣盛：《尚书后案·序》。
⑦ 杭世骏：《道古堂文集》卷四《尚书后案·序》。
⑧ 王鸣盛：《刘焯刘炫会通南北汉学亡半其罪甚大》，转引《清儒学案》卷七七。

“治经断不敢驳经……经文艰奥难通，但当墨守汉人家法，定从一师，而不敢他徙。”① 汉学家的弱点在王鸣盛身上表现得最为集中，而且更加理论化、固定化了。王鸣盛还以治经的方法治史，作《十七史商榷》，“主于校勘本文，补正讹脱，审事迹之虚实，辨纪传之异同，最详于舆地职官、典章制度，独不喜褒贬人物，以为空言无益也”②。

在吴派学者中，学识最博、成绩最大的要推钱大昕。他的研究范围是多方面的，精通经学、史学、天文、历算、音韵、训诂、金石、辞章，“不专治一经而无经不通，不专攻一艺而无艺不精”③。他虽也恪守汉儒的宗旨，认为“有文字而后有诂训，有诂训而后有义理”④，“诂训必自汉儒，以其去古未远”⑤，但态度不像其他吴派学者那样绝对化。他认为：对古人的学说，既不可轻易诋毁，也不应过分株守，“愚以为学问乃千秋事，订讹规过，非訾毁前人，实以加惠后学”⑥，“惟有实事求是，护惜古人之苦心，可与海内共白”⑦。他以毕生精力，作《廿二史考异》，对篇幅浩繁的“正史”做了系统而细致的研究考证。他的方法是用二十二史的不同版本互勘，也用其他书籍碑版做比较，指出了“正史”中的错误、缺漏和矛盾，订正了传抄或刊刻上的讹误。钱大昕不多谈义理，可是他的议论中也有一些突破封建框框的思想。在封建社会中，君道最尊，弑君是大逆不道，而钱大昕却认为：被弑的君主都是无道之君，如果君主贤明，也就不会产生乱臣贼子，“君诚有道，何至于弑”⑧。又封建的伦理观不准妇女改嫁，钱大昕却认为：如果夫妇之间，恩爱已绝，“去而更嫁，不谓之失节……使其过不在妇欤，出而嫁于乡里，犹不失为善妇，不必强而留之，使夫妇之道苦也”⑨，这些看法是比较大

① 王鸣盛：《十七史商榷·序》。
②③ 江藩：《汉学师承记》卷三。
④ 钱大昕：《潜研堂文集》卷二四《经籍籑诂·序》。
⑤ 同上书，卷二四《臧玉琳经义杂识·序》。
⑥ 同上书，卷三五《答王西庄书》。
⑦ 同上书，卷二四《廿二史考异序》。
⑧ 同上书，卷七《答问四》。
⑨ 同上书，卷八《答问五》。

胆的。但他在某些问题上也主观保守，例如：在算学方面，他过分尊信中国的古算，轻视西方数学，江永学习西方数学较有成绩，钱大昕却讥刺江永“为西人所用”①。又中国有反切，这是语言学的一大进步，与佛教传入有关，受佛经梵文拼音的影响。钱大昕矢口否认这个明显的事实，硬说《诗经》已有反切的萌芽，他驳斥反切受佛经影响的说法，“岂古圣贤之智乃出梵僧下耶”，“吾于是知六经之道，大小悉备，后人詹詹之智，早不出圣贤范围之外也”②。这种想法反映了中国知识界中抱残守缺、夜郎自大的一面。尽管这样，钱大昕仍是清代学者中的佼佼者。当时戴震执学术界的牛耳，极为自负，瞧不起其他人，只器重钱大昕。戴震说：“当代学者，吾以晓徵（即钱大昕）为第二人。”“盖东原毅然以第一人自居。然东原之学，以肄经为宗，不读汉以后书。若先生（钱大昕）学究天人，博综群籍，自开国以来，蔚然一代儒宗也。以汉儒拟之，在高密（郑康成）之下，即贾逵、服虔亦瞠乎后矣。”③

四、汉学的高峰——戴震

清代的汉学中，与吴派并称的是以戴震为主要代表的皖派。“吴”和“皖”都是地名，吴派学者大多是苏南人，而皖派学者大多是安徽人。吴派和皖派并不是两个对立的学派，两派的学术主张有很多共同点，因此相互影响，互为师友。皖派稍后出，皖派的主要代表戴震比吴派的主要代表惠栋小 26 岁。吴派多治《周易》《尚书》；皖派擅长“三礼”，尤精小学、天算。吴派提倡复古，唯汉是好；皖派强调求真，方法严密，识断精审。当时学者王鸣盛论惠、戴的区别：“方今学者，断推两先生，惠君之治经求其古，戴君求其

---

① 钱大昕：《潜研堂文集》卷三三《与戴东原书》。

② 同上书，卷一五《答问十二》。

③ 江藩：《汉学师承记》卷三。

是，究之，舍古亦无以为是”[①]。王鸣盛是惠派学者，故袒护复古。章太炎论两派的区别：“吴始惠栋，其学好博而尊闻；皖南始戴震，综形名，任裁断，此其所以异也”，又说吴派“皆陈义尔雅，渊乎古训是则者也”，而“戴学数家，分析条理，皆参密严瑮，上溯古义，而断以己之律令，与苏州诸学殊矣”[②]。梁启超论两派的区别：“戴、段、二王（戴震、段玉裁、王念孙、王引之）所以特异于吴派者，惠派治经，如不通欧语之人读欧书，视译人为神圣，汉儒则其译人也，故信凭之不敢有所出入。戴派不然，对于译人不轻信，必求原文之正确，然后即安。吴派所得，断章零句，援古正后而已。戴派每发明一义例，则通群书而皆得其读。故吴派可名汉学，戴派则确为清学而非汉学。以爻辰纳甲说《易》，以阴阳灾异说《书》，以五际六情说《诗》，其他诸经义，无不杂引谶纬，此汉儒通习也。戴派之清学，则芟汰此等，不稍涉其藩，惟于训诂名物制度注全力焉。”[③] 章、梁的评断是很有见地的。

皖派的出现，是清代学术发展的高峰。吴派虽然已和宋学分庭抗礼，但还不能排挤宋学。自皖派出，局面为之一变，“震（戴震）始入四库馆，诸儒皆震竦之，愿敛衽为弟子……震为《孟子字义疏证》，以明材性，学者自是薄程朱”[④]。此后，汉学取代了宋学，支配学术界。

汉学之所以成为文化学术的主流，和当时的社会条件是分不开的。乾隆时，清朝的统治已历 100 年，进入全盛阶段，政治稳定，经济繁荣，承平而富裕的社会为学术研究提供了良好的条件。北京和扬州、苏州，政治经济文化尤为发展，人才辈出，书院林立，刻书藏书成风。而雍乾时代，文字狱更加苛密，知识分子多埋头故纸堆中，不敢议政论史，唯以钻研经书为事。清朝的官方政策也倡导注经编书。如果说康熙朝专尊程朱，那么到乾隆时，统治者觉察到

---

① 洪榜：《初堂遗稿》卷一《戴先生行状》。

② 章太炎：《訄书·清儒第十二》。

③ 梁启超：《清代学术概论》。

④ 章太炎：《訄书·清儒第十二》。

理学已难以维系知识界，而必须同时提倡汉学，使这两个学派都为自己的统治服务。阮元说："我朝列圣，道德纯备，包涵前古，崇宋学之性道，而以汉儒经义实之，圣学所指，海内响风。"① 在汉学家的倡议下，清政府开始编纂《四库全书》。此举工程巨大，网罗丰富，著名的汉学家均参与其事，对学术研究起了促进作用。还有一批身居要职的官吏，如朱筠、朱珪、王昶、纪昀、毕沅、阮元等，他们本人就是有造诣的汉学家，奖掖提倡，不遗余力，因此，"乾隆以来，家家许、郑，人人贾、马，东汉学烂然如日中天矣"②。

皖派的主要代表戴震（1724—1777，雍正元年至乾隆四十二年），字东原，安徽休宁人。家庭贫寒，曾为商贩，又以教书为业。青年时，就学于著名学者江永，"永治经数十年，精于三礼及步算、钟律、声韵、地名沿革，博综淹贯，岿然大师"③。江永的贡献，一为礼学，所撰《礼经纲目》等礼学著作数种，录入《四库全书》，被誉为"精核之作"；一为声韵学，江永批评顾炎武"考古之功多，审音之功浅"④，改变顾氏古韵十部的分法，而成十三部；一为天算，改正梅文鼎论岁实消长之误。江永的学生除戴震外还有金榜、程瑶田等，都是礼学名家。戴震对江永十分推崇，称"先生之学，自汉经师康成后，罕有俦匹"⑤。戴震在学术上很受江永的影响，乾隆二十年（1755），戴震33岁，还是个穷秀才，因避仇家的陷害，逃到北京，穷困潦倒，"困于逆旅，饘粥几不继，人皆目为狂生"⑥。他带着自己的著作去拜访青年学者钱大昕，钱誉其为"天下奇才"。从此，戴震认识了一批新科进士王鸣盛、钱大昕、卢文弨、王昶、纪昀、朱筠等，他们都很钦佩戴震的学识，"耳先生名，往访之。叩其学，听其言，观其书，莫不击节叹赏。于是声重京师，名公卿争相交焉"⑦。戴震35岁至扬州，客于盐运使卢见曾的雅雨堂，结识惠

---

① 阮元：《揅经室一集》卷二《拟国史儒林传序》。
② 梁启超：《清代学术概论》。
③ 段玉裁：《戴东原年谱》。
④⑤ 《戴震集》卷一二《江慎修先生事略状》。
⑥ 钱大昕：《潜研堂文集》卷三九《戴先生震传》。
⑦ 段玉裁：《戴东原年谱》。

栋，“惠、戴见于扬州，交相推重”①。40岁中举人，此后往来于江西、江苏、直隶、山西，修志编书，51岁奉召以举人充《四库全书》纂修官。53岁会试又落第，特准参加殿试，授翰林院庶吉士，55岁病死。他的学生很多，段玉裁、王念孙、任大椿、孔广森都在门下受业。

戴震的学术成就，在清中叶的学者中最为突出。他学问渊博，识断精审，集清代考据学的大成，而且和其他汉学家不同，写了许多理论文章，抨击程朱理学，阐发唯物主义思想，在中国思想史上留下了灿烂的篇章。之后的学者汪中评论清代前期的学者：“国朝诸儒崛起，接二千余年沉沦之绪……亭林（顾炎武）始开其端；河洛图书，至胡氏（胡渭）而绌；中西推步，至梅氏（梅文鼎）而精；力攻古文者，阎氏（阎若璩）也；专治汉《易》者，惠氏（惠栋）也；及东原（戴震）出而集大成焉”②。汪中大体勾画了汉学发展的轮廓，给戴震很高的地位。

戴震的学术成就，一是在音韵、训诂方面，他对古韵分部和声类分析均有贡献。在古韵研究方面，他和江永都是审音派，不同于之前的顾炎武，之后的段玉裁、王念孙、章炳麟的考古派。戴震把古韵分为九类二十五部，最大的特点是入声韵独立，以之与阴声韵、阳声韵相配，并认为阴阳可对转，而入声是韵类通转的枢纽。他又从古文字的音与声，推求其意义，发现了“故训音声相表里”的规律。他说：“字书主于故训，韵书主于音声，然二者恒相因。音声有不随故训变者，则一音或数义；音声有随故训而变者，则一字或数音。大致一字既定其本义，则外此音义引申，咸六书之假借。其例或义由声出……凡故训之失传者，于次亦可因声而知义矣。或声同义别……或声义各别……六书假借之法，举例可推。”③ 他说明，必须通音声而明转注、假借，才能弄清楚许多古文字的意义。他提出的“音义相通”的规律，后来王念孙等加以发扬，取得很大成果。由于戴震精通小学，

---

① 王昶：《春融堂集》卷五五《戴东原墓志铭》。

② 江藩：《汉学师承记》卷七。

③ 《戴震集》卷三《论韵书中字义答秦尚书蕙田》。

从音韵、训诂的基本功夫入手，所以治经的成绩较大。戴震自言治学的特点，“仆之学，不外以字考经，以经考字”①，“一字之义，当贯群经，本六书，然后为定”②。纪昀称赞他“戴君深明古人小学，故其考证制度字义，为汉已降儒者所不能及，以是求之圣人遗经，发明独多”③。

除了小学外，戴震对名物、制度、古文献的校勘、考证也做了很多工作。如《考工记图》，根据《考工记》本文和郑康成注，绘图以明之，对郑注有订正，此书“图与传注相表里”④；又如《尚书·尧典》有“光被四表”一语，从未产生过疑问，戴震却根据孔安国《传》、《尔雅》、《说文》等书，认为“光”是个错字，应作“横”。他说：古代“横”字与“桄”字通，“桄”被误写作“光”，所以“光被”即“横被”，意即广被。他断定“《尧典》古本必有作‘横被四表’者”⑤。这话说过以后几年中，他的朋友、学生、亲戚果然从各种古书里找到了“横被四表”或“横被”的好几个例子，证明戴震的论断是正确的。

戴震在古天算、古地理的研究方面，也有不少成绩。他把古代天文理论和古籍中的有关资料结合起来，解决了天文学上的一些疑难，如对“璇玑玉衡”做了考证，纠正了汉以后的误解，又从《永乐大典》中辑出久已失传的古算书多种，包括《九章算术》《海岛算经》《孙子算经》《五曹算经》《夏侯阳算经》，使我国古代的算学遗产重见于世。在古地理方面，戴震整理了郦道元的《水经注》，此书在流传中，将经文和注文混到了一起，颠倒错乱，无法读通。戴震整理此书，立下三条校勘的原则（例）：第一条，“《水经》立文，首云某水所出，以下无用重举水名。而注内详及所纳群川，加以采摭故实，彼此相杂，则一水之名，不得不更端重举”；第二条，“经文叙次所过郡县，如云又东过某县之类一语，实该一县。而注则沿溯

① 陈奂：《说文段注跋》。
② 《戴震集》卷九《与是仲明论学书》。
③ 纪昀：《纪文达公遗集》卷八《考工记图序》。
④ 《戴震集》卷十《考工记图序》。
⑤ 同上书，卷三《与王内翰凤喈书》。

县西以终于东，详记所径委曲；经据当时县治，至善长（郦道元）作注时，县邑流移，是以多称故城，经无言故城者也"；第三条，"凡经例云'过'，注例云'径'"[①]。按照这三条原则，混淆的经与注就可以清楚地区分开。段玉裁说，"得此三例，迎刃分解，如庖丁之解牛，故能正千年经注之互讹"[②]，基本上恢复了《水经注》原书的本来面目[③]。

戴震不但是个卓越的考据学家，而且是个杰出的思想家、哲学家。他在注释经籍的外衣下，阐发唯物主义哲学，反对程朱理学。他一方面重视小学和考据，他说，"今人读书尚未识字，辄目训诂之学不足为。其究也，文字之鲜能通，妄谓通其语言；语言之鲜能通，妄谓通其心志"[④]。他认为，只有弄清楚古代经籍中的文字、音训、名物、制度，才能懂得其中的意义。但另一方面，他并不停留在音韵、训诂、名物、制度的考释上，而是强调对经籍中思想内容的理解。他说自己是"志存闻道"，至于音训考据不过是"闻道"的手段。他虽是汉学家的领袖，却不满意大多数汉学家墨守古经传注，绝口不谈义理。他说："义理者，文章、考核之源也。熟乎义理，而后能考核，能文章。"[⑤] "君子务在闻道也。今之博雅能文章、善考核者，皆未志乎闻道，徒株守先儒而信之笃。"[⑥] 这不啻是对自己学派内只做考据、不谈思想的批评。他似乎预见到以后别人会拿他在音训考据方面的成就来抹杀他的哲学观点，因此声明："六书九数等事，如轿夫然，所以舁轿中人也。以六书九数等事尽我，是犹误认轿夫为轿中人也。"《孟子字义疏证》是戴震最重要的哲学著作，戴

---

① 《戴震集》卷六《水经郦道元注序》。

② 段玉裁：《戴东原年谱》。

③ 早于戴震的全祖望、赵一清也整理《水经注》，和戴震取得的结果十分相似，因此学术界有两派意见：一派认为戴震抄袭了赵一清的研究成果，如魏源、杨守敬、王国维持此种主张；另一派认为全祖望、赵一清、戴震各自独立研究，得到了大体相同的结果，并非抄袭，如段玉裁、胡适主张此说。

④ 《戴震集·尔雅注疏笺补序》。

⑤ 段玉裁：《戴东原集序》。

⑥ 《戴震集》卷九《答郑丈用牧书》。

震说："仆生平著述之大，以《孟子字义疏证》为第一，所以正人心也。"① 可是当时之人，包括戴震的朋友和学生，有许多人并不理解戴震的学术宗旨，往往推崇他在小学、考据方面的成就，而并不重视他的哲学思想。

戴震继承了清初思想家的唯物主义传统，对唯心主义理学进行了激烈的批判。他反对理学家所说的"理在气先"，认为"气"是第一性的，"气"是宇宙万物的本原。自然界的发生发展就是"气化流行"，换句话说，就是物质的运动。他说："气化流行，生生不息，是故谓之道。《易》曰：一阴一阳之谓道。洪范五行，一曰水，二曰火，三曰木，四曰金，五曰土，行亦道之通称。"② 他在这里说的"道"就是运动，阴阳五行就是矛盾着的物质，在他看来，宇宙间阴阳五行的运动变化，使事物不断地产生、变化、发展。戴震认为："理"只是"气"的运动变化的法则，是第二性的。"生生者化之原，生生而条理者化之流。"③ "理"就是事物的"条理"，只能分别地存在于各个具体的事物之中，而并不在事物之外，他说，"就事物言，非事物之外别有理义也。有物必有则"，"物者，事也。语其事，不出乎日用饮食而已矣。舍是而言'理'，非古圣贤所谓'理'也"④。戴震强烈反对理学家标榜的高出于万物之上的"理"，认为这种玄妙空虚的"理"是不存在的，是从佛教中搬来的，"其以'理'为'气'之主宰，如彼（佛教）以'神'为'气'之主宰也，以'理'能生气，如彼以'神'能生'气'也"⑤。

戴震从唯物主义的立场出发，提出了人性论和理欲说，这是他思想中最精彩、最富有战斗精神的部分。理学家把人性分成"义理之性"和"气质之性"，认为"气质之性"是产生"情欲"的罪恶渊薮，高唱"惩忿窒欲"。戴震根本反对这种观点。他认为，"性"就是自然的化分，"性者，分于阴阳五行以为血气、心知，品物区以别

---

① 段玉裁：《戴东原集序》。
② 戴震：《孟子字义疏证》卷中《天道》。
③ 戴震：《原善》卷上。
④ 戴震：《孟子字义疏证》卷上《理》。
⑤ 同上书，卷中《天道》。

焉”，“血气、心知，性之实体也”①，因此，“性”只有“气质之性”，宋儒吹嘘的先天的“义理之性”是不存在的。人有人的性，物有物的性。人性得自然化分之全，物性得自然化分之曲，故人性善。戴震非常尊重人性，他认为：人性包括欲、情、知三方面，“欲”是对于声色嗅味的要求欲望，“情”是喜怒哀乐的感情，“知”是分辨是非、善恶、美丑的能力。他说：“人生而后有欲、有情、有知，三者，血气、心知之自然也。给于欲者，声色嗅味也，而因有爱畏；发乎情者，喜怒哀乐也，而因有惨舒；辨于知者，美丑是非也，而因有好恶。声色嗅味之欲，资以养其生；喜怒哀乐之情，感而接于物；美丑是非之知，极而通于天地鬼神……是皆成性然也。”② 他认为，有了人的生命形体，就有欲、情、知，因此，反对宋儒鼓吹的“存天理，灭人欲”“惩忿窒欲”。在戴震看来，“欲”是每人都具有的自然的生理要求，不应该灭掉，也不可能灭掉；“欲”不像理学家认为的那样是“万恶之源”，只要在理智的指导下，“欲”合乎规律地发展，有节制地得到满足，就是“善”，就是“仁”。他说，“欲也者，性之事也……欲不先之私则仁”③，“人之有欲也，通天下之欲，仁也”④，“圣人治天下，体民之情，遂民之欲而王道备”。戴震的道德观是和理学家截然不同的，是建立在尊重人性、承认人欲合理性的基础之上的。他认为，程朱理学把老百姓的“饥寒愁怨”“常情隐曲”都说成是万恶的“人欲”，因而抹杀了群众正当的生存要求，这是残忍而虚伪的说教。他针对朱熹所说“天理、人欲不能并立”而提出“理者，存乎欲者也”⑤，“有欲而后有为，有为而归于至当不可易之谓理。无欲无为，又焉有理”⑥。

戴震大胆地揭露理学家的所谓“理”并不是真理，而不过是统治者的主观偏见，是强者欺凌和压迫弱者的口实。他大声疾呼：现

---

① 戴震：《孟子字义疏证》卷中《性》。
② 同上书，卷下《才》。
③ 戴震：《原善》卷上。
④ 同上书，卷下。
⑤ 戴震：《孟子字义疏证》卷上《理》。
⑥ 戴震：《原善》。

实世界是以强权作为公理的。

> 今虽至愚之人，悖戾恣睢，其处断一事，责诘一人，莫不辄曰理者。自宋以来，始相沿成俗，则以理为如有物焉，得于天而具于心，因以心之意见当之也。于是负其气，挟其势位，加以口给者，理伸。力弱气慑，口不能道辞者，理屈。呜呼！其孰谓以此制事，以此制人之非理哉？……尊者以理责卑，长者以理责幼，贵者以理责贱，虽失谓之顺。卑者、幼者、贱者以理争之，虽得谓之逆……上以理责其下，而在下之罪，人人不胜指数。人死于法，犹有怜之者，死于理，其谁怜之？①
>
> 后儒不知情之至于纤微无憾，是谓理；而其所谓理者，同于酷吏之所谓法，酷吏以法杀人，后儒以理杀人，浸浸乎舍法而论理，死矣！更无可救矣！……后儒冥心求理，其绳于理，严于商、韩之法，故学成而民情不知，天下自此多迂儒。及其责民也，民莫能辨。彼方自以为理得，而天下受其害者众也。②

真是字字血泪，声声痛切，不知有多少无辜的卑者、弱者牺牲在“理”字之下。“后儒以理杀人”，这是对封建礼教的悲愤控诉和猛烈抨击，打中了理学的要害。封建专制主义除了用军事力量直接镇压人民的反抗以外，就是用法律、礼教、道德来束缚和压迫人民。戴震把封建的“法”和“理”相提并论，将其看作是统治者的屠刀，这是非常大胆而深刻的见解。

应该注意到，戴震生活在18世纪的中国封建社会，清政府对文化思想的控制很严密，文字狱层出不穷。当时虽然提倡汉学，但理学仍是封建政权的思想支柱。戴震对程朱理学的批判不仅仅是思想学术之争，而且是用训释《孟子》字义的形式，巧妙地开展了一场政治斗争，他的批判锋芒实际上对准了封建专制主义和清朝的残酷统治。章太炎正确地指出了这一点：“戴氏……生当雍正、乾隆之交，见其诏令谪人，辄介程朱绪言以玩法，民将无所措手足，故为

---

① 戴震：《孟子字义疏证》卷上《理》。

② 《戴震集》卷九《与某书》。

《原善》《孟子字义疏证》，斥理欲异实之谬……其所诃固在此不在彼也。"①

当然，戴震是朴素的唯物主义者，在很多问题上并不彻底，他不懂得真理的客观性，说"心之所同然，始谓之理"；又不重视实践的作用，说"重行不先重知，非圣学也"②，特别是接触到社会历史问题时，更明显地陷入了唯心主义。戴震对封建礼教、程朱理学进行了勇敢的斗争，他的思想中带有争取个性解放的色彩，是 18 世纪最杰出的学者、思想家。但总的来说，他仍尊崇孔孟，笃信经籍，以恢复和继承圣学自居。他的研究范围也局限在儒家的经典中，还不可能冲破封建学术的牢笼。

五、汉学的延续——段玉裁、王念孙、焦循、阮元等

一种学术派别和思想潮流发展到高峰以后，便会发生分化。站在这一学派和潮流以外的人固然会对它进行抨击，即使是属于这一学派和潮流的人，也会由于时代变迁而立场互异，对本学派的宗旨产生不同的理解和评价，从而在治学实践中进行修正、改进以至蜕化，创造出新的学派、新的思潮。思想、学术的发展犹如滚滚不尽的江河，波澜激荡，各种观点进行驳辩，各种风格相互影响，后浪推动前浪，迂回曲折地向前奔流。

戴震是清代汉学发展的高峰。他不但以渊博的学识、精密的考据开辟了与宋明理学不同的学术途径，树立起了新风格，做出了新成就，而且，他的思想深刻邃密，对唯心主义的程朱理学进行了尖锐的批判，这就不能不激怒一批理学的卫道者们。他们虽也承认戴震在考据方面的成就，却拼命地反对他的"义理之学"。与戴震同时的翁方纲说："近日休宁戴震，一生毕力于名物象数之学，博且勤

---

① 章太炎：《菿汉微言》。

② 戴震：《孟子字义疏证》卷上《理》。

矣，实亦考订之一端耳！乃其人不甘以考订为事，而欲谈性道，以立异于程朱。”① 还有桐城派古文家姚鼐攻击戴震“不读宋儒之书，故考索虽或广博，而心胸常不免猥鄙，行事常不免乖谬”②，“戴东原言考证岂不佳，而欲言义理，以夺洛闽之席，可谓愚妄不自量之甚矣”③。

戴震遭到宋学家的攻击詈骂，这是不奇怪的，汉宋两派的对立已势同水火。可是，汉学家内部对戴震的学术宗旨也有截然不同的理解。戴震死后，他的学生洪榜为戴震写《行状》，全录戴震逝世前一个月所写《答彭进士允初书》。此信阐述唯物主义思想，揭露批判佛老和程朱陆王的唯心主义，是戴震的杰出作品之一。戴震的朋友朱筠反对在《行状》中录载此文。朱筠是个大官，本人也是汉学家，对汉学有提倡扶植之功，又很佩服戴震的学术成就，但他说：“可不必载，性与天道，不可得而闻，何图更于程朱之外，复有论说乎？戴氏所可传者不在此。”④ 在朱筠看来，戴震在音训考据方面的成就，可以传之后世，而批判程朱理学的富于战斗精神的作品，反倒是糟粕。洪榜不同意这种看法，还写信给朱筠进行辩论。可见在戴震的朋友和学生中，认识也是不同的。

戴震的后继者，包括他的学生和私淑弟子可以分成两派，一派继承了他的音训考据之学，方法更加严密，成绩更加突出，但不谈抽象的“义理”，放弃了反宋学的传统，如段玉裁和王念孙、王引之父子。另一派兼治音训考据和义理之学，继续发挥戴震的哲学思想，但议论渐趋平和，汉宋渐趋合流，如汪中、凌廷堪、焦循、阮元等。

戴震的嫡传弟子是段玉裁、王念孙。他们学识广博、治学辛勤、学风谨严、方法科学，继戴震之后，把音训考据推上了新高峰。段、王都善于“发凡起例”，即运用归纳法，从纷乱繁多的古书中，探求“条例”（也就是古书写作的规律），然后以此“条例”做演绎，来解

① 翁方纲：《复初斋文集》卷七《理说》。
② 姚鼐：《惜抱轩尺牍》卷五。
③ 同上书，卷六。
④ 江藩：《汉学师承记》卷六。

释古书中的疑难，改正其中的错误脱漏，弄清其内容。他们运用这种方法获得了很大成绩，消除了2 000年来对古代文献的许多歪曲与误解，使之恢复本来的面目，显示本来的意义。

段玉裁（1735—1815，雍正十三年至嘉庆二十年），字若膺，江苏金坛人。他的成绩完全在声音训诂方面，没有戴震那样博大精深的思想体系和多方面的学术成就，但就音训而言，却是青出于蓝。段玉裁分古音为6类17部，不同于戴震，他的方法更重视客观的归纳。现代语言学家王力教授评论戴、段的音韵学研究说："戴、段大不相同的地方，就是段氏只在《诗经》里作客观的归纳，而戴氏却根据他心目中的音理作主观的演绎……令人怀疑他的心目中的音理是否可靠，是否只从他的主观去推测古音。所以单就古音学而论，戴氏是不及段的。"① 段玉裁最重要的著作是《说文解字注》，《说文解字》是东汉许慎所著的字书，收字9 300余，一一说明其字形、字音和字义，是后人阅读古文献、研究古文字的最重要的工具书。段玉裁给此书详细作注，阐明音训，改正讹误。他最特出的成绩在于能够创通条例，例如，他说"汉人作注，于字发疑正读，其例有三：一曰'读如''读若'，二曰'读为''读曰'，三曰'当为'。读如、读若者，拟其音也……读为、读曰者，易其字也……当为者，定为字之误、声之误而改其字也，为救正之词……三者分而汉注可读，而经可读。"② 又如，"汉人注经之例，经用古字，注用今字……学者以此求之，思过半矣"③。用他的这些"义例"来研读经籍和传注，果然豁然贯通，可以解决很多疑难。阮元说："自先生此言出，学者凡读汉儒经子汉书之注，如梦得觉，如醉得醒，不至如冥行擿埴，此先生之功三也。"④ 卢文弨称赞段氏的《说文解字注》，"悉有佐证，不同臆说，详稽博辨，盖自有《说文》以来，未有善于此书

---

① 王力：《汉语音韵学》，第3编，第5章，第29节，320～335页，北京，中华书局，1956。

② 段玉裁：《经韵楼集》卷二《周礼汉读考序》。

③ 段玉裁：《周礼汉读考》卷二《牛人》。

④ 阮元：《揅经室一集》卷一一《周礼汉读考六卷序》。

者”①。王念孙称赞段玉裁“于古音之条理，察之精，剖之密……于许氏之说正义、借义，知其典要，观其会通……盖千七百年来无此作矣”②。王国维也说段书“千古卓识，二千年来治《说文》者，未有能言之明白晓畅如是者也”③。

王念孙（1744—1832，乾隆九年至道光十二年），字怀祖，江苏高邮人，其代表作为《读书杂志》和《广雅疏证》。《读书杂志》用校勘以及分析语法的方法，结合王氏渊博的知识，考订了许多古书中的音训句读和文字讹误，“一字之证，博及万卷，折心解颐，他人百思不能到”④，“凡立一说，必列举古书，博采证据，然后论定，故最足令人信服，苟无强有力之反证，不足驳其说也。清代考证学之成功，由其方法之精密，此书其代表也”⑤。例如《淮南子》一书脱误甚多，王念孙以道藏本和明刻本为主，参以其他刻本以及古书中的引文，订正讹误 500 多条，更难能可贵的是能够归纳出此书致误的若干原因。王念孙的另一部著作《广雅疏证》是对汉张揖《广雅》一书的校勘和训释，改正原书所收错字 580 处，漏字 490 处，衍字 39 处，颠倒错乱 132 处，正文和音内字混淆者 69 处。并且根据古代文字音近义通的原则，从一个字的训释考证，“引申触类”，联系到很多字，找出它们相通之迹，这就是音声通转的法则。王念孙说：“诂训之旨，存乎声音，字之声同声近者，经传往往假借。学者以声求义，破其假借之字而读本字，则涣然冰释。如因假借之字强为之解，则诘屈不通矣。毛公诗传多易假借之字而训以本字，已开改读之先。至康成笺诗注礼，屡云某读为某，假借之例大明。后人或病康成破字者，不知古字之多假借也。”⑥ 王念孙父子在这方面做出了杰出贡献，把语音和词义联系起来，纠正了前人研究中把字音和字义截然分开的缺点。阮元称赞《广雅疏证》一书：“凡汉以

① 卢文弨：《抱经堂文集》卷三《段若膺说文解字注序》。
② 王念孙：《王石臞先生遗文》卷二《段若膺说文解字注序》。
③ 王国维：《观堂集林》卷七《说文今叙篆文合以古籀说》。
④ 阮元：《揅经室续集》卷二下《王石臞先生墓志铭》。
⑤ 萧一山：《清代通史》中册，第 640 页。
⑥ 《清史稿》卷四八一《王念孙传》。

前，《仓》《雅》古训，皆搜括而通证之。谓训诂之旨，本于声音，就古音以求古义，引申触类，扩充于《尔雅》《说文》之外，似乎无所不达。然声音文字部分之严，则一丝不乱，此乃借张揖之书，以纳诸说，实多张揖所未及知者，而亦为惠氏定宇、戴氏东原所未及。”①

王引之（1766—1834，乾隆三十一年至道光十四年），字伯申，王念孙的儿子，著《经传释词》和《经义述闻》。《经传释词》是研究古文虚字的作品，古书中的许多虚字，注释家从来不加注释，或者当作实字来解释，因此意义不明，或发生误解。王引之具备文法观念，从古书中归纳出许多虚字，他说，“见其词之发句助句者，昔人以实义释之，往往诘屈为病”，“盖古今异语，别国方言，类多助语之文，凡其散见于经传者，皆可比例而知，触类长之，斯善式古训者也”②。所谓“比例而知，触类长之”就是运用归纳和演绎的方法。王引之归纳了160个虚字，考订其源流演变，解说其意义和用途。他的《经义述闻》是研究古书中的声韵训诂并订正其讹误的，在王氏的著作中尤为出色。此书集考证的零星成果而变为系统的学术论文，阮元称赞说：“凡古儒所误解者，无不旁征曲喻而得其本义之所在，使古圣贤见之，必解颐曰‘吾言固如是，数千年误解之，今得明矣’。”③ 因其中有不少研究成果是王引之述其父王念孙之说，故名《经义述闻》。王氏父子在声韵训诂和校勘方面，贡献很大。他们的著作都是归纳大量材料，得出结论，有较高的科学价值，因而得到学术界很高的评价。阮元说：“高邮王氏一家之学，海内无匹。”④ 章太炎说：“高邮王氏，以其绝学，释姬汉古书，冰解壤分，无所凝滞，信哉千五百年未有其人也。”⑤ 就是站在理学家立场上激烈反对汉学的人，也不能不对王氏父子的学术成就表示敬佩，如方东树说：“高邮王氏《经义述闻》，实足令郑（康成）、朱（熹）俯

---

① 阮元：《揅经室续集》卷二《王石臞先生墓志铭》。

② 王引之：《王文简公文集》卷三《经传释词序》。

③ 阮元：《揅经室一集》卷五《王伯申经义述闻序》。

④ 同上书，卷二《王石臞先生墓志铭》。

⑤ 章太炎：《訄书·订文第二十五》，附《正名杂文》。

首，汉唐以来，未有其比。”①

另一部分学者和段玉裁、王念孙不同，虽然也从事音训考据，却并不局限于此，而是兼谈“义理”，治学途径和戴震相似。他们都未直接受业于戴震，却很钦佩戴震。他们是汪中、凌廷堪、焦循、阮元等。

汪中（1744—1794，乾隆九年至乾隆五十九年），字容甫，江苏江都人。出生于贫苦知识分子的家庭，幼年丧父，生活很艰苦。他考上拔贡以后，就未再应试，为了谋生，长期游幕在外。他也搞音训考证，但很重视求真和致用，文章写得很好。汪中自述治学的宗旨：“实私淑顾宁人处士，故尝推六经之旨，合于世用。及为考古之学，惟实事求是，不尚墨守。”② 他继承了反理学的传统，指出理学家尊奉的《大学》一书不是孔子所作，他说：“门人记孔子之言，必称‘子曰’‘子言之’‘孔子曰’‘夫子之言曰’以显之。今《大学》不著何人之言，以为孔子，义无所据。”③ 在汪中看来，宋儒为了要控制思想界，把不知何人所作的《大学》拿来冒充圣人经典，并且置于“四书”之首，这是弄虚作假的手法。他最讨厌程朱理学，“君最恶宋之儒者，闻人举其名，则骂不休”④。汪中又激烈抨击封建礼教，反对要求妇女殉节、守节。他还很注意诸子的研究，先后校勘考释《老子》《墨子》《荀子》《新书》《吕氏春秋》，开拓了研究的范围。他对荀子的评价很高，认为荀子才是孔子学说的真正继承人。他又为墨子辩护，认为孟子说墨学“无父”是没有根据的。汪中敢于评论古今人物，其思想在当时算是比较解放的，因此遭到某些人的嫉恨。卢文弨说他，“不恕古人，指瑕蹈隙，何况今人，焉免勒帛。众畏其口，誓欲杀之”⑤，这样的人总是经常受打击排挤的。汪中打算写一部规模庞大的古代学术史，书名《述学》，可惜未能完成。现存《述学》一书是他儿子把汪中的文章编在一起的，已不是原计划的著作。

---

① 方东树：《汉学商兑》卷中。
② 汪中：《述学·别录》卷一《与巡抚毕侍郎书》。
③ 同上书，卷一《大学平议》。
④ 凌廷堪：《校礼堂文集》卷三五《汪容甫墓志铭》。
⑤ 卢文弨：《抱经堂文集》卷三四《公祭汪容甫文》。

凌廷堪（1755—1809，乾隆二十年至嘉庆十四年），字次仲，安徽歙县人。他很推崇其同乡江永、戴震的学术，反对宋明理学，认为朱熹、王阳明都袭取了佛、老思想，背离了儒学正统。他的诗中说："阳明学亦考亭学（指朱熹），窃钩窃国何讥焉。至今两派互相诟，稽之往训皆茫然。"① 这是对官方哲学何等大胆的蔑视！凌廷堪精研礼学，作《复礼》三篇，认为礼是身心的矩则、行为的规范，"圣人之道，一礼而已"②。他反对理学家提倡的"理"，主张以"礼"代"理"，他说"圣人不求诸理而求诸礼，盖求诸理必至于师心，求诸礼始可以复性也"③。凌廷堪可称是反宋学的后劲，但他主张回到陈腐烦琐的"礼"，仍没有越出封建意识形态的樊篱。凌廷堪作《礼经释例》，认为《仪礼》17 篇，"其节文威仪，委曲繁重，阅之如治丝而棼，细绎之皆有经纬可分也"，因此，必须贯通全书，用归纳法寻求书中的"例"，"例"就是此书的经纬途径，"其宏纲细目，必以例为主"④。这也就是戴、段、二王"发凡起例"的方法，不过凌廷堪用这个方法来研究礼学罢了。此外，他对古乐也很有研究，考述唐代的燕乐，作《燕乐考原》。

焦循（1763—1820，乾隆二十八年至嘉庆二十五年），字理堂，江苏甘泉人。中举人后，即放弃科举，绝意仕进，闭门读书。他很佩服戴震，称："循尝善东原戴氏作《孟子字义疏证》，于理道天命性情之名，揭而明之如天日。"⑤ 他精通天文、算学、音训，治《毛诗》、"三礼"、《论语》、《孟子》，而尤其擅长易学，著《易通释》、《易图略》和《易章句》，称"易学三书"。他认为，《易经》中有"相错""旁通""时行"三种法则，贯穿于全书。所谓"相错"就是对立物的统一，所谓"旁通"就是按照和谐的秩序发生变化，所谓"时行"就是变化的循环往复。焦循在经学的外衣下建立了自己的哲学思想体系，承认矛盾，强调变化，但又倾向于调和论、循环论。

---

① 凌廷堪：《校礼堂诗集》卷一四。

② 凌廷堪：《校礼堂文集》卷四《复礼上》。

③ 同上书，卷四《复礼下》。

④ 凌廷堪：《礼经释例·自序》。

⑤ 焦循：《雕菰楼集》卷一六《论语通释自序》。

在当时的汉学家中，多数人只搞烦琐考证，像焦循这样的成就确是出类拔萃的。他将数学知识运用于《易经》研究，“以数之比例求《易》之比例”，又注重实测，他说：“夫《易》犹天也。天不可知，以实测而知……本行度而实测之，天以渐而明。本经文而实测之，《易》亦以渐而明，非可以虚理尽，非可以外心衡也。”① 他的这种研究方法突破了历代注疏的樊篱，因而获得了新成果。王引之很推崇他：“奉手书，示以说《易》诸条。凿破混沌，扫除云雾，可谓精锐之兵矣。一一推求，皆至精至实。要其法，则‘比例’二字尽之。所谓比例者，固不在他书而在本书也。”②

焦循的哲学是变化的哲学，汉学家内重视发展变化的，焦循是第一个。他推崇“变通”，认为“仁义由于能变通。人能变通故性善，物不能变通故性不善”③。正因为世界是变化的，所以典章制度和圣人言论都是有条件的，并不是终极真理，“井田、封建，圣人所制也，而后世遂不可行，则圣人之言且不定也。故有定于一时，而不能定于万世者；有定于此地，而不能定于彼地者；有定于一人，而不能定于人人者。此圣人所以重通变之学也”④。焦循的这种看法颇有历史观念，不同于许多汉学家的泥古不化。焦循又认识到，事物具有矛盾着的两个方面，他要求把握两个方面而达到全面性的认识，反对只见其一不见其二的形而上学。他说，“盖异端者生于执一，执一者生于止知此而不知彼”⑤，“执其一端为异端，执其两端为圣人”⑥。他的学术宗旨是融会众说，兼容并包，而反对党同伐异、门户之争。

阮元（1764—1849，乾隆二十九年至道光二十九年），字伯元，号芸台，江苏仪征人。进士，历任督抚要职，官至体仁阁大学士。他积极提倡学术研究，校刊、编印书籍，设立书院，奖掖人才。治

---

① 焦循：《雕菰楼集》卷一六《易图略自序》。

② 王引之：《王文简公文集》卷四《与焦理堂先生书》。

③ 焦循：《孟子正义·性犹杞柳章》。

④ 焦循：《雕菰楼集》卷十《说定下》。

⑤ 焦循：《论语通释·释知》。

⑥ 焦循：《论语通释·释异端》。

学途径则和戴震相似，主张通过音韵训诂，弄清古代经典的内容、意义。他说："圣贤之道存于经，经非诂不明，汉人之诂，去圣贤为尤近。"① 这是一般汉学家都信奉的原则。但阮元仅把音训看作是寻求"义理"的工具而非治学的目的。他说："圣人之道，譬若宫墙，文字训诂，其门径也，门径苟误，跬步皆歧，安能升堂入室乎？或者但求名物，不论圣道，又若终年寝馈于门庑之间，无复知有堂室矣！"②

阮元也擅长用归纳法，例如他研究"仁"，统计了《论语》中105个"仁"字的意义和用法，认为"仁"的原意是"人之相偶"，即指人与人的关系，这是归纳古训以求古义的方法。他反对理学家"生生之谓仁"的解释，也反对端坐静养以求"仁"。他说："凡仁，必于身所行者验之而始见，亦必有二人而仁乃见。若一人闭户斋居，瞑目静坐，维有德理在心，终不得指为圣门所谓之仁矣。"③ 阮元说过一些调和汉学、宋学的话，也没有直接批判宋学，但他的思想和学术途径是和宋学家不同的。例如他对"性""命"的考释，他举出《尚书·召诰》和《孟子·尽心》中对"性"字、"命"字的用法和意义，排列了诸经的古训，得出结论，认为古代经典中"性"字的原意和理学家的解释不同。阮元说："'性'字从心，即血气心知也。""味色声臭喜怒哀乐皆本于性，发于情者也。"理学家说"性内无欲"，"欲即是恶"，主张"灭人欲"。阮元反驳道："欲生于情，在性之内，不能言'性内无欲'，欲不是善恶之恶。天既生人以血气心知，则不能无欲，惟佛教始言绝欲……此孟子所以说味色声臭安佚为性也。"④ 阮元承认情欲的合理性，他的思想是和戴震一脉相承的。

六、汉学的衰落——俞樾、孙诒让

19世纪上半期，也就是鸦片战争前夕，汉学已走过了它的全盛

① 阮元：《揅经室二集》卷七《西湖诂经精舍记》。

② 同上书，卷二《拟国史儒林传序》。

③ 同上书，卷八《论语论仁论》。

④ 同上书，卷十《性命古训》。

期而趋于衰落。这个学派和思潮，自有其产生和存在的根据。在此之前，理学统治思想界已有500多年，已明显地暴露了它的腐败、虚伪和空疏。汉学是作为理学的对立物而产生的。汉学重实证，强调客观的、具体的研究，反对空谈，反对附会说经，方法比较精密，态度比较严谨。清代汉学家们以极大的功力对古代文献进行了细致的整理爬梳，剔除了2 000多年来对古代经籍的不少歪曲、误解，弄清了句读训诂，为清理和总结我国丰富的历史文化遗产打下了坚实的基础。汉学家们在治学中发展了小学、校勘、目录、辑佚，也都是研究古代历史文化不可缺少的手段。章太炎评论乾嘉学者“审名实，重佐证，戒妄牵，守凡例，断情感，汰华辞，六者不具而能成经师者，天下无有”①。汉学家就是这种抱客观态度、重视材料证据、长于归纳方法、反对主观附会、反对华而不实的学问家。

但是，汉学作为一种社会思潮，明显具有严重的弱点，即它的研究对象十分狭窄，局限在古代儒家经典的范围内，一天到晚孜孜矻矻，钻在圣经贤传里面，为经典做注释。注经是中国封建社会中历来做学问的基本形式，它首先是把尧、舜、禹、汤、文、武、周公、孔、孟这些传说和历史人物神圣化、偶像化，认为宇宙中的真理已被这些圣人们所穷尽，后继的子孙只需舔食他们的唾余。人们需要做的不过是去体察圣人的训示，阐发圣人的教诲，使圣人遗教传至无穷而勿使失坠。因此，学者们不是从生活中提出新问题，解决新矛盾，而是在圣经贤传中反复咀嚼，寻章摘句，即使有头脑的思想家，往往也以说经注经的形式来发挥自己的见解。学术思想界的这种情况，正反映了一个长时期以来封闭而停滞的社会的特征，复古主义猖獗，烦琐主义盛行，陈腐保守，思想僵化。尽管汉学家中也有一些杰出的思想家，也产生了许多精深的专业研究的成果，但作为一种社会思潮，汉学走上了歧路，成为一个狭隘、偏枯的学派，越到后来，汉学的缺点暴露得越明显。

最早起来反对汉学的是理学家翁方纲、姚鼐。翁、姚站在卫道

---

① 章太炎：《太炎文录》初编，卷一。

者的立场上，对汉学家攻击谩骂，并没有说出多少道理。与此同时的历史学家章学诚却对汉学做了比较合乎实际的批评，章学诚既反对理学，也反对汉学。理学与汉学虽然是对立的学派，但它们都是封建地主阶级的学术，共同尊奉孔孟，把儒家经典看作是知识的源泉和衡量真理的准绳。章学诚提出“六经皆史”，把儒家经典看作不过是历史书籍、古代文献，没有什么了不起的神秘。他反对汉学家泥古守旧，批评他们“昧于知时，动矜博古”，“学者但诵先圣遗言而不达时王之制度”①。汉学家主张必先通音韵训诂，才能读经，才能研究经典的思想内容。章学诚却认为，离开经传也可以发挥好的思想见解，“就经传而作训诂，虽伏、郑大儒不能无强求失实之弊……离经传而说大义，虽诸子百家未尝无精微神妙之解”②。章学诚生活在汉学鼎盛的时代，是第一个能够指明汉学弱点的人。

到了19世纪，汉学的流弊越来越严重，不满和批评汉学的人多起来了。连汉学家本人也承认这一点，如段玉裁自称：“喜言训故考核，寻其枝叶，略其本根，老大无成，退悔已晚。”③ 最激烈地反对汉学并且对其做了系统批判的是方东树。道光初，他写成《汉学商兑》，指责汉学的六个缺点：“其一力破理字，首以穷理为厉禁，此最悖道害教；其二考之不实，谓程朱空言穷理，启后学空疏之陋……其三则由于忌程朱理学之名及《宋史·道学》之传；其四则畏程朱检身，动绳以理法，不若汉儒不修小节，不矜细行，得以宽便其私……其五则奈何不下腹中数卷书，及其新慧小辨……其六则见世科举俗士，空疏者众，贪于难能可贵之名，欲以加少为多，临深为高也。”④ 方东树的批评，大多也是宋学家的门户之见，但也有一些击中汉学的要害。例如，他反对汉学的复古崇汉，说：“言不问是非，人唯论时代，以为去圣未远，自有所受，不知汉儒所说，违误害理者甚众。”又方氏驳斥汉学家所说“由训诂以通义理”、“夫谓

① 章学诚：《文史通义》内篇《史释》。
② 章学诚：《章氏遗书》卷一三《校雠通义》外篇《吴澄野太史历代诗钞商语》。
③ 段玉裁：《经韵楼集》卷八《朱子小学恭跋》。
④ 方东树：《汉学商兑》卷下。

义理即存乎训诂是也。然训诂多有不得真者，非义理何以审之？……解经一在以其左证之异同而证之，一在以其义理之是非而衷之。两者相须不可缺，庶几得之。今汉学者全舍义理而求之左验，以专门训诂为尽得圣道之传，所以蔽也。”① 这些话确也抓住了汉学的弊病。

历史进入19世纪，盛极一时的汉学衰落了，这和当时的社会政治状况是有密切联系的。乾隆后期及嘉庆时期，阶级斗争已经激化，北方的白莲教、天理教，南方的天地会以及边远地区的回族、苗族、维吾尔族等少数民族，纷纷起来反对清朝统治，战乱绵延，烽火不绝，直至19世纪中叶，爆发了伟大的太平天国农民革命，震撼了中国大地。同时，外国资本主义侵略者，声势咄咄，叩关而入，企图把中国变成它们的殖民地。中国历史的进程发生了天翻地覆的变化，封建社会面临着前所未有的危机。知识分子再也不能封闭在古代经籍的小天地里自我陶醉、不问世事、寻章摘句、皓首穷经了。社会的普遍动乱，把他们拉回到现实中来，睁眼面对种种复杂而尖锐的矛盾。很显然，长期禁锢在古代经籍中的汉学，并不能教导人们怎样去认识、分析和处理现实生活中的新问题，这个学派和现实严重地脱节，不能适应迅速变化的形势，不能解答生活中提出的问题。就像魏源说的那样：“自乾隆中叶后，海内士大夫兴汉学，而大江南北尤盛……争治诂训音声，爪剖釽析……锢天下聪明智慧出于无用之一途。”② 的确，这种“无用”之学，在封建的太平盛世可以作为典雅的装饰品而存在，到了动荡的时代，就失去了继续发展和繁荣的可能。19世纪前半期，思想界发生了进一步的分化和转变，知识分子纷纷离开汉学，从故纸堆里爬出来，转向现实生活，提倡经世致用。有的从事盐政、漕运、钱币的研究，希望弥补清廷财政的漏卮；有的关心边疆地理和民族问题，敏锐地觉察到了外国侵略的危机；有的议论朝政，鼓吹变法，揭露黑暗吏治，同情人民的痛苦。这样，一个崭新的学派应时而生，这就是清代的今文经学。

今文经学不株守古代典籍的章句文字，而要“寻先圣微言大义

① 方东树：《汉学商兑》卷中之下。
② 《魏源集》上册《武进李申耆先生传》。

于言表之外”，它是一个比较活泼而少受拘束的学派。今文经学家提倡“通于天道人事，志于经世区时”，并且本着“张三世”“通三统”的历史进化观点，主张改革旧制度以适应新潮流，这就使今文学派壁垒一新，与程朱理学或汉学完全区别开来。这个学派，由庄存与、刘逢禄开其端，继之以龚自珍、魏源，至康有为而发扬光大，学术和政治结合在一起，成为戊戌变法运动的倡导者、推动者。

嘉道以后，今文经学兴起，汉学衰落，李慈铭描述当时学术界的风气说：

> 嘉庆以后之为学者，知经之注疏不能遍观也，于是讲《尔雅》，讲《说文》；知史之正杂不能遍观也，于是讲金石，讲目录，志已偷矣！道光以后，其风愈下，《尔雅》《说文》不能读而讲宋版矣，金石目录不能考而讲古器矣。至于今日，则诋郭璞为不学，许君为蔑古，偶得一模糊之旧椠，亦未尝读也，瞥见一误字，以为足补经注矣。间购一缺折之赝器，亦未尝辨也，随模刻划，以为足傲汉儒矣。金石则欧、赵何所说，王、洪何足道，不暇详也，但取黄小松小蓬莱阁金石文字数册，而恶《金石萃编》之繁重，以为无足观矣！目录则晁、陈何所受，焦、黄何所承，不及问也，但取钱遵王《读书敏求记》一书，而厌《四库提要》之浩博，以为不胜诘矣！若而人者，便足抗衡公卿，傲睨人物，游谈废务，奔竞取名，然已为铁中之铮铮，庸中之佼佼，可不痛乎！①

道光以后，汉学的末流已失去了早期汉学博大精深、方法严密的优点，而成为玩弄古董了。只有少数学者还能保持朴实的学风，继承乾嘉大师的遗绪，在专业领域中做出贡献，最著名的有俞樾和孙诒让。

俞樾（1821—1907，道光元年至光绪三十三年），字荫甫，号曲园，浙江德清人。他学识渊博，著述宏富，生平崇尚高邮王氏之学。他仿照王引之《经义述闻》的体裁，撰《群经平议》；仿照王念孙

---

① 李慈铭：《越缦堂日记》一二《札记》。

《读书杂志》的体裁，撰《诸子平议》；又根据前人和自己研究古籍的经验，对古书中用字造句以及文字、篇章的错乱、衍缺，举出88条公例，使读者举一反三，撰《古书疑义举例》，总结出校勘和音训方面的若干规律。俞樾的学生章太炎把他和王氏父子做比较，说："治《群经》（《群经平议》）不如《述闻》（《经义述闻》）谛，《诸子》（《诸子平议》）乃与《杂志》（《读书杂志》）抗衡，及为《古书疑义举例》，刵察鰓理，疏紾比昔，牙角才见，紬为科条，五寸之榘，极巧以玨，尽天下之方，视《经传释词》，益恢廓矣！"①

另一著名学者孙诒让（1848—1908，道光二十八年至光绪三十四年），字仲容，浙江瑞安人。他的主要作品有《周礼正义》《墨子间诂》等。《周礼》是今古文争讼的焦点之一，古文学家相信它是周公的制作，今文学家则称之为"六国阴谋之书"。孙诒让是从古文学家的立场来疏注此书的，"博采汉唐以来，迄于乾嘉诸儒旧诂，参互证绎"，历时20年，至1899年成书。孙氏注疏此书，已受到西方资本主义文明的冲击，以注经的形式鼓吹向西方学习。他说："中国开化四千年，而文化之盛，莫尚于周，故《周礼》一经，政治之精详，与今泰东西各国所以致富强者，若合符契。然则华盛顿、拿破仑、卢梭、斯密亚丹之伦所经营而讲贯，今人所指为西政之最新者，吾二千年前旧政已发其端。"② 孙诒让把西方文明说成中国"古已有之"，这当然是不对的。但他同情变法维新，援引古代经典来证明学习西方的合理性，这和同时的今文学家康有为托古改制实殊途而同归。孙诒让的另一名著是《墨子间诂》。《墨子》一书2 000多年来被视为异端邪说，没有人研究和作注，且文义古奥，错乱很多，难于读通。乾嘉时代的卢文弨、汪中、毕沅、孙星衍等做过片断的考释，孙诒让以毕沅的考释为主，采集各家的研究成果，参以自己的见解，对《墨子》做了全面而细致的整理，使此书基本能够读通。俞樾称赞孙氏的成绩："整纷剔蠹，脉摘无遗，旁行之文，尽还旧观，讹夺

① 章太炎：《太炎文录》卷二《俞先生传》。

② 孙诒让：《周礼正义序》。

之处，咸秩无紊，盖自有《墨子》以来，未有此书也。”[1] 章太炎则说：“集众说，下己意，神旨洞明，文可讽诵。自《墨子》废二千岁，儒术孤行，至是较著。”[2] 现代研究《墨子》的人，在句读训诂方面都以此书为根据。

俞樾、孙诒让上接乾嘉汉学的传统，在学术上做出了一定的成绩。但这时西方的资本主义文化传入中国，影响日益扩大，思想界则今文学派占主导地位，汉学已走完了全部路程而接近终点了。俞、孙的后一辈，如章太炎、王国维、刘师培等和乾嘉学派也存在着密切关系，他们继承了汉学家的研究方法和学术成果。但时代毕竟不同了，章、王、刘等都不同程度地接受了西方文化的熏陶，并在维新变法或反满革命中成长，他们已是资产阶级的学术派别和思想潮流，无论在治学宗旨、研究领域、研究方法以及学术成果方面，都大大不同于乾嘉汉学。他们的学术思想需另做专门的论述。

---

① 俞樾：《墨子间诂序》。

② 章太炎：《太炎文录》卷二《孙诒让传》。

吴、皖、扬、浙*

——清代考据学的四大学派

清代学术的主流是考据学，或称朴学、汉学。清代考据学是中国学术史上压轴之篇章。有清一代，学者辈出，群星灿烂。考据学素有吴派和皖派之分，吴派以苏州惠栋为代表，皖派以休宁戴震为代表。其后又有扬派，以高邮的王念孙、王引之，仪征的阮元为代表，他们都属扬州人。我还认为，晚清的浙江学者可以自成一军，他们上承乾嘉大师的朴学遗风，下开20世纪之新学术，其代表人物有德清的俞樾、定海的黄以周、瑞安的孙诒让、余杭的章太炎、海宁的王国维。浙学一派是清代考据学的殿军，又是近代学术的开创者。

以地域来区分学派，可以大致归纳学者的类型，但界限不能十分清晰。有些学者籍贯相同而学风迥异，有些学者地域不同而学风却很一致。吴、皖、扬、浙四个学派实际上代表清代考据学发展的四个阶段，即：乾隆前期、乾隆中期、乾嘉时期和晚清时期。吴、皖、扬、浙时代先后不同，各为其一阶段。学术史上通常有两种情形。一种情形是，在同一时期内存在相互对立的多个学派，它们的学术思想不同，方法不同，师承不同，如两汉的今文学派和古文学派、宋明的程朱理学和陆王心学、清代的汉学和宋学，由于彼此的宗旨不同，相互驳辩质难，进行争论，形成各自的营垒，分门角立，旗帜鲜明。另一种情形如宋代理学中的濂、洛、关、闽，清代朴学中的吴、皖、扬、浙，它们的学术宗旨相同，方法接近，而且有前后师承的关系，本属同一个学派，但在不同时段、不同地区所诞生

---

* 原载《人民政协报》，1999年9月29日。

的学者，他们治学的重点有不同，研究的风格有差异，这种不同和差异，是在学派内部总的一致性之中的具体区别，是大同中的小异，而非根本的对立。

清代考据学或汉学是在反对宋明理学的基础上发展而来的。清初学者阎若璩、胡渭、毛奇龄、姚际恒等攻击理学家所据以立论的古代经典很多是伪托或经篡改的古籍。考据学吴派的宗师惠栋认为，要弄清楚经典的原意，第一，必须回到汉代，寻求汉人的经说，因为汉儒离孔子不远，遗说尚存；第二，必须从认读经典的文字入手，弄清其音韵训诂，否则连古文字都不认识，哪里谈得上经典研究呢？故有人说："乾隆中叶，海内之士，知钻研古义，由汉儒小学训诂，以上溯七十子六艺之传者，定宇先生（惠栋）为之导也"（陶澍：《书四世传经遗像后》）。惠栋专治《周易》，实践其学术宗旨，抛开魏晋以后各家注释，专门搜辑和阐发汉代学者的《周易》学说，"约其旨为注，演其说为疏，汉学之绝者千有五百余年，至是而粲然复章矣"（钱大昕：《惠先生栋传》）。

惠栋治学的特色是尊信和固守汉儒的经说，"凡古必真，凡汉皆好"，希望从遥远的古代去寻找真理，这反映了当时知识界对宋明理学的厌倦心理，努力构筑起汉学的壁垒以与宋学相对抗。惠栋的功绩在于钩稽汉代经说不遗余力，以求从理学的思想束缚中求得解放，开辟了治学的又一蹊径。然而，汉人说经有精华，也有糟粕，惠栋不加别择，全盘继承，这是吴派学术的弱点。故《四库全书总目提要》批评惠栋"其长在古，其短亦在于泥古"。惠栋的朋友、学生如沈彤、余萧客、江声都是吴派传人。

继吴派之后为皖派，代表人物是休宁的戴震，还有江永、程瑶田、金榜、凌廷堪等，他们都是皖南人。他们和吴派的观点、学风较接近。乾隆二十三年（1758），戴震与惠栋相遇于扬州。时戴震35岁，惠栋61岁。两派宗师年龄相差一代，而相互推重敬服。戴震初到北京，是个落魄秀才，"困于逆旅，饘粥几不继"。他带着自己的著作去拜访青年学者钱大昕，钱誉其为"天下奇才"，并引来了一批新科进士王鸣盛、王昶、卢文弨、纪昀、朱筠等。他们都非常钦佩戴震，“耳先生名，往访之。叩其学，听其言，观其书，莫不击节叹赏。于是声重京师，名公卿争相交焉”（段玉裁：《戴东原年谱》）。

皖派学者和吴派一样，主张治学应从认识古文字入手，戴震说：“仆之学，不外以字考经，以经考字。”但是他不像吴派学者那样固执汉儒经说，吴派的特点是“尊古”，皖派的特点是“求是”，这是两派学术趋向的差异。

戴震的研究范围甚广阔。他研究音韵学，将古韵分为九类二十五部，以入声韵独立，发现了阴阳对转的规律。他研究算学，从《永乐大典》中辑出已佚失的古算经多种，使中国古代的天算之学复明。他研究《水经注》，发现经注混淆的规律，“故能正千年经注之互讹”（段玉裁语）。他不但博学多闻，而且论据缜密，识断精审，故许多人推崇他是清代学术的高峰。王昶说：“本朝之治经者众矣，要其先之以古训，析之以群言，究极乎天地人之故，端以东原为首。”（《戴东原先生墓志铭》）汪中则说：“国朝诸儒崛起，接二千年沉沦之绪，及东原出而集大成焉。”（转引自《汉学师承记》）

戴震不但是卓越的考据家，而且超越考据学的范围，在注释经籍的外衣下，阐发进步的思想观点，反对程朱理学。他提出理气一元论以取代程朱所主张的天理之性和气质之性，认为“气”是万物的本原，自然界的发展变化是“气化流行”，而“理”仅是“气”运动变化的法则，他是中国历史上杰出的唯物主义思想家。

继皖派之后的是扬州学派。扬派学人都服膺戴震，或则敬佩戴震考据精审，或则赞同戴震学术通博。他们有的受业于戴震，如王念孙、王引之、任大椿；有的私淑于戴震，如汪中、焦循、阮元。刘师培有一段话论述戴震与扬州学派的关系：“戴氏弟子舍金坛段氏外，以扬州为最盛。高邮王氏（王念孙、王引之父子）传其形声训诂之学；兴化任氏（任大椿）传其典章制度之学……皆博综群书，衷以己意，咸与戴氏学派相符。仪征阮氏（阮元）友于王氏及任氏，复从凌氏廷堪、程氏瑶田（皆皖派学者）问故，得其师说。甘泉焦氏（焦循）与阮氏切磋……时出新说，亦戴震之嫡派也。”（《南北考据学不同论》）故扬州学派，是皖派戴学的继承和发扬。

吴派的特点是“尊古”，皖派的特点是“求是”，而扬派的特点则是“通贯”。“通贯”是为了纠正汉学专注一经一家的门户之见，主张沟通群籍，兼治经子，并淡化汉学宋学的对立。这是扬派在继承吴、皖二派基础上的变化和发展。如焦循强调“古学大兴，道在求其通”（《与刘端临教谕书》），提倡“通核之学”，他说“通核者，主以全经，贯以百氏，协其文辞，揆以道理。人之所蔽，独得其间，可以别是非，化拘滞，相授以意，各慊其衷”（《辨学》）。阮元被称为一代通儒，学风广博而全面，不同于狭隘局促的考据学者。刘师培说：“阮氏之学，主于表微，偶得一义，初若创获，然持之有故，言之成理，贯纂群言，昭若发蒙，异于饾饤猥琐之学”（《南北考据学不同论》）。阮元也不同于前辈的力排宋学，而倾向于调和折中，“崇宋学之性道，而以汉儒经义实之”（《拟国史儒林传序》）。

扬派学者“通贯”的学风，也表现在治学范围更加宽广，除群经、音训、天文、历算外，旁及其他。如汪中研究诸子，推崇《荀子》《墨子》。王念孙的校勘及于《广雅》《史》《汉》《老》《庄》《荀》《韩》《晏子春秋》《淮南子》等，阮元写《畴人传》为古代自然科学家立传，又嗜好金石碑版，以之补经史文献之讹漏，这是他们知识广博、能通贯各个学科的表现。

1840 年鸦片战争以后，传统的中国进入近代，战火连年，民不聊生。外国的船炮机器、声光化电传入中国。随着社会的变化，中国学术界也为之大变。专门研究古代文献、很少关注现实的传统考据学中衰，失去了其在学术界的主导地位，其他学术流派风起云涌，应运而生，有主张变革的今文经学，有强调民生实用的经世之学，有关心地理边防的边疆之学，有研究修齐治平的性理之学，有向外国学习的洋务之学以及维新之学、革命之学。各种思潮相互激荡，此长彼消。晚清，传统的考据之学在社会变动以及与西方文化的撞击中衰落蜕变，但尚未完全消歇，浙派学术即其嫡传。其代表人物有俞樾、黄以周、孙诒让、章太炎、王国维。

浙派承袭乾嘉学风，俞樾十分敬佩高邮二王，所撰《群经平议》《诸子平议》《古书疑义举例》便模仿了王氏的《读书杂志》《经义述闻》等著作的体例与方法。他说:“治经之要有三,正句读,审音义,通古今假借,知此三者,则思过半矣。”孙诒让是考据学的直接继承者,自称:“我朝自乾嘉以来,此学大盛。如王石臞念孙及其子文简公引之之于经,段若膺先生玉裁之于文字训诂,钱竹汀先生大昕、梁曜北先生玉绳之于史,皆专门朴学,择精语详。其书咸卓然有功于古笈,而某自志学以来所最服膺者也。”(《寄答日人馆森鸿君书》)章太炎作《清儒》《释戴》,阐扬清代学术,总结考据学派的精神:“审名实、重佐证、戒牵妄、守凡例、断情感、汰华辞”,“六者不具而能成经师者,天下无有”。这正是清代学术主张实事求是、无征不信的理性主义。王国维少习戴、段、二王之书,发展了考据方法,对考古发掘资料与传世文献并重,即所谓“二重证据法”。

国难当前,浙学和同时的其他学术思潮一样,倾向于经世致用,改变了考据学不问政治的传统,并因受西方学术的影响,力求与西学沟通,其杰出代表能够中西兼纳,推陈出新,故其特点在“创新”。

黄以周、孙诒让都研治礼学,黄作《礼书通故》,孙作《周礼正义》,希望从中国古代的政制、礼俗中寻找富国强兵之道。孙诒让对《周礼》寄予极大希望,称“夫舍政教而议富强,是犹泛绝潢断港而蕲至于海也。然则处今日而论治,宜莫若求其道于此经”。这虽然是过分推崇了《周礼》的作用,却也表现了浙派将政治和学术紧密结合的特色。

真正具有“创新”精神的杰出学者是章太炎和王国维。章太炎投身于革命,反对清朝专制统治,担任同盟会机关报——《民报》的主编,是辛亥革命的主将。他又是俞樾的学生,自称“少时治经,谨守朴学,所疏通证明者,在文字器数之间”(《菿汉微言》)。故鲁迅先生称他是“有学问的革命家”。他以精湛的训诂音韵学修养,考论群经,遍及《老》《庄》《荀》《韩》,旁通佛学,“取证博洽,析义精微”,尤致力于《左传》的研究。他脱胎乾嘉而超越乾嘉,涉览西方及印度学术,驰骋于广阔的世界文化领域,探究治国要道和人生哲理。

另一浙派学者王国维曾习康德、叔本华、尼采等人的哲学,兼擅中西学术，故其方法缜密，识见卓越。他用训诂方法，认识了古书中的联绵字和成语，故释经多新颖见解。又能将甲骨文、古器物与历史文献结合，他撰写的《殷周制度论》《殷先公先王考》，阐明了殷周之间文化的变革和殷帝王的世系次序。这类考据文章并非局限于细枝末节的烦琐考据，而是以确凿的证据，解开了中国上古史的重大谜团，成为近代学术史上的不朽典范。

浙派学术的时间跨越 19 世纪后期和 20 世纪之初，它是从传统走向近代的桥梁，浙派学术和 20 世纪的学术文化息息相关。如果说俞樾、孙诒让尚停留在中西文化的比附上，那么章太炎、王国维已能做到融合中西学术，兼取其长，他们超越了传统的考据学派，而成为近代学术的开路人。

清代思潮*

今天要讲的是清代思潮，从 17 世纪到 19 世纪末将近 300 年的历史。清朝从入关开始一直到辛亥革命一共 268 年。今天所讲的范围，就是这二三百年内清代思想的基本的轮廓。

一

清代的学术思想，前辈已做了许多的研究，像梁启超、钱穆以及马克思主义的学者侯外庐、任继愈，在这方面都有论著。这是一个比较热闹的领域。这近 300 年内，学术思想内容比较丰富，发展变化也很快，作品也很多。可以说，在这近 300 年内，中国文化宝库增加了丰富的遗产。这里只能勾画一个轮廓给大家，不能详细展开。首先，这近 300 年的思想，在整个中国文化思想上占了一个很重要的地位，起着承先启后、继往开来的作用。一方面，可以说它是中国封建文化总结的时期、集大成的时期；另一方面，是中国传统文化向近代文化转变的时期。说其是对传统文化的总结，因为清代文化思想的发展是很高的，可以说是中国文化鼎盛时期。人才辈出，产生了不少杰出的大师和思想家，而且对中国传统文化进行了基础性的研究和总结，对传统文化典籍做了基础性的整理，从文字、声韵、校勘入手，做了大规模的整理，这是一代学者的工作。若不是经过清代学者的整理，至今许多古书我们就读不到或读不通。研究中国传统文化离不开清代学者的

---

* 原载《清史研究集》，第一辑，北京，中国人民大学出版社，1980。

工作。还有一点，清代对两千年传统文化做了回顾、追溯。在一定程度上可以说，它恢复、再现了两千年的传统文化。因为中国传统文化的主流是儒家，儒家在两千年的发展中，经历了两个重要的时代，一是汉代，一是宋代。西汉定儒家为一尊，确定了儒学的传统地位。东汉，古文经学派取代了今文经学派。佛教的传入，经过传播、吸收，到了宋代便产生了理学。到了清代，一个很有趣的现象是清学是反理学的，从宋学又退回到汉学。先是退回到古文学派，如郑康成、许慎、马融等古文学大师；后又退到今文学派，康有为等人推崇今文学派，这样从东汉退到了西汉。清学的200多年的发展，是一步一步地复古，从宋学退到汉学，从东汉退到西汉。这一现象不是偶然的，形式上是复古，实际上却是向前探索，寻求新的道路。清学是新时代到来的第一个号角，是古代向近代的转变。它引进了西方的思想。明朝中期已有传教士在传播西方文化。明清之际，先后有几百个传教士到中国来传教，带来西方的文化。中西方文化交流，规模之大，时间之久，仅次于佛教的传入。特别是鸦片战争时期，西学的东渐，中国文化传统发生了根本性的变化。晚清，新学和旧学，西学和中学，充满矛盾和斗争，相互渗透。中国的传统文化开始接受西方的文化，这在中国文化史上是别开生面的时期。清代与我们今天相去不远，对现实有重大影响。汉唐文化光辉灿烂，处于当时世界的前列，但它们对于今天而言是个遥远的过去，只能通过书本间接地了解。清代则相去不远，不仅可从书本中了解，而且在现实中仍有感性的体会。探讨清代近300年的文化思潮，不仅有学术上的重大意义，而且有现实意义。简言之，研究清学的意义，在于清朝是中国传统文化的总结、整理时期，又是向近代转变时期，而且是离我们的实践很近的时期。下面分三个时期简单地介绍清学：（1）17世纪的思潮；（2）18世纪的思潮；（3）19世纪的思潮。

二

17世纪是明清之际，也是中国文化思想上的一个高潮时期。中国几千年的思想史，成果很多。比较突出的有两个时期：一是先秦诸子百家，二是明清之际的思想。其内容的丰富、思想的深刻、人物的众多，可谓是先秦以后很少见的。这个时期出现了王夫之、顾炎武、黄宗羲、颜元这一批杰出的代表，可以说是群星灿烂。围绕着这些大师，形成了几个有特点的学派。其中每一位大师都可以讲几十小时的专题课程，但他们有一共同的特点：宏伟博大、讲求实际。他们的研究领域宽阔，成果也是多方面的。既从事历史的研究，也强调对现实的研究，讲求经世致用，讲求实用，在许多领域里做出了出色的贡献。像黄宗羲，以他为首的浙东学派，在政治学、历史学方面贡献很大，《明夷待访录》在中国思想史上成就非常高，是千古绝唱，是一部很明显地带有民主色彩的杰作。他的《明儒学案》是中国第一部系统的学术思想史。他的后辈全祖望续成了《宋元学案》，这两部书是中国思想史上最好的学术思想史专书。他的学生万斯同修《明史》，万斯大是搞经学的。顾炎武开创了一代学风，其治学特点是方法精密，重视证据，提倡实用。王夫之的著作很多，在哲学上可称作中国唯物主义的高峰，他的史论阐发了精辟的见解。颜元是北方的学者，开创了颜李学派。围绕以上四位大师有一大批学者，像山西的傅山、陕西的李颙、安徽的方以智等，这是一个群星灿烂的时代。明清之际的思想家，他们的治学方法、研究范围及师承关系，或其个人的经历爱好都是各不相同的，形成了各异的风格。但在不同的风格里又有共同的倾向性，即宏伟博大、讲求实际。这是当时的时代精神。还有，当时的思潮富有批判精神，亦即所谓思想解放，这从他们的著作中可体会到。他们一是反对封建专制政治的束缚，如黄宗羲、唐甄、顾炎武的著作都表露了这样的思想，反对封建专制政权很强烈。二是反对理学，这也很明显。这表明，当时社会已进入封建社会的后期，封建社会的弊端已严重地暴露出来，开始成为思想家们激烈攻击的对象。另外，理学长期以来作为官方哲学，也遭到了进步思想家的攻击和批判。当时他们的言论都很激烈。颜元说过，朱学王学都是杀人之学，是皮上疹毒，理学家都是奴才。对于专制皇帝的批判也是很激烈的。黄宗羲在《明夷待访录》里说："然则为天下之大害者，'君'而已矣。"这在当时的封建社会里是难能可贵的。唐甄在《潜书·室语》中说："自秦以来，凡为帝王者皆贼也。"把帝王和盗贼并提，极力主张限制君权。顾炎武写的《郡县论》，其言辞虽温和，却也是反对封建专制的。还有一点，这些思想家的民族意识很强，少数人积极参加了抗清斗争。失败后，大多数人隐居不出，不和清王朝合作。同一个时代，这些思想家的成就是不一样的，研究领域也不一样。在谈到 17 世纪思潮时，我一方面感到它是一个新的高峰，宏伟博大，很有锋芒。但是另一方面，高峰之后，接着是一个跌落，很快就过去了，形成一个文化断层。这种进步思潮后继无人，只维持了一代人的时间。17 世纪的思潮，实际是 17 世纪的后半期至康熙初年。这些大师去世以后，就后继无人，思想上出现了空白。像黄宗羲虽然有许多学生，但主要继承了他的史学方面，以后没人敢做像《明夷待访录》这类的文章了。顾炎武交游很广，但没有嫡传的学生。他的三个外甥（所谓"三徐"）都是清朝的大官僚。王夫之默默无闻，其著作很晚才为人所知，在当时不为人所知。颜李学派的存在也很短暂，李塨以后，学派就转向了。他们的思想在以后没有得到发挥和发展，没有形成巨大的思想力量，对社会没有强大的反作用。若与理学和经学相比，存在和影响的时间很短。它既是个高峰，又是个断层。这个问题是值得探究的。总的来说，它是社会的产物。它之所以能形成高峰，是因为当时的实际生活给它提出了问题及思考的课题，同时也提供了丰富的养料和良好的发展条件。因为明末清初，正是天崩地裂的时期。农民起义打垮了明朝统治，接着清军入关。阶级矛盾、民族矛盾空前尖锐，而且纠缠在一起。封建社会的腐朽，一下子暴露得很充分，这为思想家提供了思考的课题：为什么社会会这样变化？为什么明王朝会灭亡？这个统治机器发生了什么毛病？能否加以修补？流传下来的宋明理学，作为人们的思想支柱，它的缺点、问题已经暴露，理学为什么应付不了这些问题？所有这些问题一下子放到了思想家的面前。同时，明清之际是一个动乱的时代，思想统治一度放松，有一个相当自由的环境，可以说话，可以发表意见，这样就出现了思想奔放的时代。但之后是清朝统治，由于思想统治的加强，这种带有民主思想的思潮失去了进一步发展的可能。如果这些大师生活在乾隆时代，一个个都会被打入文字狱。社会既为文化思想提供养料和思考的课题，又为其提供发展的条件。在动乱的时代，由于相对放松，出现了自由奔放的思想发展时期。当清朝统治稳固以后，思想统治加强了，重新抬出程朱，文字狱很严重。进步的思潮便很快从舞台上隐退，出现了一个文化断层。在他们的学派中后来有的人进入朝廷做官，李塨还向清朝上书，整个思想界在政治上发生了转向。

三

18 世纪的思潮指的是乾嘉时代的思潮，这是清学的正宗。它和明清之际的思想有关系，但它的最高峰是乾隆时期，而且它一直流传下去，直到近代，甚至在现代还有些学者仍受到乾嘉考据学的影响。有人称之为乾嘉学派，这是就时间来说的；有人称之为“汉学”，这是就宗旨而言的，因其反对“理学”，回到“汉学”；有人称之为考据学派，这是就其方法和成就而言的；也有人称之为“朴学”，是就其朴实的学风而言的。这一思潮的特点是“精深严密”，与上面提到的博大不大相同。清代的汉学继承了清初进步思想家的传统，反理学，与官方提倡的宋学是对立的。他们说理学家连古代的书都不认得，没读懂，对古代的儒家经典加以胡乱解释。理学家不懂古代的文字、声韵等。古书中错字、漏字很多，伪书也很多。因此，清代汉学家批评理学家是望文生义、捕风捉影，没有确定的根据。他们认为研究古典文化，必须从识字、审音开始。因此，汉学家发展了文字学、声韵学、训诂学，形成了一门很重要的学问即小学。小学是入门之学。他们从这个基本功夫入手，对古代典籍的研究达到了很高的成就。他们建立的小学，实际上是语言学，也建立了校勘、辨伪、版本等等学问，而且对古代典籍进行了大规模的整理、注释。在治学的方法上，他们重视客观的证据，反对主观的武断，运用归纳法、演绎法形成了一种精确谨慎的、朴实无华的学风。他们批评理学家既然读不懂古书，还谈什么研究儒家典籍来垄断整个文化思想，这一点，在某种程度上击中了理学的要害。因为古代典籍经过长期的流传，失真的程度很大，错字、漏字、颠倒等屡屡发生。理学家搞的是“六经注我”，用儒家经典注释自己的思想。清代汉学家则要寻根问底，古书到底是否像你所讲的那样，它原来的意思是什么。他们对古代经典很熟悉，他们从基本功夫入手，学术态度严谨，方法比较科学。这样清初的博大求实的学风，到了清朝中期一变成为精深严密的学问。

按照地域和时间先后我将他们分成几个集团做简单介绍。第一个是以惠栋为代表的吴派。惠栋家三代治经，其祖父、父亲及他本人主要是搞《易经》的。他的许多学生都是苏州人，或者是在苏州附近的人，像钱大昕等，故称吴派。吴派是在 18 世纪初最先出现的，是清代汉学的奠基者，在他们手里，形成了可以和理学相抗衡的学派。理学在当时是官方思想。孟子曾说，五百年必有王者兴。从朱子到康熙恰好有五百年，所以康熙自诩继承了朱熹，集道统与治统于一身，非常推崇理学。当时一些有才能的思想家，集中在汉学研究领域，而不是在理学方面。惠栋一派的缺点是过分相信汉代。凡古必好，凡汉必真，迷信汉代。当然他们回到了东汉，回到了以郑康成、许慎为代表的学术。

接着是以戴震为首的皖派。戴震是清代汉学的一个高峰。戴震在考据学和哲学方面都有很大贡献。皖派继承了吴派的优点，精深严谨。但不像吴派那样过分地相信汉代学问。他们的研究领域是很宽阔的，尤为擅长研究“三礼”。

再之后是扬派，即扬州学派，有阮元、焦循、王念孙和王引之父子等一大批人。到这批人手里，汉学发展到了顶峰并转向衰落，他们的成就是非常大的。乾嘉学派指的就是这批人。戴震、段玉裁、二王（念孙、引之）是清代汉学的中坚。

到鸦片战争以后，出现了浙派，以俞樾、孙诒让为代表。俞樾的《古书疑义举例》，就是学的二王，人们认为超过二王。孙诒让有《周礼正义》《墨子间诂》等。《墨子》也是经过清代学者的研究，才有了今天这样的定本，否则《墨子》根本没法读。因为《墨子》这部书，几千年来“淹没不彰”，错简很多，经过了清代许多学者的整理，其中最重要的是孙诒让，再下去是章太炎、王国维，他们都是浙江人。章太炎是俞樾的学生。章、王也受了乾嘉学派的影响，和乾嘉学派有密切的联系。但是，章、王不是单纯的乾嘉学派的继续，他们主要接受了西方文化，在思想观点、研究方法上都发生了变化。章太炎曾总结这个思潮的特点，是“审名实、重佐证……六者不具而能成经师者，天下无有”（《太炎文录》），这说明了这一学派的方法、风格。

清代为什么会产生汉学？这是一个大问题。当然有各种各样的因素，但一个重要的因素是社会根源。一方面，康熙以后，政治趋向于稳定，封建统治加强了，经济发展了。康雍乾时期是清代封建统治的黄金时代。经济的发展和政治的安定，能够在很长的时期里聚集大批优秀的人才，从事学术文化工作，做出了一些成绩。另一方面，封建统治加强了，统治更加严厉，文字狱盛行，优秀的知识分子纷纷转到故纸堆里，他们不是把聪明才智用于解决现实问题，而是转到过去，转向对传统文化的整理。这种思潮传播的时间很长，人才也很多，影响也比较大，直到今天仍有其影响。怎样评价这个学派？这是新中国成立 30 多年以来中国学术界一直争论不休的问题。因为乾嘉学派对于今天的学术界的影响，还是能感觉到的。有的同志对它评价很低，它的复古、烦琐的缺点很明显；也有的同志对它评价很高，认为这时期的学术水平很高，是中国文化史上的一个高峰，甚至提出要回到乾嘉学派，以纠正我们的空谈。我认为，

18 世纪的思潮在专门的领域里取得了丰硕的成果，贡献很大，对古代文化做了基础性的、总结性的工作，这是应肯定的，方法上也包含着科学的因素，学风比较踏实。我们可以吸收其优点，继承其好的传统，但不能回到乾嘉去，因为它的缺陷和局限非常明显。第一，研究范围太窄、太狭小，局限在古代文献典籍，面向过去。不像明清之际学术思想的博大和注重应用，而且完全脱离了现实生活，成了一种装饰和点缀。第二，它的特长在于资料的积累和问题的考证，能够做到准确、深入，但缺乏一种创造性的思考和思辨的能力，缺少一种想象力。当然不是绝对没有，戴震是个例外。他们反对宋学，对宋学的思辨也加以反对，认为这是空谈。18 世纪的学者在专业方面是巨人，在思想领域是侏儒，缺乏创造性的思辨。第三，在方法上，重视归纳、演绎，推理比较细密。但整体来看，其方法缺乏全局的观念，个别零碎的考证比较多，只见树木不见森林，是形而上学的方法。在微观研究上取得成就，在宏观的研究方面缺乏建树。

四

19 世纪的思潮，主要是从 19 世纪下半叶到 20 世纪初。这个时期，是中国历史的重大转折期。鸦片战争后，外国资本主义入侵，中国社会由封建社会逐渐沦为半殖民地半封建社会。西方资产阶级文化开始传入中国，这就是所谓的“西学东渐”。这个时代，在政治上，是革命和战争的年代；在文化思想上，是激烈动荡、迅速变化的时代。人们经过清朝中叶比较长期的稳定阶段，进入了危机时期。中国的先进分子要寻找出路，以图救国救民。在这一历史背景下，文化思想上发生了巨大转变，这就是今文学派的产生。

今文学派在乾嘉时期就开始萌芽了。到了 19 世纪鸦片战争以后，这个学派影响就大了，龚自珍、魏源等出现了。一直到以后，王闿运、廖平、康有为、梁启超成为支配晚清思想界的巨大潮流。今文学派的代表人物，前有龚、魏，后有康、梁，也是儒家的一个学派，是相对于古文学派而言的。今文经学和古文经学之争，是中国思想史上，也是经学史上的一个大问题、一桩大公案。在两汉，今古文之争是非常激烈的。今文是秦始皇“焚书坑儒”后，那些古代经典靠口授、背诵传播，后用汉初的文字写出的。到了后来，孔安国发现壁书，这些书都是秦始皇以前藏起来的，是用秦以前的文字写成的，这就是所谓古文。今文和古文是儒家经典的两种版本，后来成为两种学派。这两派在汉代互相争夺统治地位，结果古文经学得到胜利，所以古文经典得到流传。今文学派的经典散佚，这派保存完整的是《公羊解诂》，故这派又称公羊学派。这一学派也是儒家的一个分支。它的特点是不拘守儒家古代典籍里的章句文字，思想上束缚较少，比较活泼，不是官方的，因而长期湮没不彰。这一派讲求微言大义，“其中多非常异议可怪之论”，在封建卫道士看来是异端思想。同时强调变革和通经致用。这个学派是对 18 世纪思潮的挑战，是 18 世纪思潮之后，开辟的一条新的治学的路子。如果说 18 世纪思潮是社会政治稳定、经济相对繁荣的产物，那么 19 世纪思潮则是社会危机、需要变革的产物。今文学派的代表以新的姿态登上了文化思想的舞台，造成很大的震动。他们与其前辈大不一样。前者是专家，皓首穷经，不关心现实；而龚、魏、康、梁既是学者，又是政治家，关心社会，干预政治，抨击各种社会弊端，鼓吹变法，具有强烈的爱国主义思想。19 世纪的思潮是对 18 世纪思潮的否定。但是，二者又有联系。著名的学者龚自珍的外祖父是段玉裁，他是戴震的学生，戴、段、二王是 18 世纪思想的代表人物。龚自珍小时候接受段玉裁的教育。康有为年轻的时候，也受过 18 世纪思潮的教育，他后来的重要著作如《新学伪经考》《孔子改制考》，都是以“考据学”面目出现的。当然其内容都是为变法做舆论准备的，并不是一种单纯的考据，而是用考据的形式发挥其变法的思想。

19 世纪的思想家反对 18 世纪的思想家，说 18 世纪的哲学是书呆子哲学，是脱离现实的哲学，在社会危机的时候，不能提供解决社会问题的武器。对于农民起义、外国入侵，汉学是无能为力的。在这个时期，宋学开始复兴。这时候的宋学是刽子手的哲学，专门为镇压农民起义服务。但康梁他们并没有回到宋学上去，他们反对18世纪思潮，不是回到宋学，而是回到汉代的今文经学。今文经学不是儒家正统，束缚较小。而此时中国社会处在动荡的时期，西方文化的传入成了不可抵抗的历史趋势和潮流。闭关自守不可能了，抱残守缺、闭国锁门势必要落后，势必要挨打。文化思想面临着一个转折。新的文化思想正在酝酿，正在诞生。可是新思想的诞生不是那么顺利的，而是经过了长期曲折迂回的摸索过程。中国古代传统文化显然不能适应当时激烈的变化。中国古代传统文化既是国宝，但在一定时期又是前进的负担。中国文化的积累是相当丰厚的，在与西方文化接触时，必然要排斥、斗争。这一过程经历了很长时间。中国近代正是处在新的发生、旧的未死的转折阶段。我认为，今文学派在近代史上之所以会处在一个主要位置上，主要是由于它是联系中学和西学、新学和旧学的桥梁。一方面，它是儒学的一支，可以为封建士大夫所接受，并不是完全外来的（在西汉它曾是官方的思想）。另一方面，它又不是儒家的正统，今文学派本身积累不那么丰厚，思想活泼，比较容易接纳西方的思想。这个时候，这种今文学派实际上是新旧混杂、中西融合的学派，它起了沟通中西文化的作用，它的特点是创新、变革。康梁的思想来源，实际上一个是古代的经典，另一个是借用西方的东西。他们给传统的文化注入了西方的思想内容。他们的创新不是离开了旧传统、旧学说，而是在其时代条件、思想观点基础上进行创新。所以“戊戌变法”打的招牌是孔夫子。他们“尊孔”甚至比古文学家还厉害，将儒学定为孔教，视孔教为国教。康有为写《孔子改制考》，是把孔子作为变革的老祖宗，认为孔子是改制的、变法的，借用了孔子这个招牌。今文学派作为一个学术派别，流行时间很短，只有晚清的几十年。它的长处是自由活泼，而短处是缺少学术上的积累。在方法上，不够严谨，比较主观武断，因而常常漏洞百出。不像戴、段、二王那样严密，在学术上的失误也比较多。从本质上说，今文学派与封建的学术有着血缘的联系。中国社会要走上新的路子，经过戊戌变法失败了。接着辛亥革命把清王朝推翻了，但是民主革命的任务没有完成，中国社会仍在黑暗中摸索前进。要在思想文化方面开拓出一个新的局面，前提条件是必须要对儒家几千年统治中国的思想，对整个中国古代的传统文化，做一次总的清算，这才能够找到新的出路。而要批判儒家学说，总结几千年来的传统文化的任务，仅靠今文学派是不行的。辛亥革命以后，这个学派也就销声匿迹了。这个任务到五四运动时期就落到了马列主义者的身上。这样中国文化思想才有彻底转变的可能。今文学派的转变不彻底，它与儒学关系太密切，与传统关系太密切。在当时它沟通了中西文化，起了作用，是救国救民的先进思想，但变法失败以后，就逐渐隐退，失去了它的思想上的活力。

以上所介绍的是三个思潮的产生、代表人物、特点，简略地勾画了一个轮廓。我们从清代近 300 年发展来的学术中可以学习到许多东西，总结出许多经验教训。

五

最后，谈一谈从清代文化的发展中得到的几点认识。第一是时代和文化思想的关系，第二是对于外来思想文化的吸收和排斥，第三是继承和创新。

第一，时代和文化思想的关系。

马克思主义认为文化是政治经济的反映，社会存在决定社会意识，社会意识又可以反作用于社会存在。因此，文化和现实的关系十分密切。每一时代，都有本时代特有的文化思想，它是时代的产物。刚才讲的是清代学术思想，它很显然地表现出这一点。17 世纪的思想文化不同于 18 世纪，18 世纪的思想文化又不同于 19 世纪，各有特色，各有风格，各有成就。为什么会不同？为什么会产生这样一种文化思想，而不是另一种？最根本的原因，要从社会的实际生活中去寻找，不能从思想本身去寻找。比如明清之际的思想（黄、王、顾），若离开了当时的农民战争、民族矛盾、阶级矛盾等，就不能够理解在那个时代会出现那样一个思潮。可以说，没有明末农民战争对封建王朝做“武器的批判”，就不会产生黄、王、顾的“批判的武器”。另外乾嘉学派（戴、段、二王）正是清朝中叶政治安定、社会相对停滞、经济繁荣的产物，离开这一点，就不能解释为什么有这么一大批人埋头于古代典籍的研究。晚清社会中今文学派也是时代精神的体现。每个时代都是不同的，它所给学术提供的土壤、养料、条件也是很不相同的。这里面，可以考察各种不同的文化思想的发展和各个学派的发展。研究文化思想离不开现实生活，它要从现实生活中吸取养料。同时学术文化也要回答现实所提出的问题，如果不理睬社会现实中的矛盾，没有勇气面对现实，那么这种学派就会逐渐枯萎。离开了生活，必然逐渐僵化，失去生命力，清代的汉学就有这样的情况。时代、环境与文化思想的关系，始终是文化思想史上的大问题，值得大家去探讨。这对于我们今天的文化建设而言，也是一个值得深入研究的问题。离开了当代的社会实际，就不可能产生强有力的思想学派。

第二，对外来思想文化的吸收和排斥。

一个文化思想不是单一的自我繁殖，而是会或多或少地吸收其他的文化思想。例如，中华文明以汉族文化为主体，同时吸收了中国各个少数民族的文化，也吸收了印度、东南亚文化。但是，当一种思想文化形势稳定以后，它就有了一定的排他性。它既要吸收，又要排斥，这恐怕是文化交流史上的规律。在中国历史上，佛教被接受经历了很长时间，这其中也发生了冲突的现象。清代这种现象更为明显。清初，西方的自然科学、社会科学已传入，但历时 200 年，没有成为中国自己的东西。这是很值得思考的问题。当时，文化传入的规模和其深度，也是相当可观的，时间也是很长的，但中国的知识界总认为自己的文化最有用、最文明，并没有认识到西方文化的优越性。中国的知识界，在鸦片战争以前，可以说对西方的认识极少。因此仅仅依靠文化本身的接触交流，不能产生强大的动力。一直到鸦片战争以后，社会发生了危机，这才唤起了对西方文化的需要和要求。但这个过程——学习西方、面向世界、走向世界，也经历了漫长而又艰难的时期。争论特别多，学什么？怎么学？这恐怕是近代思想史上极为重要的问题。在这个问题上，大家的意见是否一致呢？我们的认识是否正确呢？从西学东渐这一漫长的历程中是可以总结一点教训的，少走一些弯路。中国开始学习西方的时候，是学习船坚炮利。外国的船舰枪炮把我们打得落花流水，我们认识到这些东西厉害，但并不认为西方文化中别的东西高于中国文化。学习炮舰，这得开工厂、开矿，就得学习工程技术，就需要声光化电的知识。此后是学习西方的自然科学技术。但是自然科学和社会科学是否能分开呢？在近代的中国人看来是能分开的。“中学为体、西学为用”，中国的伦理纲常万世不变，向西方只学自然科学技术。直到严复翻译了《天演论》等，才认识到西方的社会科学也有一套，并且自然科学和社会科学是完整的一套，不能只学其自然科学而不学其社会科学。有选择地学习，究竟学什么？至今我们学习西方，这些问题仍然存在。学什么？怎么学？选择什么？选择的是否正确？清代有的事今天听来很奇怪。铁路传到中国却发生了十年争论，其中许多论点非常可笑，但当时的人是在那里认真地争论。文化的交流是相互的，不是单方面的。中国的传统文化在今天，尽管有许多弊端、糟粕，有不适应今天的生活的方面，但仍然是中华民族存在立国的基础。中国的文明已经而且将继续对世界文明做出贡献，当然必须通过我们的批判、继承、发扬的努力，才能实现。

第三，继承和创新。

继承和创新也是研究文化史的主要问题。任何文化的产生，都是立足于自己所处时代的基础之上，对过去的文化传统进行批判性继承，没有从空中落下来的文化。新文化的发展和旧文化总有一定的联系。文化的发展最富有创造性，最富有民族的特色。每个时代都有每个时代的文化。就拿清代来说，这个时期的中国传统文化与前代的文化是不一样的，它继承了前代的文化并有所创新。这三个思潮既相互联系，又相互区别。在内容上、形式上各有特色，各有贡献，各有缺陷，同时它们之间又有继承连贯的关系。每一种学术文化思潮都是它前一阶段学术文化思潮的合乎规律的向前发展。这个问题也是个新鲜的问题。今天，我们要创造社会主义精神文明，难道能够离开我们过去一贯的传统吗？当然不能。我们社会主义的精神文明不是从天上掉下来的，不是脱离开过去的优秀的东西而凭空产生出来的，当然有个继承的问题。要建设具有中国特色的、具有中国气派的光辉的文化，离不开古代的文明。当然不是仅仅继承，还要创新、发扬。在我们今天时代的基础上，运用马克思主义加以发展，从传统文化中吸取养料。

谈清代前期的历史地位*

清代前期的历史，离我们比较近，和现实的关系比较密切，是承前启后的时代。讨论清代前期的历史地位是个很有意义的课题，对此，应该持两点论，应该历史地、全面地、辩证地看问题。清代前期的历史既有它伟大的一面，也有它渺小的一面；既有它光辉灿烂的成就，也有它黑暗苦难的经历。

在政治方面，清代最突出的成就是奠定了中国这样一个版图辽阔的多民族统一国家的基础，辽阔的程度不小于汉、唐，而统一的巩固程度更大大超过汉、唐。在汉、唐，全国各民族之间的经济文化联系还比较松弛，到了清代，中原和边疆地区的经济文化联系大大加强，中央政权对边疆的政治管辖也更为稳定。

在经济方面，清代前期的经济也是有所发展的。这一点可能有争论，有的同志认为清代前期的经济没有多少发展。我的看法是，清代前期经济的发展还是较大的，超过了历史上的最高水平。举个例子，清以前历史上人口记录最多达到7 000万，可是在清代鸦片战争前夕，人口增加到4亿，这说明农业生产有了很大的增长，才能养活这样多的人口。清代，在东北、内蒙古、新疆、云贵、台湾等辽阔的边疆，农业经济发展很快，耕地迅速增加。清朝在开发边疆和提高各少数民族经济、文化水平方面做出了重要的贡献。

在文化方面，清代产生过许多杰出的思想家、文学家、艺术家，产生过像《红楼梦》《聊斋志异》那样伟大的作品，产生过许多优秀的文化成果。总之，清代前期的成绩还是很多的，尽管它处在封建社会的后期，但仍有光辉灿烂的成就，它做了前代所没有做到的不

---

* 原载《清史研究集》，第一辑。

少事情。

当然，清代前期的历史也有黑暗的、落后的、渺小的一面。清朝是个封建王朝，地主阶级残酷地剥削农民，清代历史上达到的一切成就是建立在阶级剥削和民族压迫的基础上的。尽管清代有不少成就，但它的经济结构仍然是自给自足的小农经济，商品经济不够发达，资本主义萌芽还很微弱。在政治上封建专制主义发展到顶点，对人民实行残酷统治，大搞闭关自守，大兴文字狱，大搞愚民政策。知识分子只能埋头于理学、考据和八股文之中，科学技术十分落后，思想界犹如一潭死水。

如果把清代前期历史放在国际环境中做比较，落后性就非常突出了。1644 年清兵入关，当时正是英国资产阶级革命时期，此后，西欧国家摆脱了封建主义的桎梏，打破了发展停滞状态，突飞猛进，一日千里。可是中国仍然发展迟缓，越来越落后于西欧国家。落后就要挨打，鸦片战争以后，中国的地位一落千丈。清代前期没有能赶上正在汹涌前进的世界历史的先进潮流。

有的同志把我国落后的原因归结于清代前期实行的许多制度政策，如野蛮的专制统治、压抑工商业、圈地、文字狱、闭关自守、拒绝先进的科学文化等等。确实，清朝前期实行了不少反动的政策，对中国的落后要负很大责任。但是，中国的落后还有更加深刻的原因，不能完全由清朝负责。事实上，清朝的很多制度、政策是继承明朝的。满族的人数很少，它所以能成功地统治中国近 300 年之久，是因为吸收、继承了汉族已达到的成就，采用、推行了汉族原来的制度、政策，但也因此继承、接受了汉族许多封建主义的糟粕。清朝所有的政策都是产生在小农经济和封建专制政治的基础之上的。我们固然可以说，清朝的政策阻碍了中国的前进，可是我们还应该进一步说，中国的社会结构和历史传统产生了清朝落后的制度和政策，而社会结构和历史传统是几千年来形成的，清朝的制度、政策受社会结构、历史传统的制约。

因此，17 世纪以后的中国，没有能赶上世界的先进潮流，越来越落后于西欧。其原因不能仅仅归于清朝前期的制度和政策，而应从整个社会结构、长远的历史传统进行探索。中国和欧洲虽然都经历了封建社会，但两者的社会结构和历史传统是很不相同的。在西欧的经济中，手工业、商业始终占重要地位，各个国家的经济、政治发展较为平衡，从古希腊罗马以来具有自由民主的传统和法治精神；而中国，小农经济是汪洋大海，手工业和农业强固地结合在一起，工商业不占重要地位，城市中并没有形成像西欧那样强大的市民阶级，在中国这样一个以分散的小农经济为基础的统一的国家，必然会出现政治权力的高度集中，形成长期的专制统治，缺乏民主，法治不健全。中国虽然也创造了光辉灿烂的古代文明，但其社会结构和历史传统难以适应资本主义的潮流，明清之际虽然有了资本主义萌芽，但是要冲破封建主义的束缚，进入资本主义，还有很遥远的路程。总之，中国的落后，清朝当然不能辞其责，评价清代的历史地位应该指出这一点。但是中国落后的原因是比较复杂、比较深刻的，更应当从长期的历史发展中寻找。到了清代，由于国际环境的变化，以往潜伏着的许多因素发挥作用，中国的落后就逐步地突出起来。

鸦片战争以后，中国从一个封建国家沦为半殖民地半封建国家，这是我国几千年历史发展的一个转折点，从所谓“天朝上国”跌进了尘世地狱，中国的历史地位发生了大转变。这是有深刻的原因的，是一个长期的发展过程。从鸦片战争到现在已经有 140 年了，中国人民的一切努力都是为了扭转一落千丈的历史地位，改变我国贫穷落后的面貌，使我国成为世界上的先进国家，这是 140 年来中国人民梦寐以求、为之奋斗牺牲的伟大目标。今天，我们正处在实现四个现代化的征途上，正处在由衰落转向强盛的又一个转折点上，古老的中国将会焕发出青春的活力。

论康雍乾盛世（提纲）*

一、康雍乾时期的成就

康雍乾时期是指 1662 年至 1795 年的 134 年，康熙在位 61 年，雍正在位 13 年，乾隆在位 60 年。这个时期，中国的经济、政治、文化发展鼎盛，国力强大，财政宽裕，人民生活较为安定，民族关系改善，文化事业发达，国家的统一大大加强，形成了中国广大的版图。

这时，中国的农业发展到前所未有的高峰，18 世纪末全国人口为 3 亿，耕地面积 10.5 亿亩，全国粮食年产量 2 040 亿斤。生产的粮食能够养活 3 亿人，这在中国和世界历史上是从未有过的，我国汉、唐、宋、明有记录的人口数字从未超过 8 000 万人。

中国的农业生产效能很高，英国农学家巴罗认为，18 世纪，在中国一粒麦种可收获 15 粒麦子，而在英国只能收获 10 粒麦子。法国学者谢和耐说："18 世纪中国的农业达到了发展的高峰，由于它的农业技术，由于农作物品种的多样化和单位面积产量之高，中国农业看来是近代农业科学出现以前历史上最科学、最发达的农业。"

中国的手工业很发达，苏南是棉纺织业的中心，所产布匹，"衣被天下"。江浙、广东、四川的丝织业，除了官营织造以外，有许多民间的丝织机户。19 世纪初，南京织户有的拥有五六百张织布机。

矿场亦普遍。北京房山、门头沟煤矿林立，小煤窑多达 273 家。

---

* 2002 年 2 月在"部级领导干部历史文化讲座"上的发言提纲。

陕西较大的铁厂有工人两三千人。云南铜矿极为发达，全省采铜工人和其附属者有几十万人。

保罗·肯尼迪《大国的兴衰》一书中说：1750 年中国的工业产量占世界工业总产量的 32%，而全欧洲只占 23%。产业革命以后，英国和欧美迅速追赶，后来居上。1890 年，中国只占 6.2%，而全欧洲已占 62%。

拿市场贸易量来说，乾隆后期中国国内贸易总值约为 4 亿银两，而英国在 1792 年（乾隆五十七年时英国已是全球贸易大国）海外贸易值为 1.7 亿银两，尚不及中国国内贸易额的半数。

18 世纪全世界超过 50 万人口的大城市只有 10 个，而中国占其 6。

17—18 世纪，中国完成了许多宏大的文化工程。康熙时完成了《全唐诗》《康熙字典》《律历渊源》《皇舆全览图》，雍正时完成了《古今图书集成》，乾隆时完成了《明史》、《四库全书》、“十三经石刻”等。

康雍乾时期在政治上最重大的成就是完成和巩固了中国的统一，组成了中华民族的统一多民族大家庭，形成了现代中国的广阔版图。

明清之际，经过长期的战争，各地四分五裂，割据势力纷起。清朝入关占领了北京和黄河流域，但江南地区、西南地区、华南地区和台湾，尚为南明所有。黑龙江流域被沙俄渗透窃据。西北有强大的准噶尔蒙古，以伊犁为根据地，统治北疆，征服南疆，控制着青海、西藏；向东征讨喀尔喀蒙古，喀尔喀各部弃地南逃，要求清朝保护；又向西深入中亚细亚，占领了今哈萨克、吉尔吉斯等地。准噶尔兵强地广，是清朝统一中国的劲敌。

顺治朝用 18 年的时间，击败南明，统一南中国。随后又有吴三桂等割据，康熙又用 10 年时间平定吴三桂等三藩，收复了台湾。又驱逐了沙俄侵略者，签订了《中俄尼布楚条约》。

康熙、雍正、乾隆用 70 年时间，对准噶尔多次作战，收复了新疆、青海，安定了外蒙古、西藏，加强了对西藏的管理，在广西、贵州、云南、四川实行改土归流，实现了巩固的统一，奠定了国家的边疆。

二、康雍乾时期的政策

明清之际，长期战乱，经济凋敝，人民死亡，人口大量减员，土地荒芜，造成生产力低落。人心思治，社会矛盾趋于缓和，清朝的统治方针和政策适应了形势发展的要求。

清朝努力学习汉族先进的制度和文化，吸收汉族统治的经验教训，努力团结汉族和其他民族。

在经济上重视农业，奖励垦荒，实行更名田。兴修水利，推广高产作物。进行赋税改革，减免赋税。积谷备荒，赈灾劝农。

在政治上设立军机处，推行奏折制度，加强皇权，集中中央权力，加强行政效能。设立理藩院以管理少数民族，根据各民族地区的传统和情况设置行政机构，“修其教不易其俗，齐其政不易其宜”。移民实边，开发边疆。

在文化上尊孔重儒，崇文兴学，大规模地编撰和刻印各种书籍，举办巨大的文化工程。

三、盛世中的阴影

中国是个世界大国，人口众多，当时占全世界人口的1/3，故工农业总值超过世界各国。但人口基数大，人均生产值低于欧洲先进国家。当时英国仅1 600万人口，每人平均占地10亩，而中国人均占地只有3.5亩。18世纪中国人均粮食产量比英国少一半。中国农业土地资源匮乏，产业结构单一。农村的贫困未能为工业发展开辟广阔的道路。

中国实行闭关政策，限制中国人与世界接触，不了解世界的发展。清朝统治者以天朝上国自居，妄自尊大，不屑于睁眼看世界，轻视外国，蔑视新事物，墨守成规，故步自封。

清朝限制中国人赴海外贸易、工作与求学，中外贸易受种种限制，只能在广州一口进行，贸易必须通过清朝特许的公行商人进行。

中国的封建专制君主体制，皇权至高无上，形成了皇帝统辖下的庞大官僚机构掌握各种大权，缺乏权力的约束和制衡。在商品经济发达、社会稍稍富裕的情况下，腐败现象滋生，腐蚀着社会肌体，阻碍了社会的前进。

清廷以重农轻商为国策，对工商业干预、压抑、垄断。工商业者处于依附地位，没有形成以城市中工商业者为主体的市民力量。清代城市仍是地主阶级的统治中心和军事中心。

康雍乾时期发生频繁而残酷的文字狱，以言论文字致人重罪，使知识分子不敢谈政治、谈现实，窒息了自由活泼的思想。

中国的传统不重视自然科学，科举考试中没有自然科学的内容，自然科学长期陷于停滞。

传统的封建国家进入近代社会是政治、经济、文化等多种因素持续发展、相互促进的结果。清代康雍乾时期的经济总量和综合国力虽居世界前列，但经济、政治、文化尚有很多滞后的因素，未能形成促进生产力迅速而持久发展的机制，未能走近产业革命的临界点，失去了与其他先进国家并驾齐驱的机会。

这时，英国发生了产业革命，生产力飞速增长；美国发生了独立战争，世界上出现了一个全新的朝气蓬勃的大国；法国发生了大革命，扫除了欧洲大陆的封建制度；而中国的统治者闭关自守，不识世界潮流，思想保守，不思进步。中国社会上虽然也有若干近代因素的生长，但阻力重重，发展迟缓，并未成熟到足以打通近代化的通路。西方处在资本主义的黎明，中国却仍处在封建主义的迟暮。两种文明的不同性质决定了各自的发展前途。康雍乾以后，西欧的经济、政治、文化、军事高速发展，在短时间内把中国远远抛在后面。中国则由于外国的入侵和内部的动荡而一蹶不振，陷于贫穷、落后和长期的危机之中。

论康雍乾盛世*

一、中国在康雍乾时期的成就

康熙、雍正、乾隆三个皇帝，共统治中国 134 年。康熙在位 61 年，雍正在位 13 年，乾隆在位 60 年。这在中国历史上是个非常繁荣的时期，政治安定，中原地区没有大的战事，经济发展迅速，老百姓的生活比较宽裕，史称康雍乾盛世。在中国几千年的历史中，盛世并不多见，可以称得上“盛世”的大概有三个时期：第一个是西汉“文景之治”到汉武帝、昭帝、宣帝统治的时期，大约在公元前 179 年到公元前 49 年之间，约 130 年；第二个为唐太宗“贞观之治”到唐玄宗开元年间，120 多年；第三个盛世就是清朝的康雍乾盛世，从康熙元年到乾隆六十年，长达 134 年。这三个盛世的共同特点是国家统一，中原内部战事较少，社会安定。比较这三个盛世，传统的观点认为汉、唐比较繁荣，但我个人认为，康雍乾时期的繁荣程度超过了汉唐盛世。为什么这样说呢?

首先，从农业方面来看。中国很少统计数字，但从人口数字上可以看出，但凡盛世，人口就不断地增加。汉朝盛世，人口最高峰是 6 000 万人。唐朝盛世，大家比较认同的人口数字是 8 000 万。康雍乾时期，到了乾隆时中国人口将近 3 亿，远远超过汉朝、唐朝的人口数。到道光年间，中国有 4 亿人口。从道光到近代，人口没有什么增加，当时我们是四万万同胞，到新中国成立前也还是这个数。

---

* 原载《今晚报》，1997 年 4 月 29 日。

人口增加是盛世的一个重要标志，因为人口的增加意味着粮食产量的增长。中国的封建社会是农业社会，以农业生产为主，产粮多寡是衡量繁荣与否的重要标准。乾隆时生产的粮食能够养活 3 亿人，而汉朝能够养活最多 6 000 万人，唐朝能够养活 8 000 万人。可见，从农业发达程度上看，乾隆时期的成就远远超过汉、唐。以上是从纵向来比较的。下面再从横向上将中国与当时世界上其他国家的情况做比较。当时世界上有 9 亿人口，中国养活了 3 亿，相当于全球人口的 1/3。其余 6 亿分布在亚洲、欧洲、美洲、非洲、澳洲的几十个国家，除了印度、俄罗斯、奥斯曼这三个大国，大部分是中小国家。俄罗斯虽然刚刚侵占了辽阔的西伯利亚，但那却是个人烟稀少的地方。印度当时也仅有 1.4 亿人口，远远比不上中国。再看看其他中小国家，英国当时人口 2 800 万，连中国的 1/10 都不到。美洲人口就更少了，大多是欧洲的移民。当时中国农业生产水平是世界最先进的。18 世纪末，英国一位农业科学家随马戛尔尼使团到中国考察发现，在中国种下一粒麦种可以收获 15 粒麦子，而在英国只能收获 10 粒麦子。农业技术发达、农业品种多样化以及农业产量高，使中国农业成为近代农业出现以前较先进、较发达的农业。

其次，从工业方面来看。康雍乾盛世的工业水平很发达，对外出口丝绸、瓷器、茶叶。苏州、杭州、南京、广州的丝织业很发达，民间有很多织机。19 世纪初也就是乾隆以后，南京最大的织铺拥有五六百台机器、一两千名工人。以当时的工业发展水平来看，拥有这么多台机器是很了不起的事情了。另外，丝绸、土布、瓷器贸易非常兴旺。重工业方面，煤矿业和铜、铁工业都很发达，当时世界上其他地方都没有中国那么多的煤、铁和铜，云南的采铜工人有几十万之多。哪个国家当时有这样大的规模？根据保罗·肯尼迪《大国的兴衰》一书所说，1750 年中国的工业产量占世界总产量的 32%，而整个欧洲仅占 23%。中国当时是个封建国家，但也和外国进行贸易，特别是广州。当年清朝一口通商，允许外国人在广州做买卖，外国人到广州来住在十三行，出售货物，卖的大多是原材料。中国一年的国内贸易量有 4 亿两白银。而 1792 年，当时的世界大国英国，海外贸易总值也只有 1.7 亿两，还不到中国国内贸易量的一半。康熙时，全世界超出 50 万人口的大城市有 10 个，中国占了 6 个，分别是北京、扬州、苏州、南京、杭州、广州，还有其他 4 个是伦敦、巴黎、江户和伊斯坦布尔。可见，中国当时不但是盛世，而且经济发达程度在世界范围内也是位居前列的。这 100 多年，中国是世界上经济实力最强大的国家。

最后，从政治上取得的成就来看。康雍乾时期，最突出的成就就是巩固了中国的统一，形成了统一的多民族大家庭。这是非常了不起的贡献！今天中国的 960 多万平方公里土地、50 多个民族，基本上就是在那时候形成的。康熙之前，中国四分五裂，经过长期战争，满族人取得胜利，统治了北京，控制了全国大部分地区。但南北各方势力被镇下去以后，“三藩之乱”又起，占据了整个长江以南，各地方都响应吴三桂，四川、甘肃、长江以南都是他的地盘。这个时候很危险。后来，“三藩之乱”终于平息了。台湾方面，自郑成功收复台湾后，台湾就由他的后人统治着，不臣服于清朝政府。北方的问题主要在蒙古。当时蒙古包括三部分：一是漠北蒙古，即现在的蒙古人民共和国；一是漠南蒙古，即现在的内蒙古自治区；还有一部分是漠西蒙古，以新疆伊犁为根据地。漠西蒙古的势力最为强大，把外蒙古全部打了下来，控制了青海、西藏和新疆南部地区，向东一直打到黑龙江呼伦贝尔草原一带。由于西藏与它们宗教相通，达赖喇嘛也跟它们的领袖噶尔丹勾结。当时，漠西蒙古的势力非常强，其控制的地方之大超过了清朝的统治范围，连今哈萨克斯坦都在其控制之下。这就是清军入关到康熙前期中国的情形。康熙打了 10 年战争，才基本统一了江南，平定了三藩，统一了台湾。南方刚刚平定，北方局势又变得紧张起来，俄罗斯侵入黑龙江，占领大片土地，大肆屠杀当地的居民。康熙立即把战略重点转移到北方，集中兵力，经过两次战争，把俄罗斯驱逐出去。俄罗斯军队规模较小，因为从他们那边过来要走一两年。莫斯科派来一个使团，足足走了 3 年。后来，中国军队开始让俘虏或传教士带信回去给沙皇，表示中国愿意谈判。俄国西境当时也有不少战事，打不起东边的战争，所以同意派个使团来和谈。1689年，中俄双方在尼布楚进行谈判，划清了中俄东段边界，从此中国东部边界保持了100多年的稳定，直到第二次鸦片战争爆发，俄国毁约，把这里的一部分中国国土抢走。这部分中国国土面积相当于法国和德国的土地面积。康熙、雍正、乾隆三代皇帝用了七八十年时间打败准噶尔部，进入伊犁，收服了南疆。所以，清朝在政治上最大的贡献，在于把西北，包括西藏、新疆、青海、蒙古稳定下来。这些地区在明朝的时候，都游离在外。这场持久的统一战争意义非常大。100多年后，帝国主义入侵中国，我们不分民族，全国抗击，台湾抗日、东北抗日、新疆抗英、云南抗法……正是这100多年的整合时间，形成了中华民族的凝聚力量。没有这100多年的统一，近代中国会走向何方，不堪设想。是康熙、雍正、乾隆奠定了今日中国的版图，这是他们留给我们的珍贵遗产。

二、康雍乾时期的政策

为什么会出现康雍乾盛世？大概有几点原因：

第一，安定的社会环境。明末清初长期战乱，经济萧条，生灵涂炭，人口大量减少，土地荒芜，生产力低落，人心思治。康熙平定“三藩之乱”后，国内几十年没有大的战事，国家安定，天下太平。这是经济发展的前提。没有长期安定的局面，经济是不可能发展的。

第二，频繁的对外交流。虽然官方不愿与外国进行交流，但对外交流的形势是无法阻挡的。这种交流对中国有什么影响呢？高产作物得以在中国大面积种植。美洲的高产农作物白薯、玉米、花生是中国以前没有的，它们本是美洲的产物，在哥伦布发现新大陆后得以推广，明朝时传入中国，大面积种植则出现在清朝。康雍乾三位皇帝积极推广这些作物的种植，因为它们具有很多优势：一是产量大，种小麦一亩收成有一二百斤，种白薯一亩收成能有几百斤甚至上千斤；二是耐干旱，不用浇水；三是生命力强，在什么土壤环境下都能种植。这些国外农作物品种在中国的推广，促进了中国生产力的发展。17—18 世纪，世界贸易大潮已经展开，中国被卷入其中，大家都抢着跟中国做生意。中国出口丝绸、丝织品、茶叶等丰富的物品。茶叶是 18 世纪中国最主要的出口产品，当时英国人吃早点都习惯喝茶，所以中国茶叶销量非常大，出口额居世界第一位。外国当时因为工业生产水平不高，可以出口到中国来的东西不多。所以，它们大量向中国输入白银，换回丝、茶、瓷器等。由于中国出口产品数量很大，据史料统计，1600 年以后 200 年期间，全世界生产白银 12 万吨，有 1/3 即 4 万吨流向中国。大量白银输入中国，促进了中国国内的贸易，当时中国国内外贸易比唐、宋、元、明时期繁荣得多，货币量的增加是个很重要的原因。

第三，发达的农业生产。清朝统治者比较顺应时势，不像元朝统治者那样，取得统治地位以后企图把整个中国都变成牧场。满族入关后积极学习汉族文化，采取了一系列有利于社会经济发展的措施。

一是奖励垦荒。明末清初，人口剧减，土地抛荒。明朝的藩王原本占据大量土地，他们在清人入关时跑的跑、死的死，致使土地大量抛荒。清朝政府规定，谁去开垦这些荒地，地就分给谁。而且努力为农民垦荒创造良好条件，没有种子的给种子，没有耕牛的借耕牛，没有房子居住的可以帮他们盖房子，还给予十分优惠的减免税政策。这等于是一次土地改革，对农业发展非常有利，使农业生产取得了很大发展。

二是兴修水利。这恐怕在历史上也是很少见的。之前的水利主要是为了防火，历代统治者对于黄河、淮河、运河的治理基本不太重视。康熙年轻时，把三件事写在宫里的柱子上：第一是平三藩，第二是治黄河，第三是通漕运。当时北京官多、兵多、人口多，这些人吃什么是个大问题。而北方产粮不多，又没有河道运送，粮食很难运来，要求从南方经过运河向北京运送粮食。漕运不通，就会导致北京的恐慌，所以通漕运是件大事。治黄河更是大事，黄河经常泛滥。河南、安徽、江苏等产粮地区，黄河经常决口，发生水灾，到处水乡泽国，人民受害严重。清朝视治黄河为大政，花大批帑银，整治水利，筑堤浚河，赈济灾民，以缓和水灾，增加生产。

三是重视农业。现在中国第一历史档案馆保存着当年的粮食条子。当时规定每个县经常要上报当地的降水和粮价情况，还要区别粮食的等级，包括上档多少钱、中档多少钱、低档多少钱，这些上报材料就是粮食条子。现在这些粮食条子堆积如山。这些资料很宝贵，因为如此一来，各地气象和粮价一目了然，哪个地方下雨，哪个地方没下雨，都可以知道。

四是移民。中原地区地少人多，政府主张向边疆地区移民。当时的移民呈由中央向四周辐射之状：河北、山东向东北，山西、陕西向内蒙古，甘肃、四川向新疆，湖南、湖北向云贵地区，福建、广东向台湾。清初，边疆地区很多是游牧地区或荒漠地区，后来经过大规模移民，经济结构发生了变化，成为半农半牧。

五是改革赋税。中国农业社会的赋税历来由地税和丁税组成。地税就是按照土地多少缴税，丁税即人头税，即按人口数量计税。清朝推行赋税制度改革，实行地丁合一，按照土地面积来计税，实际上是取消了人头税。这对于老百姓尤其是穷人家十分有利，因为穷人家人多地少或无地，富人家人少地多就要多缴税。这对穷人、对国家长远利益来说是有利的。另外，康雍乾时期经常减免税赋，康熙年间减免了农业税几千万两。乾隆当了 60 年皇帝，10 年在全国范围免一次税，大概有 6 年不征税。他虽不征税，但国库里的钱有七八千万两之多，顶得上两年的财政收入。当时乾隆觉得国库里的钱太多，担心没用处。当时还没有大规模工业可以投资，后来就用来造园林，避暑山庄、圆明园就是在那时兴建的。

第四，成功的民族政策。清朝统一了全国，但满族本身是少数民族，了解少数民族的心态和意愿，所以他们积极团结各族人民，包括汉族，这是一个很了不起的政策。清朝的时候，长城失去了功能。长城原本具有防御游牧民族入侵的作用，但是中国几千年历史上，汉朝时匈奴打进来，宋朝时女真打进来，明朝时蒙古族、满族打进来，北方少数民族一往南进入中原地区，天下就大乱。清朝统治者则认为，他们不需要长城，人心即长城。他们通过笼络少数民族的人心来维护安定，并设立理藩院专门管理少数民族事务，使中国的民族融合得以加快。从康雍乾时期开始，中国各民族进入了一个和睦相处的时期，逐渐形成了一个民族大家庭。清朝和汉唐对于少数民族的管理方式不一样。汉唐在边境设立都护府，但这是临时的军事统治，发挥作用的时间比较短暂，盛世一过，管理便难以为继。清朝则不同，政府因地制宜，在各地设立不同的民政机构，东北、新疆实行将军制，蒙古实行盟旗制，西藏采取驻藏大臣与达赖喇嘛共同治理的方法，西南的云南、贵州、四川等地实行改土归流。当时西南各地由土司治理，中央难以管理，无法任用地方官，实际上处于割据状态。清政府通过改土归流，废除土司制，设流官制。流官由中央任免，从而可以贯彻中央的号令，改进了管理，增强了民族凝聚力。

三、盛世中的阴影

上面，我简单地讲了康雍乾盛世的成就，但这个盛世中存在着阴影，制约着我国走向现代化。

第一个制约因素是农民的贫困问题。中国是个世界大国，土地广阔，人口众多，工农业总值超过世界各国，但人口基数太大，人均资源相对不足。当时中国人均拥有 3.5 亩地，英国则是人均 10 亩地。人均粮食少意味着农民贫困，没有力量购买工业品，从而难以形成发达的市场贸易。中国的市场虽有 4 亿两白银的贸易交往，但由于贫困，很多农民卖粮所得不是用来买东西，而是用来缴地租，这在很大程度上制约了中国市场贸易的发展，这在中国的皇权体制下是很难改变的。

第二个制约因素是高度集权的封建专制体制。中国高度集权的封建专制体制历史悠久，根深蒂固，到康雍乾时期更是变本加厉。

这和中国版图广阔、地区经济发展不平衡及多民族的文化传统有关。组成这个广阔版图的各个地区具有各不相同的意志，这个系统需要中央的统一管理。中央下的命令，地方不执行怎么办？因此需要加强中央的权力，否则就控制不住地方。康雍乾时期实行高度专制的集权政治，这和大众参与政治是背道而驰的，是不能适应现代社会需要的，成为中国走上现代化的一个重要阻碍。而且在经济发展、社会财富增加的情况下，权力高度集中，缺少制约，缺少法治很容易导致权钱交易的腐败现象。所以乾隆时期腐败现象十分严重，和珅就是一个典型例子。乾隆惩治贪污的决心很大，每年都要杀掉好几个省级官员，甘肃有一年杀掉县以上官员五十几个人，包括总督、巡抚、藩司、臬司、知府、知县，还有五十几个人充军。大家都知道清朝的官员很少，一个省没几个官，就设一个巡抚，相当于今天的省长，不设副省长；一个县就设一个知县，不设副知县。甘肃一个小省，杀了这么多人，惩治力度这么大，还是刹不住这种风气。

第三个制约因素是重农轻工商的思想。各级官员不给工商业足够的发展空间。很多行业都由政府控制，不让经营，只有经过政府批准的商人才能做生意。广州十三行需要政府批准才能进行进出口贸易。商人做生意得到的利润要给政府，缴多少钱没封顶，反正皇上要用钱你就得给。不让开矿，怕矿工聚众闹事。当时全世界各国都兴起重商潮流，鼓励工业制造，鼓励商业贸易，鼓励海外贸易，而中国却还在一味重农，造成农业生产力强，工商业却发展不够。

第四个制约因素是清朝的闭关政策。康雍乾时期，闭关政策尤其严格。康熙时候是四口通商，到乾隆时，只有一口通商，仅允许在广州和外国做生意。当时有英国商人不满广州海关严重的腐败状况，要求乾隆开放宁波、厦门。乾隆也考虑采纳这个建议，召集这三个地方的官员共同商议。结果广东官员因为担心广州的商户跑到宁波、厦门做生意而反对开放，厦门官员则因为担心外国人闹事而不同意开放，这个案子就此了结，闭关政策变本加厉。当时中国跟外国贸易数量越来越大，许多外国商人在中国特别是在广州建立商馆。清朝政府制定了很多规定，以防止外敌势力。中国人办企业，搞贸易，限制也非常严格：船不能太大，许多工具规定不能带，连做饭用的铁锅也不能带，只能带砂锅，而且规定到了国外两年之内必须回来。当时，商人很难控制自己的归期，因为出去以后是否顺风，是否会碰到恶劣气候，船只能否正常航行都是难以预料的。有个印尼华侨出去了 20 年，有了钱带着家小回福州，一回来就被捉住充军到边疆，罪名是“滞留海外，目为夷役”。他们没有看到世界，只看到中国，认为中国是天下的中心，中国文明世界上无国能比。这种大国心态非常危险，以至于整个国家都处于封闭状态，没有外国书籍，没人懂英文，连知识分子都不知道英国在什么地方。乾隆年间英国派来马戛尔尼使团，要求与中国通商。这个使团非常庞大，有 700 人之多，坐了 6 艘大船前来，装了 600 箱礼物送给乾隆，其中很多是欧洲最先进的科学仪器。最大的一个是天文仪器，模拟天体运行，是当时最先进的天文仪器。乾隆一看这些东西，就睁着眼睛说瞎话，说我们中国也会造，英国人也没什么神奇的，就是这种自欺欺人、盛气凌人的态度，使他失去了放眼看世界的机会。尽管当时马戛尔尼确实提出了一些侵略性要求，但也提出了一些合理要求。比如认为一口通商很不方便，建议把通商口岸设在宁波、上海。因为当时中国大量出口的茶叶是在安徽、浙江一带生产的，但所有茶叶都要到广州才能出口，茶叶从安徽运到广州，路程相当遥远，的确很不方便，英国人这个建议也有一定道理。但乾隆皇帝看不到这一点，仅仅因为对方不给自己磕头这一礼节问题而把人赶走，把谈判的大门关上了，也使中国失去了了解世界的一次大好机遇，非常可惜。如果当时乾隆通过跟马戛尔尼谈判了解西方的情况，中国大概可以有一点进步，长一点知识，也不至于什么也不知道，所以开放是非常必要、非常重要的。

第五个制约因素是科技的落后。中国古代科技还是非常发达的，但由于长期实行科举制度和学习儒家礼教，导致了后来的落后。康熙、雍正时期，特别是雍正时期，全世界科学发展突飞猛进，西方的科学风气尤其浓厚，不仅设立了皇家学院，还设立了俱乐部，以提倡自然科学，而中国知识分子还在念四书五经，还在考科举写八股文，还不知自然科学为何物。这种科技方面的落后，成为中国发展的重大障碍。

我们刚才所讲的康雍乾时代，成就是非常辉煌的，但是辉煌的掩盖下还有着其阴暗的一面。当时世界处于迅速的发展中。乾隆时，英国发生工业革命，蒸汽机的发明使人类摆脱了对自然能源的依赖，工厂制度的产生推进了大工业生产的发展，使生产力突飞猛进。随着新的生产力的产生，欧洲一些启蒙思想家也相继涌现，如卢梭、狄德罗、孟德斯鸠等。18 世纪末，即乾隆五十四年（1789），法国发生了大革命。美国则通过独立战争建国。这个时候世界变化极大，而中国故步自封，不改革，不开放，造成了自身的落后。尽管此时中国的生产总量仍走在世界的前列，但其发展缺乏后劲。一个国家从传统的封建社会步入现代社会，是工业、农业、贸易、文化、政治等各个领域相互促进的结果。康雍乾时期已有一些近代的因素，但也有很多落后因素，只有改变这些落后的东西，对制度、观念等进行大幅度改革，才能解放生产力。现在看来，主要就是这样一个问题。当时中国社会还没有形成改变这种旧观念、旧制度的物质基础，没有形成城市的中等阶级，在这些条件还没有充分成熟的情况下，任何问题都无法解决。当时人们眼界不宽广，没有意识到这些落后的因素，因此无法产生进一步改革的思想和充沛的改革热情。经济的发展需要上层建筑的改变来促进，上层建筑停滞不前，经济发展就会出现问题。历史是无情的，一旦在近代化道路的起跑点上落后别人一步，就步步落后，不仅失去了时间，还失去了很多机遇，失去了实现近代化的有利条件。其他先行实现近代化的国家有些开始侵略中国。日本和中国的起步时间差不多，日本明治维新在 1868 年开始，中国洋务运动在 1864 年开始，但日本的近代化进程走在了前头。甲午战争中国战败，赔款 2.3 亿两白银，这笔钱相当于日本几年的国库收入，被日本用于扩充军队和投资实业、教育，有力地推进了日本近代化的进程。而中国却因此陷入了更大的危机中，近代化进程也因此而严重滞后。这段历史值得我们反思。

谈康雍乾盛世*

距今二三百年之前，正当清朝的康雍乾盛世。康熙、雍正、乾隆三个皇帝的统治从 1662 年到 1795 年，长达 134 年。其时，中原地区无战争，秩序稳定，生产发展，社会富裕，徭赋轻薄，人口激增，和汉朝的文景之治、唐朝的贞观之治并称为“太平盛世”。但是在此之后，清朝很快衰落了，几十年后发生鸦片战争，英国用武力打开了中国的门户，中国逐渐沦为半殖民地半封建社会。这 134 年的历史值得人们深入研究，因为它上承汉唐宋明，进入了封建社会的后期，下接鸦片战争，和近现代历史最为贴近，息息相通。

康雍乾时期的农业生产达到了历史的最高峰。中国历代人口数字徘徊在 1 亿人上下，而清朝乾隆末年激增至 3 亿人，可见当时农业生产所能够养活的人口远远超过历朝历代。土地的开垦、水利的兴修、边疆的开发、耕作技术的提高、高产作物的推广都有很大成绩。在国家统一方面也做出了重大贡献。康雍乾时期，统一了台湾，阻挡了俄罗斯对东北的入侵，平定了准噶尔，团结了内外蒙古和西藏，在西南地区实行改土归流，奠定了多民族统一国家的版图。

当然，这时已是封建社会的后期，存在着尖锐的矛盾和严重的问题。经济上仍是地主阶级剥削下的小农社会，虽有较大的农业总产值，也在一定程度上发展了商品经济，但人均占有的资源和人均产量还很低下，人民生活在普遍的贫困之中。在政治上承袭了两千多年的封建专制主义，权力高度集中，康熙、雍正、乾隆都很精明强干，政务躬自裁决，就像康熙所说“今天下大小事务，皆朕一人亲理，无可旁贷”。庞大的官僚机器全凭皇帝一人运作，既无制度作

* 原载《语冰集》，南宁，广西人民出版社，1999。

为保证，又缺制约的机制，人存则政举，人亡则政息。在思想上禁锢太甚，屡兴文字狱。知识分子因文字获罪，动辄得咎，人人钳口结舌，窒息了生机和活力，就像龚自珍所说："避席畏闻文字狱，著书都为稻粱谋。"古代曾经领先于世界的科学技术，此时已停滞不前。明清之际，传教士曾将某些科学知识带进中国，康雍乾时期却并未传承接续，反而因禁止传教而切断了东西方的文化联系，那时中国人对世界一无所知。统治者盲目地自以为是"天朝上国"，声教文明远超世界各国之上，闭目塞聪，夜郎自大。

如果看看康雍乾时期的西方世界就更能了解当时中国所处的历史位置了。这时，世界历史的潮流汹涌澎湃，正奔腾向前。17世纪英国发生了资产阶级革命，18世纪出现了美国独立战争和法国大革命。政治革命为经济发展扫清了道路，特别在18世纪英国产业革命之后，工业生产突飞猛进，经济增长如火如荼，全世界许多地方被纳入资本主义体系，西方国家在海外抢占殖民地，开拓市场，奴役和掠夺落后地区的人民。这时，科学技术显示了强大的威力，西方出现了伽利略、牛顿、莱布尼兹、拉瓦锡等科学巨人，为人类认识和开发自然界开辟了广阔的前景。如果把当时的西方国家作为参照系，则中国社会生活各个方面已显得步履蹒跚、趑趄不前。

尽管康雍乾时代的中国出现了经济繁荣和政治统一的局面，但与当时的西方相比已有明显差距，西方正在迎接资本主义而中国仍停留在封建的宗法农业社会。一个是资本主义的黎明，一个是封建主义的垂暮，中国越来越落后于西方。落后就要挨打，这就是康雍乾盛世过去之后，中国即遭到西方国家的侵略，屡战屡败，蹶而不振，陷于长期贫困衰弱之中的原因。

清代康雍乾时期为什么是“盛世”*

中国历史上的盛世，前人首推尧、舜、禹、汤，其实那时文明初启，算不得盛世。真正的盛世应是西汉的文、景、武、宣，唐代的太宗、武后至开元，以及清代的康熙、雍正、乾隆。这是有确实史料可考知的盛世，而尤以康雍乾时代为最盛。西汉最盛时人口6 000万，唐代最盛时人口 8 000 万，清代乾隆时人口 3 亿，从人口数量可以推想，清代农业生产力可以养活 3 亿到 4 亿人，应是最高峰。另外乾隆时中国统一版图达 1 300 万平方公里，也是中国任何朝代不能比拟的。

康雍乾统治长达 134 年（1662—1795）。康熙前期平定了南方三藩之乱，收复了台湾，立即把战略重点转移到北方，反击入侵中国黑龙江的沙俄，在打败俄国入侵者之后，签订了《中俄尼布楚条约》，划定了中俄东段边界线，接着又和盘踞西北、兵力强大的准噶尔作战，万里征讨，远达帕米尔高原和喜马拉雅山。平定了准噶尔，击退了廓尔喀，收复了蒙古、青海、新疆，安定了西藏，还实行“改土归流”，巩固对湖南、贵州、云南、广西、四川的统治，组成了版图辽阔的中国统一多民族大家庭。经济上轻徭薄赋，与民休息，垦田地，修水利，劝农桑，兴工商，中国经济迅速发展，至 18 世纪中期，中国的工业产量占世界工业产量的 32%，为世界之首，而当时欧洲全部国家只占 23%。但中国人口庞大，故人均还低于西欧的一些中小国家。

文化上，康雍乾时代是中国封建文化集大成的时期，编纂了世界最大的丛书《四库全书》和最大的类书《古今图书集成》，以及篇

---

* 2006 年 11 月 18 日。

幅浩瀚的《全唐诗》《康熙字典》《明史》等，在学术上涌现了以精审求实著称的乾嘉学派，在诗歌上有神韵派、性灵派，绘画上有“四王”和扬州八怪，小说上有《聊斋志异》《儒林外史》《红楼梦》等名著，流传至今的京剧也是在乾隆末年诞生的。

经历了 134 年的康雍乾盛世到 18 世纪末趋于衰落，尽管 18 世纪中国的 GDP 总量达到最高峰，但它仍然是以小农经济为主的国家，未能跨越工业革命的门槛，其原因极为复杂。中国长期的封建专制主义所沉淀的污浊积垢不易洗涤，自然科学被视为“奇技淫巧”。知识分子长期处于对自然科学技术无知的漫漫长夜中，工商业者得不到重视，闭关政策阻塞了对外贸易和交流的通道。人如蒙在鼓中，对正在发展的世界一无所知，失去了追赶世界的机会。中国社会陷入了结构性的矛盾，背上了沉重的旧包袱，难以解脱，因此清朝盛世没有能跨越工业革命的门槛。随着人口的不断增长，生活资源逐渐匮乏，官僚体制腐败保守，社会矛盾日益尖锐，最后跌入马尔萨斯的陷阱中，发生了白莲教和太平天国的农民大起义。同时外国的侵略者打开了中国的大门，大举入侵。中国社会烽火连年，人民处在水深火热之中，社会发展陷于停滞。曾经放射灿烂光芒的康雍乾盛世最后沉沦于近代的苦海之中。

此后，经过一百余年的奋斗，1949 年终于走出了沉沦，建立了中华人民共和国，实行了改革开放的政策，一扫百年来的落后贫弱。今天认识这段历史，为的是要奋力拼搏，励精图治，振兴中华，建设和睦而富强的国家。

避暑山庄和康乾盛世*

承德避暑山庄始建于清康熙四十二年（1703），距今已 290 年。它地处燕山山脉，风景秀美，山川雄奇，气候凉爽。附近河流纵横，林密草长，兽群出没，是理想的牧区和猎场。避暑山庄经康熙、乾隆两朝的营构扩充、踵事增华，楼台翼然，花木繁茂，寺庙宏大，成为塞北草原上的璀璨明珠，是举世闻名的皇家园林。避暑山庄蕴含的历史和文化内涵十分浓郁、丰富，它是包孕着历史、文化、民族、宗教、建筑、园林等在内的大型综合性的博物馆，有极大的研究、开发价值。可以结合旅游服务，发展旅游文化，在人们观光游览的时候，给人以历史文化的陶冶。十年前的 1983 年，在承德举行的纪念避暑山庄建庄 280 周年学术讨论会上，我曾经建议建立和发展避暑山庄学，积累资料，培养人才，建立机构，研究问题，使这一涉及多种学科的“山庄学”得以成长，并取得长足的发展。我相信，这对继承祖国历史遗产，弘扬中华民族文化，促进学术研究，发展旅游事业，建设社会主义精神文明具有重要的意义。

避暑山庄不是一座普通的园林，它和清代康乾时期的许多重要历史事件、重要历史人物有密切的联系，其地位十分重要。康乾时期，最重要的历史任务是把处于纷争、散漫状态中的中国重新统一起来，并促进经济、文化的发展。这一历史任务的执行和完成反映了长达一个多世纪的繁荣盛世，避暑山庄正是康乾盛世的历史见证。一到承德，看到许多建筑、景点、器物、碑刻，仿佛把我们带回了二三百年前的历史环境中，看到我们历史上光辉灿烂的事业和文明成就，看到逐步形成多民族泱泱大国的漫长历程。在这里，我们能

---

* 原载《山庄研究》，北京，紫禁城出版社，1994 年 8 月。

感觉到历史脉搏的跳动，想见往事陈迹的影踪。据此而进行思考，得出我们的体会、感受和判断。

统一，这是十分古老而又永远新鲜的话题。统一才能够保证国力强盛、社会进步和人民生活的安定、幸福。深受割据战乱之苦的老百姓企盼统一，为实现统一而努力奋斗。中国虽然自古以来就是多民族统一国家，但统一巩固的程度，各个朝代很不相同。在清朝以前，统一的程度并不很牢固，各个民族和各个地区经常发生分裂、割据、对抗。在中国历史上贯串的主线之一，就是居住在中原的农耕民族，和居住在北方的各个游牧民族之间的冲突和战争。秦汉以前，北方的匈奴雄踞塞上，和中原王朝发生长期斗争，战乱频仍，民不聊生，中原地区建造长城以防御匈奴南下。两晋南北朝时期，北方许多少数民族长驱进入黄河流域，建立了地方政权，争战不息，称为五胡十六国，干戈扰攘数百年。唐朝是强盛的王朝，但仍不时和突厥、回纥、吐谷浑、吐蕃等作战。宋代有契丹、党项、女真、蒙古，边患不已。这些少数民族建立了辽、西夏、金、元王朝，与宋王朝长期对峙。最后，元朝灭南宋，统一了全国。几千年的中国历史上，国内的民族对抗和战争是重要的主线之一，反复出现，史不绝书。明朝，北方的游牧民族仍是对中央王朝的重大威胁，明朝中期、后期，中央王朝力量较弱，许多边陲地方在其有效控制之外，北部和西北仍为蒙古所控制，厄鲁特蒙古长期为明代边患，在著名的土木之战中曾击败明军，俘获了明朝英宗皇帝。漠南的察哈尔蒙古也具有强大实力，明朝岁致银币缎帛，以求和平。东北则满族崛起，并吞各部，屡败明军，统一了东北广大地区，骎骎然跨越长城，问鼎中原。还有西南地区，包括贵州、云南、广西、四川、湖南的许多地方，土司林立，互争雄长，中央政府鞭长莫及。台湾则在明末被荷兰殖民主义者所侵占。明朝末年，环顾宇内，明朝中央实际能控制管辖的是内地十三布政使司，其他少数民族居住的边疆地区，中央号令不及。或者处于对立关系，明朝驻军筑城，防其进攻；或者实施羁縻政策，封以职衔，赐以币帛，作笼络之计。统一的程度很不牢固，离心的倾向相当严重。这时已经到了 17 世纪，世界形势正在发生巨大变化，英国发生了资产阶级革命，资本主义正一日千里，迅速发展。西欧一些国家已将其殖民主义的魔爪伸向世界各地。中国内部民族冲突激烈而频繁，分崩离析的状况相当严重，不改变这种状况，后果是不堪设想的。如果外国资本主义提前两个世纪入侵中国，那时候中国内部统一凝聚的程度很脆弱，全国一盘散沙，互相争讧，缺少可以团结全民族的政治中心，在外国的武力侵略下，难以进行有效的抵抗，很有可能四分五裂，豆剖瓜分，出现极严重的后果。

17 世纪中叶，清朝入关，改变了内争不息的情况。顺治和康熙初年，削平了南明的反抗和三藩叛乱，收复了台湾。这时已进入康乾盛世，在一百多年时间内，清朝除发展中原地区经济、文化外，还致力于经营北部、西部和西南边疆，在辽阔的疆域内重新统一中国，促使全国各民族的和解与团结，其功绩是伟大的。而且统一牢固的程度，远远超过了历代王朝。从前，汉唐盛世也管理着辽阔的边疆地区，但设置的是都护府之类带有军事统治性质的机构，或是设立若干羁縻官职，仅是象征性的统属关系。而清代在边疆地区，根据不同的情况，设立将军制、盟旗制、伯克制、郡县制，或设立驻藏大臣、办事大臣，实行军政和民政管理，使清朝的号令可以有效地贯彻到全国。无论是北方的游牧民族、中原的汉族还是西南的山地民族都在一个政府的统治之下，尽管民族歧视和民族矛盾仍然存在，但从总的趋势来看，全国各民族从隔离、对抗开始走向共处、和解。从前，南北民族往往以长城为界，互相仇视，彼此攻战。康乾时期，长城不再起隔离和防御作用，而变成供人凭吊观赏的古迹和风景区。康熙帝在诗中说："长城有险休重设，至治从来守四邻。"这就是说，各民族之间，不再需要以长城的险隘作为防卫，在清朝统治下，他们各自住在自己的地区，成为友邻。中国作为一个多民族的大家庭建立起秩序，这是清朝康乾时期的伟大成就。尽管这种成就也是通过血腥的战争镇压了各种反对势力而取得的，但如果对比 17 世纪初明朝末年时边疆地区的情形，其进步之巨大是显而易见的。统一代替了分裂，共处代替了战争，安定和秩序代替了干戈相寻、扰攘不宁，经济的初步发展代替了贫困匮乏。康乾时代为国家的统一、民族的和解、版图的奠定做出了重要贡献。正因为这样，此后，中国经历了近代一百多年的殖民主义侵略，大敌当前，国势险危，但全民族都能团结一心，风雨同舟，并肩作战，共御外侮，帝国主义才不可能瓜分中国，不可能灭亡中国。

清代康乾时期如何实现国家的重新统一？当然，军事手段是很重要的，对于妨碍、阻挠统一的分裂势力，不能不临以兵威，扫除国家统一、民族和解道路上的障碍。康乾时期，对准噶尔蒙古进行了长期的战争，这是实现统一的关键。清朝初年，准噶尔已发展得十分强大，它居住在伊犁河谷以至中亚细亚，征服了天山南路，曾经攻入西藏杀拉藏汗，控制了青海各部，又打败喀尔喀蒙古，蹂躏漠北草原，准噶尔的上层贵族气焰嚣张，不可一世，严重威胁我国边疆的安定和清王朝的统治。必须彻底打败准噶尔割据势力，清朝的统治才能巩固，全国的统一、团结以及边疆的安宁才能实现。

清朝对准噶尔的军事行动延续 70 年之久，简单说来有三个阶段，每个阶段都有几次重大而激烈的战斗。

第一阶段在康熙中期。准噶尔汗噶尔丹对喀尔喀蒙古（外蒙古）发动袭击，喀尔喀战败南走，投奔清廷，请求保护。噶尔丹的铁骑南下，至乌兰布通。当时康熙正为反对俄国入侵黑龙江流域而进行斗争，清军在雅克萨打败了俄国入侵者，并于康熙二十八年（1689）与俄国签订了《中俄尼布楚条约》，划分了中俄东段边界，使东北边境安定下来。翌年（1690），清军在乌兰布通迎击噶尔丹军，击退其进犯。此后又鏖战多年，噶尔丹身亡。这一阶段的战争，打击了骄横的准噶尔分裂势力，保护了内外蒙古的安全，建立了漠南漠北广大地区的正常秩序。

第二阶段的军事行动在康熙末年和雍正年间。准噶尔蒙古继起的领袖策妄，乘西藏内争，派兵侵入西藏，杀拉藏汗，烧杀劫掠。康熙迅速调遣大军入藏，驱逐准噶尔军，以后又连年征战。雍正初年，平定了青海罗卜藏丹津的叛乱。又于雍正九年（1731）、十年（1732），与准噶尔战于和通泊、光显寺，这阶段的军事行动虽互有胜败，但清军毕竟制止了准噶尔的进攻，安定了西藏、青海与喀尔喀地区。雍正末年，双方经长期战争，力量消耗甚大，议和停战。

第三阶段的军事行动发生于乾隆中叶。当时准噶尔部达瓦齐新立为领袖，连年内讧，其重要将领和许多部落，纷纷投向清廷。清军乘其内讧的机会，派兵进入天山以北，攻克伊犁，俘获达瓦齐。接着，准噶尔的另一个领袖阿睦尔撒纳继起作乱，清军再次出击，打败阿睦尔撒纳。此后，清军又南取叶尔羌、喀什，平定大小和卓的割据，统一了天山南北，彻底扑灭了分裂势力，解除了蒙古、青海、西藏、甘肃所受的威胁，巩固了版图，确立了近代中国统一的格局。

清朝为实现统一进行了长达 70 年的战争。当然，统一得以巩固和长久并非仅仅依靠军事行动所能获致。在战争进行之际和结束之后，清朝实行了大量的政治措施、经济开发和文化建设，制定了比较系统而行之有效的民族政策，加强了对边疆和民族地区的管理，鼓励垦荒，兴修水利，发展农牧业生产，尊重各民族的宗教信仰和社会习惯。其基本方针是“修其教不易其俗，齐其政不易其宜”，笼络团结各民族的上层人士，根据各个地区、各个民族的不同情况，进行统治和管理。各个少数民族团聚在清政府周围，出现了长期和睦共处与交流往来的局面，逐渐增强了多民族大家庭的稳定与团结，奠定了中国疆域辽阔、人口众多的大国规模。这是来之不易的，是经过残酷的、激烈的战争，付出了血与泪的代价，并进行长期艰苦工作和惨淡经营的结果。

就在康乾盛世统一中国的过程中，木兰围场和避暑山庄开始建立。避暑山庄始建于 1703 年，而木兰围场比山庄建立还要早 20 多年。其建立除了供皇帝和王公大臣们避暑、消夏、娱乐之外，还出于政治和军事上的需要。康熙二十年（1681）清朝削平南方的三藩之乱后，北方形势告急，俄国在黑龙江上大肆烧杀，准噶尔蒙古骚扰各地，康熙帝把战略重点转移到北方。就在康熙二十年，清廷在原属蒙古喀喇沁部和翁牛特部的地区内设置木兰围场，其目的是“习武绥远”，也就是训练军队，团结边疆少数民族。当时，康熙帝经常来到这里，清军在黑龙江上与俄国作战，很多军报文书直接传送到这里的行宫。1689年中国和俄国签订《中俄尼布楚条约》，中国使团从尼布楚返回，首先来到这里的行宫，向皇帝报告谈判情况。1690年，清军和准噶尔的第一场决战在乌兰布通，即离木兰围场不远。1691年，对团结蒙古族具有重大意义的多伦会盟就在围场附近举行。所以在避暑山庄建立以前，康熙帝经常在这里处理军政要务，这里逐渐成了指挥枢纽。在避暑山庄建立以后的一百年内，康熙和乾隆经常到山庄来，康熙晚年每年到口外来，有时一年来两次。乾隆在位期间，到避暑山庄53次。在此召见少数民族王公，接待外国使节，举行木兰秋狝，整军经武，乾隆帝还经常在这里度过自己的生日（阴历八月十三日）。因此，康乾两代许多历史人物和历史事件都在避暑山庄留下了痕迹。可以说，木兰围场和避暑山庄是康乾时期实现国家统一过程中的产物，其建立出于进行军事行动和团结蒙古族的需要。它们是我国多民族大家庭形成和巩固的历史见证。

为什么康熙要选择承德这块地方来处理军政要务呢？有多方面的原因。从地理位置而言，避暑山庄地处北京与蒙古草原的交通要道，围场以北是科尔沁草原、乌珠穆沁草原、上都牧场，牧草茂密，牛羊肥壮，南接华北平原，耕田鳞次，农业发达，是农耕民族和游牧民族经济贸易、文化交流十分活跃的地方，又是自古以来的军事要冲。而且气候凉爽，空气清新，森林覆盖率高，自然环境优越。当年，少数民族不习惯北京的环境，居住在北京容易感染天花，损害健康以至夺去生命。清朝两位年轻的皇帝均因出痘而早逝，清初战功卓著的豫亲王多铎以及乾隆时至北京入觐的六世班禅亦均感染天花而身亡。在当年的少数民族中，天花是极严重的恶疾，几乎谈虎色变。为了保护少数民族的健康，凡是已出过天花，取得免疫力的人，叫作“熟身”，可以进入北京；凡是未出过天花，没有免疫力的人，叫作“生身”，不能进入北京。皇帝轮流召见少数民族王公，“熟身”在每年年底到北京觐见，称“年班”；“生身”在每年秋季到避暑山庄觐见，并随同围猎，称“围班”。清廷对随围的蒙古族官兵十分礼遇，赐宴款待，赏给衣服、靴帽、绸缎、布匹、刀枪弓箭以及金银珍玩。每次清帝出巡行围，附近数百里蒙古各部落的首领和牧民，携带全家妇孺，赶着牛羊驼马，在围场附近设帐驻居或随同行围，或等待召见。可见避暑山庄的建立为联络、维系少数民族提供了适合的场所。

更值得注意的是，与避暑山庄毗邻的木兰围场，地方广袤，林深草密，鹿羊成群，熊虎出没，是非常理想的猎场。康熙、乾隆都很注意满洲八旗官兵的习武传统，强调骑马射箭。每年木兰秋狝，是练兵的好机会，康熙说："一年两次行猎，专为讲武，与行兵无异。校猎纪律，自当严明。"随围的官兵，包括满蒙八旗，每次参加者少则数千人，多至二三万人。他们经过艰苦的行军、激烈的追逐、紧张的驰骋，顶风冒雨，戴月披星，得到了近于实战的锻炼，提高了战斗力和顽强意志。康熙帝十分重视木兰行围的作用，他说："从前曾有以朕每年出口行围，劳苦军士条奏者，不知国家承平虽久，岂可遂忘武备?"他列举多次和准噶尔作战取得的胜利，认为即得力于木兰行围。"此皆因朕平时不忘武备，勤于训练之所致也。若听信从前条奏者，惮于劳苦，不加训练，又何能远至万里之外而灭贼立功乎?"

由此可见，清代康乾时期，木兰围场和避暑山庄的创设和发展，并不仅仅是由于该地风景雄秀，气候凉爽，可以消夏娱乐，更重要的是可以联络蒙古，团结少数民族，整军习武，训练官兵，具有重要的政治和军事意义。

避暑山庄与清代政治*

承德市是著名的历史文化名城，又是著名的风景区，这里山明水秀，林木幽深，景色醉人。避暑山庄和外八庙建筑宏伟，气象万千，吸引了世界上千千万万的游人。承德的许多名胜古迹与历史上的许多事件、人物相联系，往往是生动的历史见证。当我们走到澹泊敬诚殿、万树园，就会联想到康熙、乾隆的盛世，联想到他们接见少数民族和外国使者时那种隆重的场面；走到“烟波致爽”，就会联想到嘉庆、咸丰之死，联想到那拉氏策划的宫廷政变；我们走到外八庙普陀宗乘（小布达拉宫）、须弥福寿（班禅行宫），就会联想到当时达赖、班禅与清朝的密切联系；走到文津阁，会联想到《四库全书》与清朝的思想文化政策。避暑山庄的每一处名胜，都会引起我们生动丰富的历史联想。这里的每一处古迹，都记载着中华民族古老而悠久的历史与文化传统。承德既是游览的风景区，又是我们进行生动的、历史的爱国主义教育的实物教材。不仅如此，承德避暑山庄还具有建筑、艺术、宗教、文物等多方面的价值，值得我们大力地从各方面加深对它的研究。我们不仅应该把避暑山庄作为旅游的、娱乐的场所提供给人民，而且要把它作为艺术的、历史的珍品，作为爱国主义的教材提供给人民。避暑山庄具有多方面的研究价值。它属于建筑学科研究的对象，但又不仅仅属于建筑学科；它属于园林艺术，但又不仅仅是一般的园林；它属于宗教学、民族学、历史学，但又不仅仅属于这些学科。我认为，避暑山庄是与许多学科相关联的一种综合性学科，是一种边缘科学。近年来，科学研究中的各门学科之间呈现出相互渗透、相互关联、相互影响的趋

---

* 原载《步入近代的历程》，沈阳，辽宁大学出版社，1992。

势，并由此产生出新的学科，形成边缘学科。对避暑山庄的研究也有类似的趋势。我国已经有了敦煌学，敦煌学就是一种综合性学科，涉及考古、历史、民族、语言、宗教、艺术等许多方面。我们是不是应该建立起避暑山庄学或承德学、离宫学呢？我想这门学科的建立是十分有必要的，这是客观的需要。前年在北京建立了圆明园学会，召开学术讨论会，出版专门的刊物，写了许多文章，进一步加深了对圆明园的研究，并准备逐步恢复圆明园。避暑山庄与圆明园比较起来条件要好得多。圆明园只剩下一片废墟，园林本身已经不复存在了。这是我国民族文化的重大损失，现在只能从文献上进行研究。而避暑山庄完整地保存了下来，为我们提供了很有利的研究条件。第一，山庄保持完整，留下了幽美的园景、宏伟的建筑群以及许多文物、资料。第二，山庄地点适中，距离北京很近，便于各方面的协作。同时旅游事业也可以推动我们的研究工作。第三，最重要的条件是从中央到地方各级领导的重视。国务院发了文件，做出明确的指示，要保护和修复这座举世罕有的皇家园囿。省委、地委、市委各级领导和国家文物局支持避暑山庄的恢复和建设。承德市文物局的干部和专家组成了一支专门的队伍。我接触了一些同志，他们确实是山庄的专家，对山庄的一草一木都非常熟悉，如数家珍。我们拥有这样一批专门家，具备了有利的研究条件。当然，我们的研究工作一定会遇到许多困难，要付出艰巨的劳动，投入相当的人力和物力。但我相信，在不远的将来，我们一定能够建立起这门新的学科。

国际上很重视对避暑山庄的研究，国外也保存着不少珍贵的资料。例如，我在日本就看到很多研究承德避暑山庄的书籍，其中有一本，名叫《热河》，共四巨册，全部是大幅照片，约400帧，是50多年前日本人拍摄的。他们在半个多世纪以前已这样重视对山庄的研究，耗资巨大，不惜工本。摄影和编纂者是工学博士关野贞、工学士竹岛卓一，1934年印行。照相的技术在当时是第一流的，可以清晰地分辨其细部。由于拍摄者是建筑学专家，因此不是一般地拍摄风光照片，而是将避暑山庄和外八庙的建筑精华尽收眼底。有全景，有侧景，有远景，有细部，特别对于具有特殊风格的著名建筑更从各个角度、各种距离进行拍摄。如普宁寺的照片就有70多张，其中的大乘阁和阁内大佛共有照片22张，从大佛的头部、腰部、足部以及正面、侧面拍摄，生动、完整地再现了佛的形象。著名的普陀宗乘（小布达拉宫）有照片60多张，须弥福寿（班禅行宫）有照片50多张。有些建筑，今天已荡然无存，但50多年前还相当完整，在这部书里保存着照片，这是很难得的珍贵资料。看了这些照片，可以清楚地知道被毁建筑当年是什么样子的。如：清音阁是规模宏大的三层大戏楼，清帝常常在此款待外国使节和少数民族的上层王公，看戏游乐，后被毁于火。从本书照片中，可以看到清音阁既宏伟而又精致的结构。又如避暑山庄内原有碧峰寺、珠源寺，现已倾圮毁坏，外八庙的罗汉堂也已被毁。但这本图册内有碧峰寺照片12张、法源寺照片22张、罗汉堂照片15张，还有宗镜阁（铜殿，在抗日战争中被日军拆毁）照片8张，因为这些建筑都不存在了，这些照片就更为可贵，它们是研究避暑山庄的好资料。这大批照片都有文字说明，是单独出版的，可惜我在日本停留的时间较短，未能找到这部文字说明。

我在建筑学方面是门外汉，可对避暑山庄很感兴趣。因为我是研究清史的，避暑山庄学和清史研究关系很大。康熙建立避暑山庄有一定的政治目的。康熙二十一年（1682）以前，清统治者的注意力集中在南方，与南明以及吴三桂等做斗争。康熙二十年（1681）平定“三藩之乱”。康熙二十二年（1683），收复台湾。这一时期康熙主要致力于南方的统一事业。南方的问题基本解决了，而北方的威胁开始突出起来了。俄国从黑龙江流域入侵，占领了尼布楚、雅克萨。沙俄的侵略势力逐渐向南伸张，直至黑龙江的下游。西北的准噶尔蒙古占领了天山南北，控制了西藏、青藏、宁夏等广大地区，攻打喀尔喀蒙古，势力一直深入现在的内蒙古地区，形成割据势力。以上两种势力相互勾结，严重威胁着清朝的统治，破坏了国家的完整与统一。清朝面临着国家分裂的危险。康熙二十年，清政府平定三藩之乱以后，南方趋于稳定，康熙的注意力转向北方。就在这一年，他建立了木兰围场。当时建立木兰围场绝不仅仅是供游猎娱乐的，而是要在这里“整军经武”，训练和检阅军队。就在这一年，康熙东巡，一直到达松花江下游，到了抗俄的前线。这一年他还派郎谈赴雅克萨巡视，而后又亲自西巡到达宁夏，可见当时康熙已把注意力转向了北方，而承德就成了当时北方政治活动和军事活动的枢纽。清朝统治者在承德木兰围场狩猎治军，在行宫接见少数民族的上层统治者，争取蒙古王公贵族，孤立准噶尔势力。我记得康熙二十五年（1686）雅克萨战争的捷报首先是送到承德的，黑龙江到北京的驿道必经热河，当时还没有建立避暑山庄，但康熙已常在承德处理军国大事。后来承德成为一系列重要政治活动的中心。朝鲜、缅甸、暹罗使节以及安南国王阮光平、英国使节马戛尔尼都在这里谒见乾隆。清帝还在这里接待少数民族王公，如土尔扈特回归祖国，小布达拉宫建有碑文纪念。还有接待三策凌、班禅额尔德尼，也在这个地方。图理琛出使俄国，也是从这里奉命启程的。可见避暑山庄的建立不仅仅是供避暑、狩猎与娱乐的，还与清朝历史息息相关。可以说，避暑山庄是清朝抵抗沙俄侵略、平定民族叛乱、实现国家统一的历史见证。康熙、乾隆、嘉庆三朝皇帝经常在这里处理国家政务，也可以说，这里是清朝政府的第二个政治中心。所以，山庄学与清史的关系是密不可分的。二者是姐妹学科，互相关联，互为影响，山庄学的研究必将大大推动清史的研究。

如何发展这门学科，在座的许多专家学者一定会有许多很好的建议，我提不出什么很好的意见来。按照一般的科学发展规律来设想，恐怕要做到以下几点。第一，广泛地收集资料。山庄保存了许多实物资料，如建筑、园林、碑刻等，这些实物具有很高的文物价值，要很好地加以保护。还有许多文献资料，要投入更大的力量广泛搜集、整理。清宫档案中有许多涉及山庄的资料，承德市文物局的同志在北京已经搞了很长时间。对于这些资料，应当进一步搜集、分类、整理、复制甚至编辑出版。清宫档案现存 900 多万件，如果单靠档案馆整理出版，则遥遥无期。中医研究院就从档案中整理出光绪、慈禧的医案，受到医学界和史学界的重视。我们也可以出版有关避暑山庄的专集资料，或者专门刊物。有关建筑、宗教、民族史、木兰围场、艺术乃至外国的一些资料都可以收集进去。这里应该成为避暑山庄的研究中心，首先是资料研究中心。避暑山庄要集中国内外所有的有关山庄的历史资料，成为最丰富、最完整的一个资料库。第二，要培养一定数量的专业研究人员，要有一批勤奋努力，刻苦耐劳，有理想，有干劲，有水平的专门人才。一个研究单位研究水平的高低取决于研究人员的质量。当然，这不是随便调进几个干部，在短期内就可以见成效的，而是要经过选拔、培养，特别是要培养中青年专门人才，我们要有长远的战略眼光，把这件事情抓紧、抓好。不能因其他任务的紧迫而冲击人才的培养。第三，设立专门的研究机构。开始可以是规模较小的研究单位，成立研究室，之后逐步扩大、发展。这种研究单位的任务是研究而不是打杂，要有稳定性，要有经费，有编制，有书籍资料，有一定的研究条件。有了这样的研究机构，才能更好地展开各种研究工作。能够积累资料，培养人才，多出成果。为了进一步便于全国的协作，是不是可以考虑成立避暑山庄研究会，动员和组织山庄以外的力量共同努力，相互协作，开展长期、深入、广泛的研究工作，使这门山庄学或离宫学成为有特色的、高水平的、内容丰富多彩的一个新兴学科。

怎样认识“康雍乾盛世”*

——答周思源先生

《中华读书报》2002 年 3 月 20 日《文史天地》刊载了记者洪波先生采访我的文章。题为：《盛世的沉沦——戴逸谈康雍乾历史时期》。今年 6 月 19 日该报又刊出了周思源先生所写《正确看待康乾之世》与我商榷。周先生的一些观点，我难以同意，故草此文奉答。

周思源先生不同意清代康雍乾时期是“盛世”，所以他文章的题目只说“康乾之世”而不称“康乾盛世”。他提出两个理由。第一个理由是：“事实上康雍乾时期的经济发展是明末以来战乱频仍之后的一种恢复性发展而并不是由于新的生产方式和使用新科学技术引起的生产力革命性大提高。”第二个理由是：清代因其封建的专制主义、思想禁锢与文字狱，因此不能称之为“盛世”。

我所理解的“盛世”和周思源先生不同。我在访谈文章一开始就说：“盛世是我国社会发展中的一个特定的历史阶段，是国家从大乱走向大治，在较长时间内保持繁荣而稳定的一个时期，盛世应该具备的条件是，国家统一，经济繁荣，政治稳定，国力强大，文化昌盛等。”按照这样的标准，我国西汉的文、景、武、昭、宣，唐代的唐太宗、武则天至唐玄宗（开元以前），以及清代康雍乾时期都可以称作“盛世”。周思源先生并未就我所提出的“盛世”的标准进行反驳，也未对康雍乾时期是否符合这一标准进行质疑，而拿以上两个理由否定康雍乾盛世，是难以令人信服的。

整个两千多年的中国封建社会中都没有“新的生产方式”与“新的科学技术”，都是专制的封建制度。按照周先生的理由，中国

---

* 原载《涓水集》，北京，北京出版社，2009。

封建社会就不会有什么“盛世”。

在同一个社会生产方式内，尤其中国封建社会长达两千多年之久，王朝更替很多，其间有没有盛衰兴替？我认为是有的。历史是漫长、曲折而丰富的，前后并不是毫无变化、完全一样，也不是一片漆黑、全无是处。相对而言有盛衰强弱之分，这种盛衰强弱当然没有改变生产方式，也不是由于科学技术的大突破，而是由于各个历史时期，各个阶级的力量对比与统治者执行的不同政策，造成了或盛或衰的局面。如果认为这些都不能算数，只有生产方式的改变才算“盛世”，那就是抹杀了封建社会内的兴衰隆替，取消了对封建社会各个时期历史具体研究的任务。

周先生行文中似乎心仪汉唐，他说“只要想一想汉朝和唐朝在世界上独一无二的强大”，“汉唐那种昂扬向上，奋发进取，为国建功立业的大汉精神和大唐气象”。在周先生看来，汉唐应该是“盛世”。这个说法的矛盾在于，汉唐也是封建专制社会，“新的生产方式”与“新的科学技术”也并未出现，那么汉唐“盛世”又是怎样认定的呢？

历史是十分复杂的，“盛世有阴影，衰世也有希望”。周思源先生否定康雍乾盛世，列举了当时的弊端或“失误”，即封建的专制主义、思想禁锢与文字狱等，这些弊端或“失误”当然是存在的。正是这些阴影严重阻碍着历史的前进，但这并不抹杀封建王朝在一定时期内取得政治文化上的重大成就。我的采访文章，题目叫《盛世的沉沦》，其重要内容就是试图阐明“盛世”的辉煌及其存在的众多弊端，如封建专制主义、闭关锁国、压抑工商、思想禁锢、科学落后等。我从来不认为盛世就是美哉善哉，万事大吉。这不是客观的历史事实，也不是辩证的思想方法。

周思源先生承认康雍乾在奠定中国疆域方面的贡献，但不承认康雍乾时期的经济成就，说那时的经济只是“明末以来战乱频仍之后的一种恢复性发展”。这不能不说是贬低了当时人民群众发展生产的巨大努力。明末战乱之前，明朝在册人口最高数字为 6 000 多万，许多专家估计实际人口已达到 1 亿数千万。而乾隆末年人口上升到

3亿人，比明朝人口要多出一倍以上，以此推测，所生产的粮食大致上亦应多出一倍以上。这是经历两个世纪所取得的进展。其中17世纪的多数年代是战争破坏年代，多破坏，少建设。这就是说，清初大概只用100多年的时间使粮食生产翻了一番多。在当时农业技术并无显著提高的水平下，实在是了不起的成就。不但恢复了明末的水平，而且大踏步地前进了。这是广大农民努力的结果，也是清政府重视农业、奖励垦荒、兴修水利、减轻赋税、推广高产作物（玉米、甘薯、花生）以及鼓励和默许移民等政策的结果。

周思源先生同样忽视清朝手工业的成就。他说《大国的兴衰》一书中关于“18世纪中国的工业产量，占世界32%，全欧洲也才23%，并不能证明当时是繁荣发展的年代”。“因为欧洲工业革命带动的新型工业其资本主义生产关系与机器大生产的生产方式这两个根本方面都比康雍乾的清朝先进得多。”周先生在这里把时间弄错了，肯尼迪书中的统计数字明确指的是1750年，还在英国产业革命的前夕。无论欧洲或是中国都处在手工业生产时代，并没有大机器与工厂制度。因而也不存在周思源先生所说“比清朝先进得多”的欧洲工业。迟至产业革命时，亚当·斯密还说“中国和印度的制造技艺虽落后，但似乎并不比欧洲任何国家落后多少”（《国民财富的性质和原因的研究》）。

其实，中国人民具有伟大的创造力。即使在严重的剥削、苛酷的专制统治下，人民仍有能力创造出光辉的物质财富和精神文明。在汉、唐、清三个王朝，人民在封建重压下发挥其创造力而出现了三个盛世，延续均达100余年，政治经济文化达到很高的成就。尽管盛世中存在阴影，甚至是十分严重的阴影，尽管接踵而来的是盛世的“沉沦”，尽管后人可以在盛世中挑拣这样那样的弊端和失误，但盛世建立的业绩是有目共睹、不可否认的。

周思源先生极力斥责康雍乾时代的专制主义扼杀了中国人的思想活力，把人变成了奴才，这当然是正确的，但扼杀中国人思想活力由来已久，秦始皇、汉武帝就在干这种勾当。自从中国有了封建专制主义，中国人就在被迫做奴隶和奴才，逐渐形成国民的劣根性。

而且时间久远，不易消除，这是中国人民背着的沉重历史包袱。中国的封建专制主义为什么存在的时间这么长？其原因在于中国分散落后的封建小农经济，众多分散的小农必须有强大的政治力量使之整合，分散的农民必须由集权的君主才能够统摄，君主的专制集权正好和小农的高度分散互为依存。权力的集中是被统治者过分分散、软弱，既不能自行解决日常矛盾，又无力抗拒统治者压迫的结果。再加上中国地域广大，有农耕民族，也有众多的游牧民族，要把各地区、各民族、各个利益集团的利益、理念、行为协调整合起来，必须有一个高高在上的权力中心，这就是中国封建社会中专制君主政体产生的必然性，并长期得以延续的原因。一种政治制度的长期存在不决定于某个统治者的意志和愿望，而决定于客观现实。恩格斯说：“一切政府，甚至最专制的政府，**归根到底**都只不过是本国状况所产生的经济必然性的执行者。”① 正是封建中国的经济状况和社会现实产生了专制皇帝这样一种统治模式，产生了各种形式的文化专制主义。我在访谈文章中把中国广大地区发展不平衡与封建主义联系起来，试图说明专制主义存在的原因。周先生却指责我为中央集权专制找“合理依据”。其实我在许多文章中都再三强调专制主义的不合理，并无为之辩护的意思。但是义愤不能代替科学的分析，痛恨它、咒骂它都无济于事，只有认真研究产生这种制度的原因，才能找到铲除它的办法。发展生产，提高人民的经济和文化水平，在此基础上进行社会革命，这才是根除封建专制主义及其残余的正确途径。

清朝文字狱的苛酷，是对人的心智和肉体的极大摧残，应予大力谴责。但是周先生说杜甫、李白的诗中多触犯专制统治，“如果是在康雍乾之世，那么李白、杜甫都将灭族，连家中藏有此诗者都可能连坐”。周先生此话未免言过其实。清前期书香门第一般都会有李、杜诗集，我们从未听说谁家因藏有李、杜诗集而遭灭族或连坐之灾，相反乾隆皇帝御纂《唐宋诗醇》录唐宋两朝六位诗人，首列

① 《马克思恩格斯选集》，中文1版，第4卷，495页，北京，人民出版社，1972。

李白、杜甫二人，乾隆御制序言中说“二代风华，此六家为最”。皇帝诗文中对李、杜的诗更是一片赞扬，如乾隆诗称：“三读太白诗，逸韵何卓然。铿锵突金石，舒卷如云烟。”（《御制诗四集》，卷三六）称杜诗：“清词丽句空千古，一一皆从性中写。呜呼今而有其人，磬折吾当拜下风。”（《御制诗初集》，卷四四）如果杜甫生于当代，乾隆皇帝愿意鞠躬拜倒。这和周先生所说的“杀头”“灭族”大相径庭。

周先生说，西方虽然强大，“如果不是由于康雍乾三帝的严重失误，凭当时中国的经济实力与人才资源，完全可以在几十年内迎头赶上并迅速超过”。这个愿望是没有现实根据的。中国落后于西方，是中国经济、政治、社会结构造成的，是长期历史积累的原因，不是某个人的严重失误造成的，任何英雄豪杰都没有回天之力来扭转落后的大趋势。历史人物可以对自己时代的进步或落后造成影响，但他们的思想、言论、政策不是从天上掉下来的，也不是完全从头脑中想出来的。它孕育于长期的历史之中，孕育于前代遗留下来的经济基础、社会结构、政治体制和文化传统之中。康雍乾三帝是由自己的时代所塑造出来的，他们代表并属于自己的时代，不能超越其环境条件传统来塑造一个赶超世界的新时代。

周先生把个人的作用看得很大，似乎只要康雍乾三个皇帝念头一转，改正失误，不搞文字狱，就可以改天换地，解放人们的思想，思想解放了，一切都迎刃而解。他还说：“任何历史性的大发展都来源于思想解放，没有欧洲文艺复兴就不会有商业革命、科学革命和工业革命。”当然，思想解放对推动人类社会发展具有极其重大的作用，但真正的思想解放均有物质基础，单凭人们的主观思想不会创造出新世界。欧洲文艺复兴也是在意大利城邦经济发展的基础上产生的。社会存在决定社会意识，我坚持这一历史观，而不同意康雍乾三帝如果没有“失误”就可以解放中国人的思想，可以使中国提前进入现代社会的历史观点。

我研究康雍乾时期的历史，旨在客观地陈述其辉煌成就，并指出当时存在的许多弊端，并非生硬地抬高其历史地位。尽管康雍乾三帝做出了巨大的业绩，但他们是落在世界历史潮流后面的封建皇帝。这是由中国封建社会行程的滞后所造成的。7 年以前，我写过一篇短文《十八世纪的中国与世界》（载于 1995 年 9 月 20 日《人民日报》），其中有一段概括性的话，为了避免人们的误解，我将这段话摘录下来，作为此文的结束：

> 中国创造了辉煌灿烂的华夏文明，在物质生产和文化创造方面走在世界的前列，即使 18 世纪仍有相当的潜力，保持着繁荣和强大，但这种繁荣和强大与西欧国家已不相同。表面的相似，掩盖着实质的差异。当时西欧国家已进入资本主义，而中国仍处在封建社会后期，显示出封建的宗法性农业社会的特征。西欧国家从封建主义走向资本主义，从农业文明过渡到工业文明是由长期历史进程所准备好的，是多种近代因素汇聚和发展的结果。中国虽亦有近代因素出现，但传统的政治经济文化结构严重地阻挠了近代因素的成长。走向近代化的通道尚未打开，条件尚未成熟。18 世纪的中国和西方存在多方面的差距，这决定了两种文明不同性质，一个是资本主义的青春，一个是封建主义的迟暮，也决定了两个社会的不同前途。18 世纪以后，西欧出现了持续、高速的经济和社会发展，而中国则由于外国侵略与国内动荡而一蹶不振，陷于贫困、落后和长期危机之中。

乾隆朝的水灾与赈济*

中国是个疆域辽阔、自然灾害频繁多发的国家，尤其是水灾，危害最为严重。先民们在治水方面做出了巨大的努力，积累了丰富的经验，历史传说中，治水的大禹是深受人民爱戴的英雄。我国是个农业大国，收成的丰歉决定着国家的实力和人民的命运，因而历朝政府都以农为本，重视农桑，兴修水利，以减轻水旱灾害。但由于封建政权的性质与职能，以及古代科学技术不发达，不可能从根本上减轻灾害的发生，即使是历史上的太平盛世，洪涝灾害也史不绝书，人民群众所受的苦难极为深重。

就清乾隆帝统治的60年而言，当时，国力强大，财政富足，社会稳定，朝廷重农劝耕，不遗余力。但自然灾害接踵发生，较重的灾年共18年，平均三年即有一年大灾，而特大的灾害共有六次，即乾隆七年（1742）、十八年（1753）、二十六年（1761）、四十三年（1778）、五十年（1785）、五十三年（1788）。这六次特大灾害中，除乾隆五十年是全国大旱外，其他五次均为水灾。

最严重的水灾发生在河南、安徽、江苏、山东四省，这里是黄河下游。黄河于南宋时改道南迁，自河南，入沛、砀、徐州，夺淮河水道入海。至明清，下游河道，年深日久，泥沙淤积，虽有疏浚与束水攻沙之法，但不能根本解决问题。黄河早就成了高出于地面之上的“悬河”，靠加高堤防以御洪水，一旦决口，势如建瓴，房屋田地，尽成泽国，大批人民葬身波涛之中。赵然在《河决叹》诗中描写了当时黄河决口情形：

神河之水不可测，一夜无端高八尺。

---

* 原载《光明日报》，1991年9月11日。

奔腾骇浪势若山，长堤顷刻纷纷决。
堤里地形如釜底，一夜奔腾数百里。
男呼女号声动天，霎时尽葬洪涛里。
积尸如山顺流下，孰是爷娘孰妻子。
仰天一恸气欲绝，伤心况复饥寒逼。

乾隆60年间，黄河决口漫溢有20年之多，有时决口不能合龙达两年之久，河水任意泛滥，数以百计的州县被水淹没，其悲惨景象，笔墨难以描述。

淮河的水患从前较少，但自下游河道被黄河占夺后，淮水不能宣泄，也经常发生水灾。余水漾聚低洼地区，竟造成了面积巨大的洪泽湖。洪泽湖本来是一些小湖泊，它的出现是黄河夺淮后，积水停潴的结果。随着时间的推移，洪泽湖的面积越来越大，湖面越来越高。明清两代，在湖的东面，筑高堰大堤，拦截湖水，以屏蔽运河及里下河富庶之区。高堰大堤一旦有失，低洼的里下河地区尽入波底，后果不堪设想。乾隆十八年（1753）夏，风雨大作，黄、淮盛涨，洪泽湖水势汹涌，高堰大堤危急，不得已开放五坝以分水势（五坝系指高堰大堤上仁、义、礼、智、信五个泄洪道）。洪水倾注里下河，酿成严重灾情。张学仁在《流民叹》中咏叹开坝后的惨象：

五坝仓皇一夜开，横流决向下河去。
下河居民十万家，梦中风雨声奔注。
田庐畜牧尽漂流，阖家离散去扬州。

次于黄、淮，为害甚烈的还有永定河，含沙量亦大，有“小黄河”之称。其下游地势平坦，淤泥堆积，尾闾不畅。乾隆二年（1737），永定河决口数十处，堤岸全毁，此后拨款大治，仍时常漫决，乾隆年间，下游改道凡六次，可见其危害之大，虽用尽全力，并无根治之法。乾隆帝叹息说：“永定河工，欲期一劳永逸，实无善策，只可尽人力补苴。”（《御制诗四集》卷五十五）

至于长江，以前水灾很少，但18世纪后，上游水土流失，中下游湖河缩减失修，水灾亦日益严重。特别是乾隆五十二年（1787）

长江流域发生特大水灾，受灾面积之大，损失之重，史所罕见。湖北荆州受灾最重，万城堤决口 20 多处，洪水灌入荆州城内，水高一丈七八尺，居民走避不及，淹死无数，武昌、汉口积水两月不退，全省重灾州县有 36 个，死亡数十万人。

乾隆朝号称社会殷富，但封建社会的小农经济抵抗自然灾害的能力十分薄弱。一遇水涝，人民流离失所，满目疮痍。至于战争年代或乱离之世，自然灾害就更加严重了。

发生严重水灾的原因，一是水利失修，堤坝工程窳劣，在封建制度下，政治腐败，顾不上河工水利，即使像乾隆时国库富裕，拨出大批河工帑银，亦多被官吏贪污中饱，故工程质量不能抗御大水。连乾隆帝也承认："从来河员在工，乐于兴作，每于不急之处，建筑大工，无非借以开销之意。而工程既竣，又议岁修，辗转徒滋靡费。及至盛涨，漫溢者仍复漫溢，冲决者仍复冲决，于实用毫无裨益。"（《实录》乾隆十七年十月上谕）如乾隆十八年（1753）黄河在铜山境内决口，就是由于两个河工官员贪污巨款，偷工减料，致堤防不固，酿成大灾。乾隆帝为维护统治利益，不得不严加惩处，将两名贪污主犯绑赴河堤，斩决示众。河督高斌，罪在失职徇庇。他年已七十，为皇贵妃之父，乾隆帝的岳父，亦绑赴河堤陪斩。因看在自己丈人的情面上，予以赦免，但高斌以为要被处决，吓得昏死在河堤刑场上。

造成乾隆朝严重水灾的另一个原因是人口激增，土地开垦。乾隆六年（1741），中国开始有正规的人口统计，该年全国人口 1.4 亿人，大大超过了历史上的最高人口纪录（历史上人口最高纪录为 7 000万人），人口过剩，为谋生存，大量垦荒。全国耕地面积，自顺治年间的 5 亿多亩，至乾隆时增加到近 8 亿亩。清朝前期，极力奖励垦荒，这固然可以增加食生产，但森林被砍，植被毁坏，水土流失，湖面缩小，破坏了生态环境，致使水灾愈益频繁而严重。乾隆时，洞庭湖滨，与水争地之风已盛，围湖造田，"大者周围百余里，小者二三里，方圆不一，星罗棋布"（郭嵩焘：《湘阴县图志》卷 22），使洞庭湖的蓄水功能大受影响。又如乾隆五十二年（1787）

长江大水，荆州被淹，其原因之一就是有一个萧姓土豪霸占了长江中的岛屿窖金洲，周围遍植芦苇谋利，长年累月，水道堵塞，江水不能畅流，因此加重了灾情。

水灾发生后，统治阶级为了稳定秩序，不得不拿出一部分银、米，救济灾民。赈政从来是农业国家的要务。乾隆年间，库藏充足，赈济亦相应受到重视。如乾隆七年（1742）皖北大水，灾民220余万，朝廷拨赈银290万两，米220余万石，数字不为不大。又如北京城是灾民聚集之所，每年冬十月至来年三月例开10个粥厂，发仓给米，煮粥施食。大灾之年更多设粥厂，且展赈两个月，饥民借以苟延生命。

乾隆时，赈灾形成一套制度和办法，遇灾必开仓发帑。灾情紧急，许地方官便宜行事，不待部批，即可动用仓贮。每年初，根据各地灾情轻重，减免赋税，重灾区户口，分极贫、次贫，计日分给粮钱，大口月给银二钱、粮二十斤，小口减半。还有以工代赈，凡遇灾年，政府出资修建各种工程，如挑河、筑堤、建城、造房，雇用灾民，计工受值。如乾隆二十二年（1757）河南水灾，政府出钱，“开浚水道，工赈兼举，民饱食趋事。所开干支各河凡六十有七道，计二千五百余里”（《碑传集》卷71《胡宝瑔传》）。此法既救济了灾民，又整治了水利，有利于恢复农业生产，较单纯的救济更有效益。

在封建社会，赈灾时贪污侵蚀，黑幕重重。由于赈灾如救火，收支都不能按正常手续办理，留下许多可钻的空子，官员胥役，上下其手，中饱私囊，赈灾的银米层层克扣，饥民所得无几。乾隆末年，英国马戛尔尼使团来华，返程时经过山东，遇到放赈。据其记载：“去年山东河决，淹没居户无数，立命拨发库银十万两，赈济灾民。而户部先没去其二万两，以下每一转手，则复去若干两，自二万、一万以至数千、数百不等。”（《乾隆英使觐见记》）赈灾中这类贪污克扣的情形是极为普遍的，故当时有“饥民一箪粥，吏胥两石谷”之叹。

闭关政策的历史教训*

为了加速实现四个现代化的宏伟目标，要善于向世界各国学习，吸收一切先进的东西，为我所用。林彪、“四人帮”推行闭关自守、锁国愚民的政策，给学习外国先进经验的正确主张扣上“卖国主义”“洋奴哲学”的帽子，严重地阻碍了我国社会主义建设的进程。

闭关政策不是林彪、“四人帮”的发明。清朝统治者在和外国资本主义接触的早期，就曾禁止和限制中国人民与世界交往，使中国人民耳目闭塞，不能向先进国家学习，已经落后的中国因此更加落后。落后就要挨打，这是无情的历史事实。鸦片战争以后，中国遭受许多殖民主义国家的侵略，人民群众长期生活在苦难之中。历史的教训记忆犹新。回顾当年闭关政策的历史，分析它产生的根源和造成的危害，对于肃清林彪、“四人帮”的流毒，学习各国的长处，是很有意义的。

一

世界范围内政治、经济、文化的频繁交往，是资本主义兴起以后的历史现象。当世界资本主义迅速发展的时候，中国还是一个封建社会，处在满族建立的清王朝的统治下。中国是一个地大物博、有悠久历史和灿烂文化的国家，在世界文明发展史上做出过伟大的贡献。但是，进入封建社会后期以后，发展趋于停滞，社会生活的各个方面死气沉沉，封建统治阶级抱残守缺，夜郎自大，故步自封，

---

* 原载《人民日报》，1979 年 3 月 13 日。

自命为“天朝上国”，不肯睁眼看看汹涌澎湃的世界历史前进的潮流。对于西方的思想文化、科学技术深闭固拒，竭力限制中外经济文化的交流。在清政府的闭关锁国政策下，即使是当时最先进的中国人，也不可能正确了解世界的形势和日益临近的资本主义侵略的严重性。反动、落后的闭关政策带来了严重的恶果，几个世代的中国人民为此付出了惨重的代价。

从根本上说，闭关政策是落后的封建经济的产物。中国封建的经济结构是小农业和小手工业的强固结合。亿万农民分散地生活在经济上自给自足、政治上被封建宗法制绳索束缚起来的农村中。无数个村庄、集镇和城市互相隔离，没有和周围广阔的世界进行频繁联系的必要与可能。在落后闭塞的经济基础上，产生了因循守旧、虚骄自大、闭关自守的思想。18世纪末，乾隆皇帝在给英王乔治二世的一封书信中说：“天朝物产丰盈，无所不有，原不借外夷货物以通有无。”国际贸易和交往中的这种闭关自守、夜郎自大的思想，正是当时自给自足的自然经济的反映。

清政府顽固地坚持闭关政策，还由于它和广大人民群众阶级矛盾的尖锐化。在同样是封建自然经济的条件下，当国家比较强盛、政府和人民的矛盾比较缓和的时候，封建统治者对周围国家也可以采取比较开放、比较友好的态度。如汉唐盛世，中外交往频繁，沿着著名的丝绸之路，中国和西方的经济文化得以交流。在明初，郑和率领的庞大航海队屡次前往东南亚、西亚，远达非洲海岸。有信心的强者不害怕异国的新事物，只有虚弱者才对之忧心忡忡。鲁迅先生说：“汉唐虽然也有边患，但魄力究竟雄大，人民具有不至于为异族奴隶的自信心，或者竟毫未想到，凡取用外来事物的时候，就如将彼俘来一样，自由驱使，绝不介怀。一到衰弊陵夷之际，神经可就衰弱过敏了，每遇外国东西，便觉得仿佛彼来俘我一样，推拒，惶恐，退缩，逃避，抖成一团，又必想一篇道理来掩饰。”① 18世纪后期，中国封建社会已处于“衰弊陵夷之际”，人民群众的抗清起义

---

① 《鲁迅全集》第一卷《看镜有感》。

风起云涌，清政府由盛转衰，显露了它的腐朽性、虚弱性。它不了解世界的发展，不了解外国资本主义的性质和活动方式，当然也不会有对付资本主义侵略的正确策略。只是神经衰弱地以为，这一外来的异己势力如果和人民群众接触，将会加强反政府的力量，引起新的骚动。正像马克思所说："推动这个新的王朝实行这种政策的更主要的原因，是它害怕外国人会支持很多的中国人在中国被鞑靼人征服以后大约最初半个世纪里所怀抱的不满情绪。由于这种原因，外国人才被禁止同中国人有任何来往。"① 清朝政府构筑了一道隔绝中外的堤墙，以为任凭堤墙之外时局变幻，风雷激荡，自己还可以关上"天朝"的大门，不闻不问，高枕无忧。历史的发展粉碎了这一幻想。事实上，它只是糊起了一堵薄薄的纸墙，被外国侵略者一戳即破。

二

清政府的闭关政策，一方面，限制中国人民出海贸易，或在外国侨居，禁止许多种货物出口；另一方面，对来华的外国人也做了种种苛细而不必要的限制和防范。

清初，由于东南沿海还有郑成功、张煌言领导下的抗清武装的活动，清政府为了断绝他们的粮食物资供应，厉行"海禁"，下令"片帆不准入口"，远洋贸易几乎停顿。康熙二十二年（1683），清朝统一了台湾，开放海禁，允许中国商民出洋贸易，又指定广州、漳州、宁波、云台山四地为外商来华通商的口岸。至此，清政府虽然打开了一道狭小的门缝，但仍然设下了许多禁令，而且越到后来，禁令越是烦琐，越是严密。

15世纪初，郑和下西洋是世界航海史上的壮举。明代中叶，由巨大帆船组成的中国商船队还经常出没于远洋洋面。此后，世界各

---

① 《马克思恩格斯选集》，中文1版，第2卷，6～7页，北京，人民出版社，1972。

国的航海业突飞猛进，船只载重量越来越大，航海技术日益进步。而清政府反而规定："如有打造双桅五百石以上违式船只出海者，不论官兵民人，俱发边卫充军。"① 对于出洋的水手、客商，防范极严，"各给腰牌，刻明姓名、年貌、籍贯，庶巡哨官兵易于稽查"②。中国的商人和华侨很早就到东南亚各地活动，对当地的开发以及中外经济文化的交流做出了贡献。但清政府却十分歧视他们，多方加以阻挠。雍正皇帝的谕旨中说："此辈多系不安本分之人，若听其去来任意，伊等益无顾忌，轻去其乡，而漂流外国者益众矣。嗣后应定限期，若逾限不回，是其人甘心流移外方，无可悯惜，朕亦不许令其复回。如此则贸易欲归之人，不敢稽迟在外矣。"③

中国地大物博，有许多可供出口的产品，但清政府横加限制，军器、火药、硝磺、铜铁、米麦、杂粮、马匹、书籍等都在禁止出口之列。为了杜绝粮食和铁器出口，竟规定每艘商船只准携带铁锅一口作为炊具，每人只准携带铁斧一柄作为用具，预先规定好航行的日期，每人每天只准带口粮一升、余粮一升。海上风信，变幻莫测，航行本难定期。清政府这种极不合理的规定，剥夺了商船对海盗进行武装自卫的手段，而且在漫长的航途中，生活也得不到保障。

丝绸是当时对外出口的最大宗，出口增加导致丝价上涨，这体现了市场的供求规律，可以促使中国丝绸生产更快地发展。可是封建统治者看到丝绸涨价，神经紧张起来，于乾隆二十四年（1759）禁止丝绸出口，结果严重地影响了国内经济和对外贸易。五年以后，官吏奏称："近年粤闽贸易，番船甚觉减少，即内地贩洋商船，亦多有停驾不开者。在外番因不能置买丝斤，运来之货日少，而内地所需洋货，价值亦甚见增昂。"官吏们不得不承认禁止丝绸出口，"中外均无裨益"④。封建统治者在事实面前碰了钉子，才不得不放宽禁令，但仍限制每艘船只载运丝绸出口的数量。

---

① 《光绪大清会典事例》卷七七六，康熙二十三年。
② 《清朝文献通考》卷三三。
③ 同上书，雍正五年，上谕。
④ 《皇朝政典类纂》卷一一八。

早期西方国家的对华贸易，具有资本主义侵略的性质。来到中国的某些外国人，傲慢粗暴，趾高气扬，甚至犯罪作恶，无法无天。对于那些侵略分子、犯罪分子，进行一定的防范和惩处是完全必要的。但是，清政府对外国人不加区别，笼统对待，规定种种不合理的限制，这不仅妨碍了中外正常的经济文化交流，也无助于防范真正的犯罪分子，有效地抵制侵略者。

清初，中外贸易并没有限制在一地，外国商人可以到广东、福建、浙江沿海的口岸贸易。乾隆二十二年（1757），乾隆皇帝以“民俗易嚣，洋商错处，必致滋事”为理由，将通商口岸限制在广州一地。中国主要的出口商品是茶叶和丝绸，多产于江浙闽皖，离广州很远。茶、丝都要从陆路长途运输到广州出口，不但成本增加，而且容易损坏霉变。清政府不考虑经济效益，不许茶丝就近出口，硬性规定只在广州一地和外国通商。而广州的对外贸易，又被清政府特许的“十三行”商人把持，外国商人来到中国，实际接触的只限于几个特许的行商，而不是广大的自由商人。一百数十年对外贸易积累的巨额资金，通过行商之手填塞了封建性消费的无穷欲壑，无助于中国经济的发展。

为了限制外国人的行动，清政府还制定了种种苛细繁杂的规条和章程，如所谓《防夷五事》《民夷交易章程》《防范夷人章程》等等，禁止外国人长期居住在广州，禁止中国人受雇为外商服役，禁向外商借款，禁止外国人坐轿子，禁止外国妇女进广州城，外国人在广州商馆居住，不推擅自出入，每月只准有三天可以在附近散步等等，目的是要使中国人民和外国人隔绝。清政府自己就说：“向定章程，俾民夷不相交结。”①

三

在落后的经济基础上产生的闭关政策，对中国社会的前进起了

① 两广总督李鸿宾奏，《史料旬刊》第九期。

严重的阻碍作用。当时，较有眼光的人就指出了闭关政策对经济发展和人民生活产生的不良影响。“南洋未禁之先，闽广家给人足，游手无赖亦为欲富所驱，尽入番岛，鲜有在家饥寒窃劫为非之患。既禁以后，百货不通，民生日蹙。居者苦艺能之罔用，行者叹至远之无方，故有以四五千金所造之洋艘，系维朽蠹于断港荒岸之间……一船之敝废，中人数百家之产，其惨目伤心可胜道耶？沿海居民萧索岑寂、穷困不聊之状，皆因洋禁……但能使沿海居民富者贫，贫者困，驱工商为游手，驱游手为盗贼耳。”①

闭关政策也妨碍了中国人学习世界先进的思想文化和科学技术。17 世纪和 18 世纪，西欧冲破了中世纪的黑暗牢笼，思想文化和科学技术突飞猛进，放射出光辉异彩。中国的知识分子却被禁锢在理学、八股、考据、辞章的传统知识领域的泥潭中，脱离实际，闭目塞聪，死抱着古老的教条。中国人民与世界的历史潮流相隔绝，也就谈不上学习先进的东西。

从表面上看来，闭关政策似乎也限制了外国侵略者的活动，具有一点自卫作用。实际上，这种落后的、消极的政策只能束缚中国人民，而不可能限制住穷凶极恶的外国侵略者。资本主义的本性就是要侵略别国。越是落后的国家、落后的民族，遭受的侵略就越是严重。中国能不能抵抗住外来侵略，或者能不能减轻外来侵略的祸害，取决于中国能否急起直追，迅速进步，改变中国和外国的力量对比，而决不能依靠自我孤立、自我隔离的政策。因为这种政策既不能改变侵略者的本性，又不能阻碍侵略国家力量的增长，只能作茧自缚，阻碍中国的发展，扼杀中国的生机和进取精神，使得中国和西方国家的差距越来越大。闭关政策是慢性自杀政策，对国家和民族有百害而无一利。

鸦片战争以后，闭关政策再也维持不下去了。闭关政策破产了，但是产生这种政策的落后的社会经济条件不可能在短时期内改变，在漫长的历史过程中形成的闭关自守、夜郎自大的思想也不可能很

---

① 蓝鼎元：《鹿洲初集》卷三《论南洋事宜书》。

快消失。它像幽灵一样，时时缠绕着中国。到了近代，中国的门户已经大开，许多资本主义国家蜂拥而入。这时候，一些封建顽固派仍然力图回避与西方国家交往，拒绝接受一切新事物。鸦片战争后，为了保持虚假的“天朝”体统，道光和咸丰两代皇帝躲在紫禁城内，从来不和外国人见面。在外国的强硬要求下，经过三十年之久，同治皇帝才被迫第一次接见外国公使。清政府也不愿向外国派出外交人员，同样是在外国的压力下，才勉强请了一个美国人蒲安臣作为清政府的代表，组成中国的第一个外交使团，到欧美巡回访问。1862年，北京设立同文馆，后又增设天文算学馆，这是近代中国第一所学习西方语言文字和科学技术的学校。1871年，中国第一批官费留美学生出国学习。这两件事，顽固派激烈攻击为“用夷变夏”，在政治上掀起轩然大波。结果，留美学生中途停学，全部撤回，同文馆也招不到学生。1876年，英国人在上海修筑了一条三十里长的吴淞铁路，这是中国土地上的第一条铁路。清政府却以二十八万两白银高价购回后，拆毁扔弃在水里。1881年建成的从唐山到胥各庄的运煤铁路，最初由于顽固派反对用蒸汽机车牵引，只好用牲口拉着车厢在轨道上爬行。封建顽固派扬言：“电线铁路，变华为夷，鄙见迂疏，期期以为不可。”[①] 可见闭关自守、夜郎自大的思想，流毒甚深，严重地阻碍着中国的进步。

历史已经过去了一百数十年之久。现在，党中央领导全国人民开始向四个现代化进军。在新的征途上，闭关自守、夜郎自大的残余思想，仍然可能成为我们前进的绊脚石。因此，重温一百多年前的这一段历史，接受教训，解放思想，继续破除闭关自守、夜郎自大的偏见，积极展开国际间的经济、文化交流，学习先进，赶超先进，是非常必要的。

---

① 《刘坤一遗集》，1764页。

清代乾隆朝的中英关系*

人们阅读和研究历史，总不免要从今天的视角去评说历史上的功过是非。当前的生活经验能够使人们更深地思索过去，对历史上的功绩和失误看得更清楚，体会得更深刻。历史不能照原样重演，已经逝去的岁月不能重新开始，对过去的悔恨、惋惜都无济于事，因为我们不能重铸过去。但我们却可以从历史中学习到未来应该怎样生活。人类的行为都是以他们对过去的认识以及在历史中积累的智慧为依据的。当我们翻开 18 世纪的历史，感受最为深切的历史失误就是清王朝闭关锁国的对外政策，这一政策使中国与当时日益奔腾前进的世界历史潮流绝缘隔离，延误了社会的发展，我们的国家和民族为此付出了沉重的代价。而且，由于种种原因，闭关锁国的阴影曾长期笼罩在我们的头上。为此，我曾向有的同志建议，把研究范围定为 18 世纪的中外关系，看看清政府怎样坚持闭关锁国政策而不愿意开放中国的门户。

要研究"闭关政策"，首先要提出一个问题，历史上是否有过"闭关政策"？清朝政府是否曾执行过"闭关政策"？因为有的同志持不同的意见，他们列举许多中外交往和通商的事实来说明清朝的对外政策是比较开放的。在这篇文章中，我不可能对此做详细的驳辩，近几百年的历史非常丰富复杂而充满矛盾，留下了浩瀚的可以供人使用、驱遣的相互分歧的记载。如果不看历史的本质和主流，谁都可以容易地为两种恰恰相反的观点去掇拾自己需要的例证。当然所谓"闭关"或"开放"，是相对而言的，是比较意义上的词语。"闭关"不会是绝对的封闭，世界上最严格地执行闭关政策的任何地方

---

* 原载《清史研究》，1993 年第 3 期。

也不能生活在真空里，不会和别的地方毫无交往。清初虽有“片板不准下海”之说，但实际上岂能做到这一点？像桃花源那样完全与世隔绝的社会只存在于文士哲人的想象中，就是这一想象中的封闭世界也还免不了武陵渔父的突然闯入。因此，列举一些清代前期中外贸易和交往的史事并不能否认当时总的封闭形势。当时的清政府对外执行封闭主义政策，这是禁锢国家和民族的桎梏，其危害是十分严重的。

历史有时会出现奇特而有趣的现象，从不同的视角审视同一历史进程，可能会显示很不相同的甚至迥然相反的景观。18 世纪的中国封建社会是清朝的康雍乾盛世，经济繁荣，政治安定，国力强大，国家的统一和版图的巩固超过历史上的任何一个封建王朝，如果和过去做纵向比较，它是中国历史发展的一个高峰。但是，国家和民族的进步是没有止境的，后来居上是必然趋势，如果仅仅以比过去有所进步而感到满足，自我陶醉，就有可能陷入停滞的危险。特别在近二三百年中，地理距离的巨大障碍逐渐消除，许多在过去是遥远难达的地区变成了旦夕可及的近邻，世界上各个国家、各支力量相互竞争，你追我赶，弱肉强食，适者生存。当我们把所谓“康雍乾盛世”移到全世界的坐标系上，就出现了完全不同的态势和景观。当时，西方国家正在经历产业革命和政治革命，资本主义国家的生产力突飞猛进。18 世纪末，亦即乾隆晚期，法国发生了震惊世界的大革命，扫荡了欧洲的封建堡垒，为资本主义制度开辟了发展道路。在文化思想领域，有亚当・斯密、孟德斯鸠、伏尔泰、卢梭、狄德罗、康德等杰出人物，如群星灿烂，辉映天空。如果用资本主义青春期的崛起做比较，那么，同时代中国的康雍乾盛世所取得的成就会变得黯然失色，中国落后了一个历史时代，看上去犹如衰颓的老翁，体态龙钟，步履蹒跚，失去了活力和生机。

人们长期思考着：曾经处在世界先进行列的中国为什么在近代落后了？为什么和西方国家拉开了愈来愈大的差距？政治家和学者们都试图回答这个问题。地主阶级的残酷剥削、自给自足的小农经济、宗法家族的社会结构、高度集权的专制主义、地区发展的不平衡、庞大人口的压力、封建传统文化的负担、相对封闭的自然环境等等，人们不无道理地从各方面来解释中国落后于西方的原因，都有一定的根据。但是，中国和西方国家的差别似乎不仅仅是发展速度的快慢，而是在文化特点、社会结构上存在深刻的差异。假如没有外国资本主义的侵入，中国将按照自身的规律向前发展，从内容到形式将会和西方世界很不相同。譬如两列火车在两条轨道上行驶，各自奔向遥远的未来，我们不知道两条轨道将在何时何处会合交接。

西方资本主义发展的一个历史作用就是使各个地区靠近起来，进入一个世界体系，它迫使各个国家和民族推行资本主义文明制度，按西方的面貌改铸全世界，这是不以人的意志为转移的客观过程，是不可逆转、不可抗拒的必然趋势。全世界或迟或早都发生了历史的转轨，即传统社会的运行机制，在外国侵略势力的撞击下发生改变，打破了常规和平衡，进入了动荡的斗争和变革之中，激发了自立自强的努力。从一定意义上说，两个世纪以来的中国历史就是一部转轨的历史，中国封建社会走完了乾隆盛世的路程，随即与外国资本主义激烈冲突，备受欺凌，饱尝酸辛。一切斗争、探索、成功、失败都反映了转轨时的艰难。历史悠久的中国封建社会具有自我调节、自我维护的强大能力，在历史必须转轨时显示出巨大的惰性。它在和外部世界接触的早期就产生了自我隔离机制，实行严格地闭关政策，在中国的周围设置了一道防波的堤墙，阻挡着滔滔而来的世界文明潮流。本来，历史进展是十分复杂的，充满着可变性与多种选择的机会，而闭关政策的实施，使人们闭目塞聪，毫不了解外部世界，错过了许多次选择和转变的机会，推迟了社会的发展，大大削弱了中华民族抵抗外来侵略并在世界历史舞台上进行竞争的能力。

闭关政策的产生自有其深刻的根源。由于中国封建社会的自然经济结构和远离其他文明中心的地理环境，形成了相对独立、自我延续的深厚的中国古代文明，这一文明必然带有排他拒外的倾向。明代后期，西方殖民主义东进，大批传教士涌入中国，带来了西方的科学技术和书籍、仪器，这是继佛教之后，外来文化的第二次大规模输入，但东进的欧风还不可能吹越过高耸的封建峰峦而遍及中国大地。18世纪的中国反而在日益靠近的世界潮流面前步步退却，实行更加严格的闭关锁国政策。康熙后期，由于礼仪问题引起清廷和天主教会之间的争论和冲突，雍正初年严禁传教活动，限制传教士来华，又限制中国商民出洋贸易、谋生。在历史提供抉择的重要时刻，中外关系被人为地阻绝，交往萎缩，关系冷却，阻碍了历史逐渐转轨的可能性。

乾隆朝继承了前朝的政策，且限制措施逐渐严格，趋于周密。乾隆初年，对中外贸易的限制尚少，态度比较宽容。康熙时本有四口通商的规定，但几十年间，外国商船绝大多数开赴广州贸易，形成了固定的贸易路线和惯例。乾隆十二年（1747），西班牙商船到福建厦门贸易。当地官吏认为“吕宋（指西班牙）为天主教长，漳泉风俗浇漓。此等夷船终不宜使之源源而来，拟俟夷船回棹之日，善为慰遣，不使复来”。清廷却比较宽容，不同意地方官吏的意见，复示：“此等贸易，原系定例准行，今若不令复来，殊非向来通商之意……慰遣之处，可以不必。”① 可见当时清政府尚属开明，并无限制在一口通商的意向。

不久以后，清廷的政策就发生了摇摆，这里应该提到一个值得注意的事实。乾隆二十年（1755），一些原在广州贸易的英国商船不堪广州行商和粤海关官吏的勒索，来到浙江宁波贸易，企图变更贸易路线，另开通商口岸。乾隆皇帝对此很犹豫，一方面，他担心外国商人在浙江活动，“浙民习俗易嚣，洋商错处，必致滋事”；另一方面，又无意用强硬手段，禁止贸易。他一度考虑在浙江开辟第二个通商口岸：“今番舶既已来浙，自不必强之回棹。惟多增税额，将来定海一关，即照粤关之例，用内务府司员设立海关，补授宁台道督理关务。约计该商等所获之利，在广在浙，轻重适均，则赴浙赴粤，皆可惟其所适。”②

一口通商还是多口通商，这是摆在清政府面前的重大选择。如果允许浙江开埠，中英贸易由于更加接近茶、丝产地而获得发展，

---

① 《清实录》卷三〇五，乾隆十二年十二月丙子。

② 同上书，卷五四四，乾隆二十二年八月丁卯。

江浙富庶之区将被带动起来，广州的外贸垄断体制将遭遇挑战，浙江和广东在招揽贸易方面将展开竞争，很可能会引起贸易规模和中外交往的迅速变化，产生有利的影响。可惜乾隆在关键时刻，步步倒退，在一口通商和多口通商之间，在更加封闭和稍稍开放之间，选择的是前者。错误的选择，压倒了正确的选择。在这里，偶然性也显示了一定的影响。由于要考虑浙江开埠的利弊，乾隆把原任两广总督杨应琚调任闽浙总督，要他对浙江通商进行调查。中英贸易长期在广州进行，形成了一个包括行商、粤海关监督、广东地方官员吏役在内的庞大的利益集团。他们垄断了对外贸易，得利甚多，不愿使贸易转向浙江。杨应琚已任两广总督三年，正是对外贸易利益集团的主要代表。他以粤民生计和两省海防为理由，力陈浙江通商的弊害，“再四筹度，不便听其两省贸易”。乾隆帝接受他的建议，谕令：“粤省地窄人稠，沿海居民，大半借洋船谋生，不独洋行之二十六家而已。且虎门、黄埔，在在设有官兵，较之宁波之可以扬帆直至者，形势亦异，自以仍令赴粤贸易为正……明岁赴浙之船，必当严行禁绝。将来只许在广东收泊交易，不得再赴宁波，如或再业，必令原船返棹至广，不准入浙江海口。”① 这道谕旨加强了闭关措施，形成了今后将近一个世纪内一口通商的不变格局。

自然，一口通商和闭关政策的严格化，不是杨应琚一纸奏文所能决定的，甚至也不是广州利益集团完全能操纵的，它是众多历史合力相互作用的结果。至少乾隆本人和大臣们都具有闭关锁国的倾向，所以很快就接受了杨应琚的意见。闭关政策的形成有其历史的必然性，像中国这样一个长期远离其他文明中心的大国，要进入世界历史潮流，注定是艰难、曲折而漫长的过程，但是肯定历史的必然性并不等于认定人们对历史进程无能为力，历史毕竟是人创造的，历史过程和自然过程的差别就在于人的能动的参与。历史舞台上演出的威武雄壮的戏剧并没有上帝预先写好了的剧本，其中充满着机会、偶然性和多种选择的可能，一切有待于人的设计、开拓、创造，

---

① 《清实录》卷五五〇，乾隆二十二年十一月戊戌。

不过人们的思想和行为不可能超越历史条件所许可的范围。乾隆在二十二年（1767），曾有多口通商的设想，以皇帝的权威实现宁波开埠是毫不困难的。当然，即使宁波开放，以后的中外贸易还是会遭到种种困难和挫折，中国的门户也不会完全主动打开，但比之一口通商的僵化模式将更有利于中外的经济、文化交往，更有利于中国的前进。

英国商人不甘心限于一口通商，千方百计希望取消禁令，因此而有乾隆二十四年（1769）英商洪仁辉赴天津呈诉，控告粤海关勒索，要求宁波开埠，结果反而引起清廷的强硬反应，粤海关监督李永标虽受惩处，而乾隆认为"番商立意把持，必欲去粤向浙，情理亦属可恶"①，不但不准别口通商，而且将洪仁辉圈禁澳门。这件轰动一时的洪仁辉案件，成为清政府强化闭关政策的契机。同年，广东制定《防范外夷规条》，第一次明文规定对来华外商的严格约束，外商在广州只有很小的活动余地。同年，丝价上涨，清政府认为这是由于出口太多的缘故，竟禁止输出这一传统的对外贸易商品。这一愚蠢的做法，作茧自缚，反而影响了内地的经济和生计。几年之后，沿海各省纷纷要求弛丝斤出口之禁，恢复了生丝贸易。但在禁运的这段时间内，反而刺激了意大利等地蚕桑丝织业的发展，树立起了丝绸贸易的竞争对手，故之后中国的丝绸出口一直疲软不振。

广州一口通商的体制日益不能适应增长的中外贸易，清政府闭关措施越来越严格。清政府坚持闭关政策出于什么考虑？不少同志以为，这是为了防御外来侵略，是正当的自卫政策。这一说法难以令人信服。因为，从后果来衡量，闭关政策对外国势力的阻挡是暂时的，中国的门户迟早必须开放，不是主动开放，就是被迫打开。这一政策更重要的作用是束缚了中国人民。按清朝的规定：中国人不得与外国人接触，不得自由出洋，不得长期居留外国。18世纪末，尽管中外贸易发展到了相当的规模，但中国人接触外国的渠道十分狭窄，对世界状况、西方科学文明毫无所知，整个社会如一潭死水，

---

①《清实录》卷五九二，乾隆二十四年七月壬戌。

停滞凝止，没有进步。一旦中外矛盾激化，外国资本主义武装入侵，中国就失去了防卫和应变的能力。闭关政策对中国的损害远远大于对外国造成的不便。

环观18世纪的国内外环境，应该说：这是中国主动开放门户，加强与西方交流，提前实现历史转轨的有利时机。可惜中国内部尚未形成革新的力量和机制，致使机会白白地丧失。18世纪的清政府处在鼎盛阶段，财富充足，国力强盛，大批传教士的东来和中外贸易的发展造成了中外交往前所未有的规模。17世纪，荷兰曾侵占台湾，沙俄曾侵占黑龙江，严重侵犯了我国主权，在中国的坚决反击下，外国的武装侵略均告失败。18世纪的中英关系基本上是和平的商业关系，没有重大的军事对抗，不构成对中国领土、主权的威胁，这种交往对中国利多于弊。如果中外的经济和文化交流得以加速，使中国更早、更多地接触西方文明，将有利于中国的进步和改革。当时的实际情况是：世界上还没有任何国家能远征中国，对中国造成严重的军事威胁。对外国势力保持一定程度的警惕和防范是应该的，但并无深闭固拒的必要。清朝统治者所以要执行严格的闭关政策，并非担心外国立即有军事入侵的可能，而主要是针对国内的骚动和反抗，它害怕中国人民和外国人频繁接触，不是带来中外之间无休止的纠纷，就是中外结合，增强反对清朝统治的情绪和力量。推动清朝实行闭关政策的更主要的原因，是它害怕外国人会支持很多的中国人在17世纪的大约前半个世纪里即在中国被满族征服以后所怀抱的不满情绪。由于这种原因，外国人才被禁止同中国人有任何来往。当时来华的马戛尔尼也说："吾实未见中国禁止外人在北方各埠贸易之规定明文，其所云云，不过华人欲掩其真正动机而不欲宣诸口者。彼等以为苟不如此，则恐外人之交际频繁，有碍于安谧，而各界人等之服从上命，以维持皇威于不坠，乃中国政府唯一不易之格言。"①

正是由于这个原因，闭关政策的渐趋严格和乾隆中叶以后国内

① 朱杰勤：《中外关系史译丛》，216页，北京，海洋出版社，1984。

阶级斗争的日益尖锐有关。虽然外国人和抗清起义其实没有多少关系，但清政府总是疑神疑鬼，认为“外夷奸棍，潜入内地，诳诱愚民，恣行不法”。乾隆十八年（1753）发生了安徽的马朝柱聚众谋反案，其实马朝柱和外国人毫无关系，却借用了“西洋寨”的名日，引起清廷对天主教更加警惕，对传教的禁令更加严密。凡是和外国人有来往的中国人均被视为奸徒，长期居留外国的华侨，携资回国，财产抄没，人被充军。洪仁辉案件中，原告英国人洪仁辉和被告粤海关监督李永标处以圈禁和遣戍，而代英国人书写状词的四川人刘亚匾被处死刑。统治者害怕人民和外国人交往，故而科罪最重。乾隆四十九年（1784），甘肃回民田五起义，当时刚好查获有4名外国传教士潜入陕西传教，乾隆神经紧张地认为：“西洋人与回人向属一教，恐其得有逆回滋事之信，故遣人赴陕，潜通消息，亦未可定。”① 谕令地方官吏留心稽查防范。18世纪后期，国内阶级矛盾愈益激化，清廷防范中外交往愈益严密，闭关的政策愈益严格。乾隆五十二年（1787），皇帝写了这样一首诗：“间年外域有人来，宁可求全关不开。人事天时诚极盛，盈虚默念惧增哉。”② 在他看来，目前国力虽盛，以后将有盈虚损益，给对外交往带来危险，给国内统治增加不安定因素，因此宁可闭关不开，排拒外来势力。

当然，这是乾隆一厢情愿的打算。历史在无情地走自己的路，中英贸易日益发展，交往更频繁，矛盾更尖锐。或是顺应时势，采取主动，稍稍开放，给中国打开一个通向外部世界的窗口；或是顽固不变，严密封锁，拒绝交往，直到大门被侵略者的炮火所轰塌。历史摆在乾隆帝面前的就是这样的选择。可惜乾隆和他的大臣们封建观念根深蒂固，对方兴未艾的抗清起义十分恐惧，对外来势力极为鄙视，深怀戒心，选择了错误的方针，不愿开放中国的门户，一次又一次失去了调整对外关系的机会。

可以影响历史进程的最重要的机会就是乾隆五十八年（1793）英国马戛尔尼使团来到中国，觐见乾隆，这是中英之间最重要的一

---

① 《清实录》卷一二一三，乾隆四十九年八月癸卯。

② 《御制诗五集》卷二八，丁未二，《上元灯词》。

次早期交往。清政府仍然顽固地拒绝主动进入世界历史的潮流。对马戛尔尼使团的组成、使命、出发、航程，清政府的对策、接待、觐见、交涉以及使团返回英国，有关的书籍中已做了详尽、细致的研究，把200年前使团活动的历史场景再现在读者面前。我们确实看到这一使团在中外早期交涉史上的重要性，体会到由于谈判中止而给中国留下的不良影响。当年英国政府迫切希望和中国建立正常关系，派出了耗费巨大、人员众多的外交使团，其正式成员以及士兵、水手、工役达700余人，分乘5艘船只，经过10个月的航行，才到达大沽口外。由于英国使团以补祝乾隆帝八十大寿为名，所以清政府最初的反应也是良好的，命令沿海各省做好接待工作，破例允许使团从天津上岸。为了能在热河避暑山庄接见英国使团，乾隆取消了每年例行的围猎，对使团的食物免费供应，十分丰盛，并预先规定使团回国时将赏给可供1年食用的粮食。一个英国使团的成员写道："在伙食的供应上，我们迄今是很少理由可以提出异议的。关于这一方面，我们所受的待遇不仅是优渥的，而且是慷慨到极点。"①

这一切并不预示中英谈判将会顺利进行。由于两国文化背景和政治观念迥异，对这次正式的外交接触的理解也不同。中国方面认为，马戛尔尼使团来华只是单纯的祝寿、观光，仰慕中华的声教文明；而英国的目标是希望与清政府谈判，改变现行的贸易体制，扩大通商，建立经常的外交联系。

中英外交接触一开始就碰到了无法解决的难题，就是觐见皇帝的礼仪。清朝自视为"天朝上国"，其他外国都是蛮夷之邦，它把广阔的世界纳入一个以自我为中心，按照封建等级、名分构成的朝贡体系之中。英国也好，俄国也好，都和清朝周边的藩属国家、弱小民族一样，都应匍匐在自己的脚下，除了朝贡关系以外，它不知道国际之间还存在什么别的关系。因此，英国使臣觐见皇帝自然要行三跪九叩首之礼，这对欧洲国家来说，被认为是屈辱的，决不能接受。中英双方都认为这一问题涉及国家的尊严和威信，难以找到妥

① 安德逊：《英使访华录》，126页，北京，商务印书馆，1963。

协的办法。早在顺治时俄国巴伊科夫使团、康熙时俄国尼果赖使团到北京时，就发生过类似的争执。英国马戛尔尼使团再一次遇到了这个解不开的死结。这表明了在长期与世隔绝的状态中形成的中国封建政治、文化制度和观念形态与世界各国存在着极大的鸿沟，中国要进入世界，和其他国家开展正常的交流，需要经历长期的、艰难的适应过程。

由于礼仪的争论，乾隆帝极为不快，接待的规格立即改变。谕旨中说："似此妄自骄矜，朕意甚为不惬，已全减其供给。所有格外赏赐，此间不复颁给……外夷入觐，如果诚心恭顺，必加以恩待，用示怀柔。若稍涉骄矜，则是伊无福承受恩典，亦即减其接待之礼，以示体制，此驾御外藩之道宜然。"①

马戛尔尼之后觐见乾隆，究竟怎样行礼，不但当时争论激烈，直到今天，因双方记载互异，也真相难明。据英国的记载，使团按照觐见英王的礼仪，单膝跪地，未曾磕头。而和珅的奏折中说："臣和珅带领英吉利国正副使臣等恭递表文……即令该贡使等向上行三跪九叩头礼毕。"② 在今天看来，礼仪问题属于形式，当时却成了中外交涉中难以逾越的障碍。从此清政府对马戛尔尼使团的关系从相当高的热度，一降而达到冰点。

一些偶然的因素也影响了中英关系的改善。譬如清廷命钦天监监副葡萄牙传教士索德超协助接待和翻译，由于彼此矛盾，索德超对英国使团抱敌对态度，不会替英国说好话，交涉中根本没有进行解释和斡旋的人员；又如乾隆皇帝年过80，精力已衰，而负责接待的和珅贪婪成性，没有得到足够的礼品，对使团缺乏兴趣和热情。还有一点也不是不重要的，即乾隆皇帝个人的性格和爱好，影响了他对西方的认识。乾隆本人才华出众，文武兼通，有多方面的兴趣和才能，但对自然科学一窍不通。他处处模仿祖父康熙，在这一点上却和康熙很不相同。乾隆曾写诗自嘲："皇祖精明勾股弦，惜吾未

---

① 《掌故丛编》第七辑，乾隆五十八年八月初六日，上谕。
② 《乾隆五十八年英吉利入贡始末》。

习值髫年。而今老固难为学，自画追思每愧旃。”① 马戛尔尼使团为了吸引和打动中国的皇帝和官员们，用重金精心挑选和制造了足以显示英国科技水平和工业实力的许多礼品，包括天文地理仪器、机械、枪炮、车辆、船只模型、图册、呢绒毡毯、乐器等等，分装600箱，携来中国。可惜坐在皇位上的是对科学毫无兴趣的乾隆而不是康熙，他并不重视这些礼物，并且认为：外国能造的，中国自己也能制造。他说：“此次使臣称该国通晓天文者多年推想所成测量天文地图形象之器。其至大者名‘布腊尼大利翁’一座，效法天地转运，测量日月星辰度数，在西洋为上等器物。要亦不过张大其词而已，现今内府所制仪器，精巧高大者，尽有此类。其所称奇异之物，只觉视等平常耳。”② 无知和自大，闭塞了他的耳目，对新事物无动于衷，一切视为夸大和平常。那些光学和数学仪器很快被废弃，从圆明园中搬走，灵巧的车辆和逼真的船只模型没有全部装配完毕；使团特别带来了技术人员，可清朝官吏不感兴趣，并不打听各种机械的用途和使用方法；乾隆皇帝虽然亲自观看了大炮的试放，惊讶其威力，但却认为“这种杀伤力和仁慈的原则不能调和”③。总之，西方先进的仪器物件无助于麻木的清政府激发兴趣、引起警觉、开拓视界。

英国使团于1793年9月26日回到北京，清政府认为祝寿完毕，使团的使命已完成，而马戛尔尼则认为事情还没有开始，急切地要求和等待谈判。他向清政府提出了六项要求。

第一，请中国允许英国商船在珠（舟）山、宁波、天津等处登岸，经营商业。

第二，请中国按照从前俄罗斯商人在中国通商之例，允许英国商人在北京设一洋行，买卖货物。

第三，请于珠（舟）山附近划一未经设防之小岛，归英国商人使用，以便英国商船到彼即得收歇，存放一切货物，且可居住商人。

---

① 《御制诗四集》，卷九三，癸卯一，《题宋版周髀算经》。

② 《御制诗五集》，卷八四，癸卯八，《红毛英吉利国王差使臣马戛尔尼奉表贡至诗以志事》夹注。

③ 安德逊：《英使访华录》，153页。

第四，请于广州附近得一同样之权利，且听英国人自由来往，不加禁止。

第五，凡英国商货，自澳门运往广州者，请优待免税或减税。

第六，英国船货按照中国所定之税率交税，不额外加征，请将所定税率公布，以便遵行。

资本主义正在迅速发展的英国，急于对外扩张，寻找农副业产品供应地和商品市场。它的要求自然带有侵略性，如割取中国的岛屿等，清政府决不会接受这种要求。制度不同的中英政府都会采取措施，维护自己的利益和主张。但当时中英矛盾并未上升到使用暴力的程度，彼此还不具备把自己的意志强加于对方的实力，两国之间的问题可以也只能通过谈判寻求解决。对问题视而不见，置之不理，避免外交接触，拒绝对方的全部要求，肯定不是明智的做法。在英国的六项要求中，有不少属于改善正常贸易的要求，不仅从今天看来应予考虑，即使当时的清政府也并不认为绝对不能接受。例如，宁波通商的要求，乾隆帝 30 多年前就加以考虑并一度准备接受；允许外商到北京贸易，则早在康熙时就曾将此项权利给予俄国商队；改进广州纳税体制是乾隆自己说过的，又为以后两广总督长麟所承诺。英国的六项要求应予区别对待，有的可以接受，有的应当拒绝，有的可经过谈判加以修改。即使清政府拒绝英国的大部分要求，只要外交谈判继续下去，可以增进相互了解，缓和矛盾冲突，对中国有利而无损。中国和英国在谈判中的地位是对等和平等的，英国当时并无远征中国的可能，只能用谈判手段扩大其贸易，因此它的要求不能不是灵活而富于弹性的，并设想了自己的要求被拒绝之后让步和替代的办法。为了谈判成功，马戛尔尼使团努力博得清政府的好感。英国国务大臣邓达斯给马戛尔尼的指示中说：为了避免中国的误会，要使中国人知道英国使团的主要目标是向皇帝祝寿，广州贸易虽然存在弊端，但不要在微小的弊端方面提出抗议，不要在这些问题上触犯中国人。问题在于处在封闭和自给自足状态中的清政府，对外部世界既无需求，又不了解，它没有近代国际交往的经验，也不感到有建立经常的外交关系的必要。再加上礼仪争执所引起的不快，把英国六项要求一律斥之为“非分干求”，砰然关闭了谈判的大门。

乾隆帝于 9 月 30 日回銮，立即下令马戛尔尼使团应于 10 月 7 日离京回国。英使要求进行谈判，留住过元旦以后，清政府断然拒绝。没有经过任何谈判，英国使团几乎等于被强行驱逐，只收到清廷一封词语强硬、全盘拒绝英国要求的敕书。

历史的经验证明，像中英这样两个遥远、隔离、互相生疏的主权大国，一下子不可能就重要的政治和经济问题达成协议，甚至对话也难于开始。只有逐步加强接触，增进了解，才能进行有效的外交谈判。在当时最需要也是较现实的是维持相互联系，通过积累，创造有利的谈判环境，而不是达到什么外交成果。如果说，18 世纪中英之间的平等交往尚有可能，那么，到 19 世纪中叶，机会已逝，两国以兵戎相见，英国把条约枷锁强加于中国，只有城下之盟，再也谈不上对等和平等的谈判了。

我们可以看到马戛尔尼使团在归途中通过和中国陪送大臣进行短期的接触和对话，相互关系取得某些改善，但毕竟时间短促，不能产生明显的效果。使团从北京至浙江，由军机大臣松筠陪送，共一个月零两天；从浙江至广州，由新任两广总督长麟陪送，共一个月零八天。他们两人在沿途和马戛尔尼多次长谈，内容广泛，涉及外国的政治、贸易、外交制度，中国的法律、习俗，中英关系中的纠纷和贸易、税务弊端等等。松筠和长麟都是清政府中开明而能干的官员，他们在短期接触中对外部世界和中英贸易开始有所了解。他们的意见禀告清廷，可能影响了皇帝，乾隆的态度有所缓和，给英王写了第三道语气较为温和的敕书，并允许英国使团隔年再来。马戛尔尼在与松筠、长麟接触之后，沮丧的情绪有所改变。“在北京时候，他确实对中国政府的态度有所怀疑，但后来松大人在赴杭州的路上以及总督自己（指长麟）向他做了解释并传达了皇帝陛下的真实心情，他已经感到放心，相信英国在华臣民的利益将得到应有的尊重和保证。”①

① 斯当东：《英使谒见乾隆纪实》，476～477 页，北京，商务印书馆，1963。

我们重温这段历史，看到了200年前在我们国家面前曾经出现的机会以及机会如何失去。一方面，历史有其必然性，古老的中国在面临历史转轨的时刻显示出其内部结构的牢固顽强，反映在人们的观念和行动上，就是对于外来挑战和实行变革毫无认识，缺乏准备，难以适应，不愿打开中国的大门。另一方面，也表现了各种人物和势力的影响，表现了各种偶然性对历史进程的作用，特别是作为最高统治者的乾隆帝在关键时刻的短见和失误。历史规律体现了人与环境的相互作用，人们的思想和行为受环境的制约，乾隆的政策正是封建小农社会的产物。但历史又是人创造的，人具有改造环境、影响历史进程的能力。英明的领导者善于体察形势，顺应潮流，判断利害得失。他们应该看到平常人所不易看到的、眼前利害之外的事情，想到那些过后看来一清二楚的道理。他们像翱翔天际的雄鹰能够眺望地平线以外正在迫近的对手，并且有意志和力量推动和带领他的国家准备应付未来的挑战。乾隆帝国内的政策和治绩相当成功，经济和政治力量臻于极盛，但是，他的对外政策是失败的。他没有觉察到盛世中隐伏的危机，没有意识到外部世界的广阔性和先进性；自我封闭，虚骄自大，故步自封，陶醉于天朝上国的迷梦中；拒绝和外国建立正常的外交和贸易关系，堵塞了交流的渠道，失去了借鉴和学习外部世界的机会，延误了社会的发展，增加了中国发展前途上的困难。这就是我们研究乾隆朝对外关系得出的主要结论。

图书在版编目（CIP）数据

清前期史/戴逸著．—北京：中国人民大学出版社，2018.11
（戴逸文集）
ISBN 978-7-300-26401-1

Ⅰ．①清… Ⅱ．①戴… Ⅲ．①中国历史-清前期-文集 Ⅳ．①K249.07-53

中国版本图书馆 CIP 数据核字（2018）第 248404 号

北京市社会科学理论著作出版基金重点资助项目

戴逸文集
清前期史
Qing Qianqi Shi

出版发行	中国人民大学出版社		
社　　址	北京中关村大街 31 号	**邮政编码**	100080
电　　话	010－62511242（总编室）		010－62511770（质管部）
	010－82501766（邮购部）		010－62514148（门市部）
	010－62515195（发行公司）		010－62515275（盗版举报）
网　　址	http://www.crup.com.cn		
	http://www.ttrnet.com（人大教研网）		
经　　销	新华书店		
印　　刷	涿州市星河印刷有限公司		
规　　格	160 mm×230 mm　16 开本	**版　　次**	2018 年 11 月第 1 版
印　　张	18.75　插页 2	**印　　次**	2018 年 11 月第 1 次印刷
字　　数	259 000	**定　　价**	69.00 元